어! 교육과정?
아하! 교육과정
재구성!

어! 교육과정?
아하! 교육과정
재구성!

발행일	2014년 9월 29일 초판 1쇄 발행
	2018년 1월 31일 초판 6쇄 발행
지은이	박현숙, 이경숙
발행인	방득일
편 집	신윤철, 박정화, 문지영
디자인	강수경
마케팅	김지훈

발행처	맘에드림
주 소	서울시 도봉구 노해로 379 대성빌딩 902호
전 화	02-2269-0425
팩 스	02-2269-0426
e-mail	nurio1@naver.com

ISBN 978-89-97206-22-3 03370

어! 교육과정?
아하! 교육과정
재구성!

박현숙 · 이경숙 지음

맘에드림

머리말

혁신학교와 배움의 공동체 철학 속에 피어난 장곡 교육과정 재구성

학교가 즐겁다. 감히 행복하다고 말한다. 별천지 학교도 아닌데 학교가 즐겁다고 말할 수 있는 그 힘의 바탕은 무엇일까? 교사로서 당당하게 우리를 세워주는 아이들, 그리고 함께 배움의 공동체 철학을 공유하며 협동적 연대를 실천하는 동료 교사일 것이다. 5년 전, 혁신학교를 시작할 때 우리는 함께였다. 굳게 닫혀있던 교실의 문을 열어젖히고, 수업의 고민을 나누고 아이들의 이야기를 공론화해나가며 교사로서 살아있다는 실감이 났다. 학교의 역할, 아이들의 배움, 수업에서 교사의 역할을 고민하고 또 고민하면서 더딘 걸음을 조심조심 내딛던 시절이었다.

그 시절 행복하기만 했을까? 가끔 어느 교실의 문이 보이기 시작하면 슬슬 걸음이 뒤로 가기도 했다. 우리는 배움의 공동체라고, 친구의 말을 경청하자고, 목소리를 낮추고 부드럽게……, 하다가도 "야, 이눔아, 제발 쫌!" 하고 버럭버럭 소리도 질러댔다. 함께 가는 길이라고 함께 가자고 판을 열어 놓았더니 되레 자신이 편리한 쪽으로만 가려 하는 동료 선생님 때문에 속상하기도 했다. 그냥 남들처럼 그대로 살아도 될 터인데, 외부 수업 공개, 컨설팅, 혁신 사례 나누기를 위해 경기도를 넘어 수많은 시간을 길바닥에 눕히고 일상을 내팽개치기도 했다. 대체 왜 이러고 있는지, 앞서 힘든 길을 가려 하는 이유는 무엇인지 반문한 적도 많았다. 누구는 어리석다 말했고, 누구는 뒤에서 비웃었다. 그런 노력으로 이 땅의 교육이 바뀌겠느냐며. 그때마다 저 가슴 밑바닥을 아리게 했던 신영복 교수님의 '우공이산(愚公移山), 어리석은 자의 우직함이 세상을 바꿉니다.'라는 글을 믿고 또 믿었다. 흐르지 않는 강물은 썩지만 흐르는 강물은 굽이굽이 힘들고 아프지만 결국 흘러 흘러 바다로 간다는 것……. 어쩌면 국어 교과서에 그 글이 실렸던 시대가 있었듯이 말이다.

이제 통섭의 시대, 융합의 시대라고 말한다. 삶의 태도인 인문학과 지식 중심인 과학의 만남을 토대로 삶에 대한 통합적 고찰이 결국 미래를 이끌어가는 힘이 되리라 공언하는 시대, 어느 한 분야의 지식만으로 문제의 해결책을 찾을 수 없다는 것이다. 공감, 참여, 협력, 마을 공동체를 되찾아가는 요즘의 사회적 흐름은 분절적이고 전문화된 지식을 끈과 끈으로 묶어가고 있다. 장곡중학교의 교육과정 재구성 작업과 교과 통합수업의 실천도 그 흐름 속에 있다 하겠다. 수업 혁신을 중심에 두고, 질 높은 배움과 더 큰 세상과 만나는 수업 설계를 고민했다. 학교 철학과 학년의 실천이 담긴 수업을 통해 통합적 사고력과 민주 시민의식을 키워주고 싶었다.

결국, 학교 현장에서의 교과 통합수업은 닫힌 교실 문이 열리고 수업 공개가 일상화되면서, 교사들이 수업을 함께 보고 수업 연구회를 펼쳐내면서 자연스레 터져 나왔던 '발견'과 '소통', '협력'과 '지원'의 산물이었다. 자기 교과 안에만 갇혀 있던 벽이 허물어지는 기쁨, 그 '교과의 벽'을 넘을 수 있는 용기를 선물해 주었던 것이 바로 전체 교사들이 함께하는 '수업 보기'와 '수업 연구회'였다. 그리고 절대 빼놓을 수 없는 것은 바로 '즐겁고 행복한 배움의 공동체' 학교를 꿈꾸는 혁신학교로서의 철학을 공유했기에 가능했던 수업 혁신이자 실천이었다.

지난 학기를 마무리하며 교사 대상 설문조사를 했다. 장곡중학교에서의 한 학기 살이가 어땠는지 질문을 넣었다. 무기명이었음에도 만족도는 98%, 상상 이상이었다. 서로 배려하고 협의하는 교사 문화, 다양한 교육과정과 배움 중심의 수업이 '만족'이라고 답한 주된 이유였다. 옆자리에 앉아 근무하는 동료 교사들 덕분에 행복하다는 이야기다. 우리의 한 학기를 마무리하는 워크숍 자리에서 이 결과가 공유되자, 모두가 환한 박수와 웃음을 보내주었다. 그 모습이 바로 이 책을 만들 수 있게 하였다.

그렇다. 이 책은 모든 장곡중학교 선생님들이 저자이다. 우리는 모으고 덧붙이기만 했을 뿐이다. 학교교육과정과 교과별 교육과정을 함께 들여다보고, 다른 교과 선생님들과 함께 수업 내용과 일정을 재구성하는 일이 어찌 홀로, 혹은 몇몇이서만 가능한 일이었겠는가. 같이 배우는 연수 시간, 옹기종기 모여 앉은 학년 협의회, 심지어 회식 자리에서도 교과 통합수업 이야기가 자유롭게 흘러넘쳤다. 그 이야기를 모으는 과정에서도 늘 더 좋은 자료를 만들지 못해 미안하다고 이야기한 장곡중학교 선생님들이 만든 책이다. 특히 2011년 그 시작을 열어 2014년 현재까지 진화해 온 교과 통합 수업 '흙 속에 담긴 낯선 기억을 찾아서'를 기획했던 박희진 선생님(미술), 김현정 선생님(역사), '열다섯, 영화로 세상을 만나다'의 실천 사례를 써 주셨던 이윤정 선생님(국어), '『아낌없이 주는 나무』 - 밤샘 원서 읽기' 프로젝트의 장은미 선생님(영어), '지역사회 도움 주기' 프로젝트의 심미애 선생님(도덕)의 글들을 오롯이 모아 담았다. 그리고 선생님들과 함께 수업을 만들어간 우리 장곡의 아이들, 그 아이들도 이 책의 저자라고 할 수 있겠다.

지금 이곳 시흥에서는 갯골 축제, 연꽃 페스티벌이 한창이다. 도로마다 포도 향이 넘쳐나고 호조벌에는 가을을 재촉하는 비에 젖은 벼가 익어가느라 분주하다. 한편으로 택지개발사업이라는 명목으로 운동장 너머 산자락이 뭉텅뭉텅 잘려나가기도 하고, 백 년이 넘었다는 '노루 우물'을 살리자는 주민들의 목소리가 쩌렁쩌 렁하다. 그 삶의 공간 가운데 장곡중학교가 있다. 이러한 마을의 이야기를 조금 더 깊이 교육과정에 담아낸다면 아이들의 배움과 성장, 그 삶의 지도가 고스란히 그려질 수 있지 않을까. 이 시대 교육 현장의 담론은 결국 '미래의 삶을 꾸려갈 아이들을 어떻게 가 르칠 것인가?'이다. 그 담론의 중심에 있느냐 가장자리에 있느냐 하는 문제는 중요하지 않다. 아직도 교과서를 학교 공부의 전부라 생각하는 교사들이 많다. 이제는 교사들이 관례나 습성을 과감히 버리고 수업에 대한 통찰을 바탕으로 진정한 고민과 변화가 필요 할 때라고 감히 말해본다.

우리의 삶은 어떻게 변할까? 미래의 어느 길목 즈음에서 만날 약속을 미리 해 두어도 괜찮을까? 알 수 없는 일이지만, 약속하고 싶다. 연꽃 피어나는 관곡지 입구에서, 장곡동 '노루 우물' 우물가 에서 만나자고. 어쩌면 그 약속을 가능하게 하는 일이 우리가 서 있는 지금 이 자리, 우리 아이들, 동료 교사들, 그리고 학교라는 공 간이 속해 있는 마을이 더불어 함께하는 일이 아닐는지.

마지막으로 이 책에 담긴 모든 교육과정 이야기를 함께 나눈 장곡중학교 선생님들과 아이들에게 깊은 감사와 사랑을 보낸다.

2014년 9월에

박현숙 · 이경숙

장곡중학교, '교육학을 하다'

나는 교육학 연구자로서 내 연구실은 교실이어야 하고 내 동료 연구자는 교사여야 한다고 생각해왔다. 그래서 장곡중학교를 방문하게 되었다. 장곡중학교에서는 교실이 연구실이었고, 교사 한 사람 한 사람이 교육학 연구자였다. 여기서는 오히려 교육학을 연구하고 있지 않은가!

장곡중학교에서는 교실이 연구실이었고, 교사 한 사람 한 사람이 교육학 연구자였다. 여러분이 교육과정 재구성, 구성주의, 활동 이론, 교사 학습 공동체, 교사 리더십, 학교 민주주의, 배움의 공동체, 교육과정 통합과 같은 최신 교육학 이론을 만나고 싶다면 이 책을 읽으면 된다.

우선 이 책에 나타난 장곡중학교는 통합 교육과정 템플릿과 같이 대화를 매개하기 위한 도구를 잘 개발해서 사용하고 있다는 점에서 비고츠키(Lev Vygotsky) 교육학을 하고 있다. 또한 그 결과 교사들이 자신의 역할이, 가르치는 기술자가 아니라 수업 설계자이며 교육과정 재구성자라는 정체성을 갖도록 변화되고 있다. 이는 정확히 '활동 이론'(activity theory)을 하고 있는 것이다.

둘째, 장곡중학교는 최신 교사 문화 이론을 하고 있다. 교사 학습 공동체 또는 교사 전문성 공동체를 통해 교육과정 설계, 수업, 평가와 같은 자신의 교육 활동을 성찰하고 있다. 이에 대해서는 제3장의 '교육과정 함께 만들기' 과정을 살펴보길 바란다.

셋째, 장곡중학교는 무엇을 어떻게 배울 것인가에 있어 중학교 학생들의 발달 특성에 대해 잘 이해하고 있으며 학생들이 실제로 배울 수 있도록 노력하고 있다는 점에서 효과적인 '학습이론'을 하고 있다. 이에 대해서는 제2장에 나와 있는 '고고학 프로젝트'를 꼭 읽어보기 바란다. 학생들의 발달 특징을 고려한 정말로 훌륭한 교육과정 통합 설계 사례이다.

넷째, 장곡중학교 교사들은 '학습과 관계'(교사-학생, 학생-학생)를 잘 이해하고 있으며, 이는 넬 나딩스(Nel Noddings)의 배려의 윤리학이나 배움의 공동체 이론을 실천하고 있다고 볼 수 있다. 교실에서 평등한 관계의 지향은 모든 학생이 소외됨 없이 적극적 참여자로 만들고 있다. 또한, 관계와 학습이 분리된 것이 아니라 '학생들이 잘 배우기 위해서는' 강의 능력만으로는 불충분하며 수업이 시작되기 이전부터 상호 존중의 관계가 잘 형성되어 있어야 함을 보여주고 있다.

이상과 같이 장곡중학교의 '교육학 하기'는 한국 교육에서 새로운 경로를 창출하는 데 많은 역할을 하고 있다. 지금까지 장곡중학교와 같은 혁신학교들은, 아이들을 변별과 통제의 대상으로 전락시킨 획일식, 일제식 교육을 탈피하고 아이들을 참여의 주체로 성장시키고자 노력해왔다. 그리고 이 책이 보여주는 것처럼 상당한 성과를 이루고 있다.

그동안 학교가 어떻게 바뀌어야 하고 수업이 어떻게 달라져야 하는가, 그리고 교사와 교사, 학생과 학생, 교사와 학생의 관계가 어떻게 형성되어야 하는가에 대한 교육학적 이론과 사회적 담론은 무성하였다. 하지만 그러한 이론과 담론이 실제로 학교 전체에 걸쳐 실질적으로 체계적으로 실현된 경우는 거의 없었다. 혁신학교가 등장하고 나서야 거의 처음으로 이론과 실천이 만날 수 있었다. 실천과 이론이 가장 적극적으로 만나고 섞이어 아이들을 참여의 주체로 변화시키고 성공적 학습자로 성장시키고 있는 현장이 늘어나고 있다. 이러한 실천을 제도화한 공간이 혁신학교이다. 이제는 혁신학교라는 나무가 무성하게 성장하고 있다. 그중에서도 가장 앞에서 실천의 줄기를 뻗고 있는 곳, 여기가 바로 장곡중학교이다. 이곳에서 성장의 열매를 일구어 가는 주체들은 장곡중학교의 선생님들과 학생들이다. 그것을 어떻게 알 수 있을까? 나는 그것을 이 책에서 다 보았다.

경희대학교 교수

성 열 관

차 례

머리말 ● **4**
추천사 ● **10**

1장 어렵지 않아요!
누구나 할 수 있는 교육과정 재구성

(1) 교육과정이 도대체 무엇이란 말이냐? / 18
(2) 교육과정 재구성을 왜 하는데 / 30

2장 교육과정 재구성
어떻게 하는데?

(1) 교과 통합 수업 사례 / 40
(2) 범교과 주제 학습 사례 / 118
(3) 교과 체험 학습의 날 사례 / 160
(4) 프로젝트 수업 사례 / 201
(5) 독서와 연계한 수업 사례 / 244

어렵지 않아요! 누구나 할 수 있는 교육과정 재구성

1장

교육과정 재구성이 '갑자기' 학교 현장에서 관심을 끌고 있다. '자유학기제'가 시범 실시되기 시작하여 2016년 일반화된다는 것과 맞물려 학교에서는 교사들의 교육과정 재구성 능력이 급박하게 필요해지기 시작했다.

교육과정 재구성에 대한 담론은 이미 6차 교육과정(1992~1997)부터 나타나 교육과정의 편성과 운영을 국가와 지역, 단위학교가 상호 보완하는 방향으로 제시되고 있다. 이후 7차 교육과정(1997~2007)에서는 더욱 단위학교의 자율권을 강조하는 방향으로 나아간다. 교육 당국은 이때부터 학습자 중심으로 교육과정을 생산할 것을 주문하고 있으며, 학생, 학부모, 교사가 함께 실현하는 교육과정이 되도록 요구를 하고 있다. 그 이후 2009 개정 교육과정에서는 더욱더 교육과정의 편성과 운영에 있어서 단위학교 자율을 강조하였다. 학년군, 교과군, 집중이수제, 국가 교육과정 중 20%를 학교 자율로 증감할 수 있다는 것 등이 그 근거가 될 수 있다.

이런 추세 속에서 나온 정책이 '자유학기제'이며, 중학교 한 학기만이라도 학교 자율로 시험과 교과를 염두에 두지 않고 교육과정을 편성 운영하라는 의미인 것이다.

결국 교육과정 재구성은 교육과정 개발자와 집필자를 거친 교과서를 이용해 수업하는 수동적인 교사 역할에서 벗어나 교육과정을 적극적으로 해석하고 교과서를 자신과 학생에 맞게 재구성하며, 학생의 학습 능력과 인성 발달을 수업을 통해 실현하는 교육과정을 만들어보자는 것이다.

(1) 교육과정이 도대체 무엇이란 말이냐?

이렇게 앞에서 정리를 했지만, 우리가 교육과정에 대해 제대로 이해하기까지에는 20년이란 세월이 걸렸다. 그 20년이란 세월 동안 우리는 교과서를 잘 가르치려고 무진 애를 썼다.

여기서 잠깐 교과서를 잘 가르친다는 것에 대해 생각해보자. 그것은 교사가 교과서를 교육과정이라 생각한다는 의미라고 볼 수 있다. 교과서를 쉽게 잘 가르치려고 노력하는 동안, 교과서가 다소 불편한 부분도 있었고, 단원의 차례가 교사 자신의 상황과 잘 맞지 않은 적도 있었으며, 단원을 구성한 바탕글이 학습목표의 도달에 이르기에 좀 부족하다고 생각되는 부분도 있었다. 그럴 때, 우리는 조금 고민하였지만 자신의 생각대로 바탕글을 다른 교재에서 고르기도 했고, 상황에 맞게 단원 차례를 바꾸기도 하면서 학생들을 가르쳤다. 그렇지만 그런 경우조차도 교과서에서 불편하게 생각했던 부분을 버리지 않았다. 교과서는 교과서대로 바탕글을 짚어주고, 교과서가 부족해서 새롭게 선택한 바탕글을 더 가르쳐주는 방식이었다. 지금은 그렇게 하지 않지만, 그때는 교과서를 다 가르치지 않으면 무슨 나쁜 결과가 벌어질 것 같은 두려움이 일었다. 결국 진도에 허덕이며 교과서 처음 쪽부터 마지막 쪽까지 충실하게 가르쳤다. 이것은 교과서가 교육과정이라고 생각하는 전형적인 예이다.

그러다가 7차 교육과정에서 우리 교사들은 교과서를 자신의 전문성으로 판단해서 다 가르치지 않아도 되며, 불편한 부분은 고쳐 사용하라는 주문을 받게 되었다. 심지어는 교육과정도 교사들이 만들어서 운영해야 한다는 말도 듣게 되었다. 이때 우리는 한편으로는 반가웠지만 다른 한편으로는 두려움이 더 컸다. 약간의 반가움은 불편했던 교과서를 상황에 맞게 고치고 선택해서 가르칠 수 있다는 점이었고, 큰 두려움은 그렇게 할 수 있음에도 불구하고 자신이 교과서를 꼼꼼하게 다 가르치지 않았을 때, 학생들이 행여

나 진학이나 점수에서 손해를 보면 어쩌나 하는 것이었다.

솔직히 말하면 해본 적 없는 일에 대한 두려움이었다. 더욱이 교과서를 성전처럼 여기던 과거 전통적인 교육 방식으로 교육을 받았던 우리에게 교과서를 주물럭거리라고 하는 7차 교육과정은 교과서를 가르치고 그 외에 좀 더 참고할 것을 더 가르치라는 의미로 다가왔다. 그래서 수업에 대한 열정을 발휘하여 교과서에 나온 내용보다 더 많은 내용을 가르치면서 항상 진도에 허덕거리기 일쑤였다.

그리고 다른 한편으로는 교육과정을 교사들 손으로 만들어야 한다는 요구를 거부하고 싶었다. 이런 우리의 생각은 국가에서 교사들에게 교육과정 수립에 자율성을 주는데도 교사들이 거부하고 타율적으로 주어지는 '교과서'를 잘 가르치겠다고 응답하는 기이한 모양새를 띠고 나타났다. 그렇지만 어쨌든 내가 교육과정을 만드는 것이 부담스러웠고 능력도 되지 않았다. 국가는 무책임했다!

7차 교육과정에서부터 실시된 '수행평가'는 학생이 교육목표에 제시된 학습 내용을 학습목표까지 얼마나 수행하였느냐에 대한 평가였다. 그런데 당시 우리와 같은 학년 같은 교과 교사들은 그 이전 교육과정에서 실시했던 실기 평가를 그대로 이름만 바꾸어 같은 방법, 같은 내용의 수행평가로 진행했다. 현재는 성취평가제이고 성취 기준에 따라 평가를 해야 한다. 그런데 성취평가제가 도입될 때도, 수행평가가 실시될 때처럼 우리와 우리의 동료 교사들은 '도대체 평가를 수, 우, 미, 양, 가로 매기나 A, B, C, D, E로 매기나 뭐가 다르지?'라는 생각을 하고 수행평가를 '성취 평가'로 이름만 바꾸어 실시하였다.

2009개정교육과정 때도 그랬다. 기존 교육과정이 국가가 정한 대로 이름만 바꾸어 시행되었다. 그러면서 우리는 생각했다. 도대체 교육과정이 뭐란 말인가? 교과서만 잘 가르치면 잘하는 수업 아닌가? 도대체 국가는 왜 교육과정을 자꾸 바꾸면서 학교 현장에 혼란만 초래하는가? 한마디로 국가가 시도하는 교육과정 개정이 교실에선 전혀 먹히지 않는 상황이 몇 십 년 동안 대부분의 교실에서 펼쳐지고 있었다. 이런 생각은 우리가 교사로 20년 동안이나 가르치면서도 '교과서가 교육과정'이라는 생각으로 수업을 하고 있었다는 것을 보여준다.

우리만 그렇게 생각했을까? 지금도 '배움 중심 수업' 혹은 '협동 수업' 이야기를 하면 많은 교사들이, "다 좋은데요, 애들도 재미있어 하고 잘 배우는 것 아는데, 그렇게 하면 진도는 어떻게 나가요?"라고 질문한다. 고등학교 교사일수록 그런 질문을 더욱 자주 한다. "나도 그런 수업을 알고 있고, 해봤고, 지금도 하고 싶다. 그런데 그렇게 수업을 하다간 학생과 학부모로부터 항의가 들어온다. 그래서 교과서를 잘 가르치고, EBS 문제를 풀어주는 수업을 할 수 밖에 없다. 수능을 봐야 하지 않냐?"라고 반문한다. 수능으로 진학을 단 한 명도 하지 않는 학교의 교사들도 이런 이야기를 한다.

이런 말을 들을 때, 여러 가지 복잡한 생각이 든다. '교과서와 EBS가 교육과정인가?'부터 '학교의 교육목표가 상급 학교 진학인가?', '진학을 하지 않는 혹은 못하는 학생들에 대한 교육과정은 있는가?', '몇 퍼센트가 수능으로 진학을 하는가? 그렇다면 수능을 목표로 하지 않는 학생들은 이 교실에서 어떤 교육적 배려를 받고 있는가?' 등등.

도대체 교육과정이 무엇인가?

다시 우리 이야기를 해야겠다. 나는 국어 교사이다. 24년째 국어를 가르치고 있다. 교직 첫해부터 7차 교육과정 도입 전까지 국어 교과서는 국정교과서였다. 전국이 다 같은 교과서여서 그것만 가르치면 대외 고사나 고등학교 진학은 크게 걱정되지 않았다. 다만 우리가 만난 아이들이 잘 사는 지역이면 수업이 쉬우면서 점수가 높았고, 못 사는 지역이면 수업이 어려우면서 성적도 낮았다.

그런데 교과서를 가르치다 보면 부족한 부분이 있었다. 교과서 바탕글로만 공부를 하면 지나치게 한쪽으로 편향된 시각이 자리 잡을 수 있겠다 하는 우려가 드는 글들이 조금 있었다. 세상에는 다양한 시각과 다양한 관점이 있는데 그런 글들은 한쪽 측면으로만 쏠린 듯한 느낌을 주었다. 그래서 이런 글들만 접한 아이들이 편향된 시각을 가지고 이 사회에서 민주 시민으로 살아갈 수 있을까 하는 의문이 들었다. 또 하나, 학생들이 지나치게 교과서에만 의존하기 때문에 다른 책을 접하지 않는 것도 문제가 있었다.

교과서와 더불어 다른 참고 자료가 필요했다. 한편으로는 균형적인 시각을 갖게 하고, 다른 한편으로는 모자라는 독서량을 채워주기 위해 단원마다 '읽기 자료'를 마련해서 학생들과 함께 읽고 다 같이 생각을 나누었다.

그 결과, 학생들은 교과서보다 '읽기 자료'를 더 기다렸고 좋아했다. 한 학년이 지나갈 즈음 아이들의 생각이 훌쩍 자라있음을 분명하게 느낄 수 있었다.

그러다가 '놀이'라는 매체를 알게 되었다.

놀이는 참으로 놀라운 세계였다. 국가 교육과정의 교육목표가 다 있었다. 창의력, 인내력, 공동체성, 배려, 협력, 민주적인 의사소통, 자주성 등등 놀이를 하면 아이들이 훌륭한 공동체의 구성원으로서 민주 사회를 꾸려나갈 수 있을 것이란 확신이 들었다. 특히 놀이에서 종종 사용하는 '깍뚜기'라는 제도는 왕따를 배려의 힘으로 없앨 수 있는 대단한 민주적인 기제라는 걸 깨닫게 되면서 놀이를 적극적으로 학교에 들여오고 싶었다. 그래서 축제도 놀이로 해보고, 동아리 활동도 놀이로 해보고, 학급 운영도 놀이로 해봤지만, 학교를 바꿀 수 있는 가장 강력한 것은 수업에서 하는 것이었다. 다 알다시피 수업이 학교 생활의 대부분을 차지하니까. 수업이 놀이면 학교는 온통 놀이로 가득 차게 될 테니까.

그런데, 아뿔싸! 국어 교과서를 놀이로 기획하고 진행하려고 하니 교과서가 문제였다. 본문을 버리지 않으면 놀이 수업 자체가 불가능한 단원이 대부분이었다.

예를 들면, 국어과 단원에 '창의적인 제목 정하기'라는 것이 있다. 그런데 교과서는 이 단원을, 창의적인 제목이 왜 필요한지, 어떻게 창의적인 제목을 정할 수 있는지, 창의적인 제목을 정할 때 유의 사항이 무엇인지를 설명하는 글로 구성해 놓았다. 아무리 생각해도 이런 바탕글을 공부한 아이들이 나중에 제목을 정할 일이 생겼을 때 수업을 받았던 경험으로 창의적인 제목을 잘 정할 능력이 길러질 것 같지 않았다.

그래서 고민하다가 교과서를 버렸다. 그리고 '그림 이어 그리기' 놀이를 했다. 칠판을 네 등분으로 나누고, 각 등분을 네 분단에게 하나씩 줬다. 그리고 각 분단에서 가장 앞에 앉은 학생에게 분필 하나씩을 나누어 준 다음, 그 분필로 같은 분단 학생들 모두가 한 사람씩 돌아가며 자기 분단에 배분된 칠판에 아무 선이나 도형을 그려서 그림 한 편을 완성하도록 했다. 그렇게 해서 완성된 그림은 화장실의 낙서 혹은 유치원 학생들이 그린 그림과 비슷했다. 그 다음에 분단별로 자신들이 그린 낙서가 생명을 얻을 수 있도록 제목을 논의한 뒤 결정해서 그림 밑에 그 제목을 쓰라고 했다. 아이들은 자신들의 그림에 생명을 불어넣기 위한 제목을 끙끙대며 생각해서 칠판에 적었다. 그러자 놀라운 일이 벌어졌다. 제목을 적기 전까지 그 그림은 낙서에 불과했는데, 제목을 붙이는 순간 피카소와 같은 화가가 그린 추상화로 바뀌는 것이었다.

아이들은 그 수업 시간에 교과서를 펼치지도 않았는데 "아하~!

제목은 정말 중요해요. 좋은 제목일수록 작품을 더 빛나게 해요. 그러니까 창의적인 제목을 지어야 해요."라고 말했다. 그러니까 이 수업은 7차교육과정에서 말한 '당신이 학습목표 도달을 위해 필요하다면 교과서를 버리고 당신이 기획한 대로 수업을 해도 돼요.'가 잘 실현된 수업이었다.

다음의 두 가지 수업의 예를 보자. 첫 번째 수업은 자음과 모음을 공부하는 단원이었다. 자음은 소리 나는 자리와 소리 내는 방법에 따라 연구개음, 경구개음, 파열음 등등으로 이름 붙인다. 그래서 이 단원을 가르칠 때 교사들은 힘겹게 설명하고 설명하지만 학생들은 대부분 잘 이해하지 못한다. 그리고 결국은 시험 때가 다가오면 교과서에 나온 표를 달달 외운다. 잘 외운 아이들은 시험에서 좋은 점수가 나오지만 못 외운 아이들은 다 틀린다. 그렇지만 두 부류의 공통점은 시험이 끝나면 다 잊어 버리고 그 다음 해에는 안 배웠다고 한다. 암기식 공부의 치명적인 약점이다.

이 단원을 가르칠 때, 아이들이 잘 외울 수 있도록 화투 놀이를 변형하여 수업 시간에 적용했다. 같은 자리에서 나는 자음끼리 따 먹는 놀이인데 화투와 방법이 똑같다. 가령 내가 연구개음인 'ㅇ' 패를 들고 있는데, 바닥에 연구개음인 'ㄱ'이 깔려 있으면 'ㅇ'으로 'ㄱ'을 따 먹으면 된다. 그런데 소리 내는 자리와 소리 내는 방법을 외우게 하기 위해 다른 자음과 소리 내는 방법이 다른 유성음을 따면 점수를 2점, 그중 유음을 따면 3점을 획득하게 놀이를 구성하였다. 즉, 'ㅅ'을 들고 있을 때 바닥에 있는 'ㄷ'을 따면 1점을 얼고, 'ㄴ'을 따면 2점을 얻고, 'ㄹ'을 따면 3점을 얻게 된다. 학생들에게 네 명씩 한 모둠을 만들어서 한 시간 내내 이 놀이를 하도록 했다. 학생들은 교사의 도움 없이 스스로 책을 펴서 표를 보며 이 놀이를 했고, 한 시간이 끝날 즈음에는 책을 보면서 놀이를 하는 학생이 없었고 모두 교과서에 정리된 표를 다 외우고 있었다. 시험 결과도 정말 좋았다. 당시에는 좋은 수업이라고 생각했다. 그런데 지금은 아니라고 생각한다. '과연, 시험이 끝나고 아이들은 이 지식을 암기하고 있을까? 이 지식이 이 아이들이 사회에 나가서 사는 데 어떤 도움이 될까?'라고 생각하면 결코 좋은 수업이 아니었다.

두 번째 수업 사례는 2년 전 1학년 학생들과 훈민정음 제자 원리를 공부한 적이 있다. 학생들에게 훈민정음의 제자 원리 중에서 '가획'의 원리는 어떤 원리이며, 그렇게 만들어진 음운으로는 어떤 것이 있는지를 교과서의 설명을 보면서 모둠별로 함께 토의해 보라고 했다. 그러자 각 모둠에서는 "아하~ 그러니까 'ㄱ'에 가획을 해서 'ㅋ'이 된 거구나. 아~ 완전 대단해. 'ㄱ'보다 'ㅋ'이 더 강하게 발음하라는 기호네. 'ㄲ'도 'ㄱ'이 두 개 겹친 거니까 하나일 때보다 더 힘주어서 발음하라는 거 아냐. 와! 한글 대단하다. 완전 과학적이야."라는 탄성이 절로 나왔다. 교사가 한글의 특징을 설명하지 않아도 학생들은 스스로 활동하며 알게 된 것이었다.

앞의 두 수업, 화투 놀이를 이용한 자음 자리와 방법 외우기, 훈민정음 제자 원리 수업의 사례는, '수업이란 무엇이며, 교과서는 무엇이며, 교육과정이란 무엇인가?'를 명확히 깨닫게 해주었다.

암기한 지식은 반드시 잊어 버린다. 그리고 암기 자체는 영원한 지식이 될 수 없다. 교과서는 '있어도 그만', '없어도 그만'일 수 있다. 다만 교과서는 학생들이 교육과정 목표에 도달할 수 있도록 도와주는 검증된 자료이다. 교육과정은 사회에서 필요한 인간상을 만들어내는 일련의 과정이다. 그 과정을 교사는 수행하고 있다. 그러니까 홍익인간의 이념 아래 민주 시민으로 살아가기 위해 국민의 한 사람으로서 한글의 자긍심을 깨닫는 것은 대단히 필요한 교육과정 중의 하나인데, 첫 번째 수업의 사례는 재미는 있었으나, 성취 기준을 도달하지 못하고 암기만 하게 하였고, 두 번째 사례는 자기주도적으로 협동을 통해 성취 기준에 도달한 경우였다.

그러므로, 교육과정이란 우리 나라가 추구하는 인간상에 도달하도록 하는 일련의 과정이고, 그 과정을 도달하도록 도와주는 자료가 교과서이며, 도달하도록 도와주는 사람은 교사이고, 그 과정이 펼쳐지는 가장 작지만 일상적인 단위가 수업인 것이었다.

민주 시민은 하루 아침에 뚝딱 만들어지는 것이 아니라, 매 수업 시간을 통해, 그 시간의 성취 기준 달성이 쌓이고 쌓여 사회에 나가면 자연스럽게 전인적인 인간으로 공동체 발전에 참여하는 동시에 품격 있는 삶을 살아가는 사람이 되는 것이다. 그래서 국가는 그런 인간상을 만들기 위해 각 교과별로 교육과정 내용을 정하고 그 내용의 성취 기준을 정해 놓은 것이 성취평가제였던 것이다. 그러므로 국가는 인성을 바탕으로 창의적인 인간이 되도록 수업 속에서 지원하라는 '창의, 인성 교육과정'을 말하고 있다.

교육부 교육과정 총론에 제시된, 모든 초·중등학교의 공통적, 일반적 기준으로서 교육과정이 추구하는 인간상은 다음과 같다.

우리나라의 교육은 홍익인간의 이념 아래 모든 국민으로 하여금 인격을 도야하고, 자주적 생활 능력과 민주 시민으로서 필요한 자질을 갖추게 하여 인간다운 삶을 영위하게 하고, 민주 국가의 발전과 인류 공영의 이상을 실현하는 데 이바지하게 함을 목적으로 하고 있다.

이러한 교육 이념을 바탕으로, 이 교육과정이 추구하는 인간상은 다음과 같다.

가. 전인적 성장의 기반 위에 개성의 발달과 진로를 개척하는 사람
나. 기초 능력의 바탕 위에 새로운 발상과 도전으로 창의성을 발휘하는 사람
다. 문화적 소양과 다원적 가치에 대한 이해를 바탕으로 품격 있는 삶을 영위하는 사람
라. 세계와 소통하는 시민으로서 배려와 나눔의 정신으로 공동체 발전에 참여하는 사람

이 인간상을 바탕으로 교육부에서 정한 학교급별 교육목표가

있다. 예를 들면 중학교 교육목표는 다음과 같다.

> 중학교의 교육은 초등학교 교육의 성과를 바탕으로, 학
> 생의 학습과 일상생활에 필요한 기본 능력과 바른 인성,
> 민주 시민의 자질 함양에 중점을 둔다.

각 과목의 목표는 따로 정해져 있다. 예를 들어 수학 과목의 목
표는 다음과 같다.

> 수학적 개념, 원리, 법칙을 이해하고 수학적으로 사고하고
> 의사소통하는 능력을 길러, 여러 가지 현상과 문제를 수학
> 적으로 고찰함으로써 합리적이고 창의적으로 해결하며, 수
> 학 학습자로서 바람직한 인성과 태도를 기른다.

결국 교육과정은 한 인간이 민주 시민으로서 세상을 살아갈 수
있도록 학교교육의 과정을 학교급별로, 교과별로 정한 항목들의
집합체라고 할 수 있다.

(2) 교육과정 재구성을 왜 하는데

교육과정 재구성을 왜 하는지 묻는다면, 몇 가지 이유를 들어 말할 수 있다.

1) 교과서 때문에 교육과정 재구성을 한다.

앞에서 교육과정에 대한 정의를 '한 인간이 민주 시민으로서 세상을 살아갈 수 있도록 학교교육의 과정을 학교 급별로 교과별로 정한 항목들의 집합체'라고 하였다. 이 항목들의 집합체는 교과서 필진들이 학년별로 수준에 따라 항목들을 나누어 각각의 학년에 배치하였다. 그리고 배치한 항목에 대해 단원을 구성하여 만들어 놓은 것이 교과서다. 그것을 학교에서 써도 좋은지 국가가 결정을 한다.

누군가가 만들었고, 국가가 '그 정도면 학교에서 사용하기에 괜찮겠다.'고 인정을 한 것이기에 나한테 딱 맞는 맞춤형 도구가 아니다. 전국의 학교 상황을 가상적으로 설정해서 가장 보편적으로 만들기 때문에 그대로 쓰는 것 자체가 무리다. 그러므로 교사는 교과서에서 단원별로 늘어놓은 교육과정을 다시 자신과 학생들의 배움에 맞게 재구성할 필요가 있다. 이 말은 교과서 재구성이란 말과 의미가 동일하다. 이때 재구성은 단순하게 교과서 단원을 재배열한다는 것을 의미하는 것이 아니다. 때로는 새로운 텍스트를 선택하고, 학습 내용을 재배열하고, 다른 학년의 내용과 비교하여 학습 내용 심화 수준의 깊이를 구체적으로 결정해야 하는 등 교과서란 책 한 권을 훨씬 더 뛰어넘는 과정을 요구한다.

예를 들어보자. 중학교 국어과 2학년에 '방송에서 사용되는 말과 글'이라는 단원이 있다. 이 단원의 성취 기준은 '방송에서 사용되는 비언어적 표현을 안다'이다. 이 단원의 성취 기준을 이렇게 정한 이유는 학생들이 방송에서 사용되는 비언어적 표현을 앎으로써 방송 매체의 특성을 보다 풍부하게 이해하고, 훌륭한 방송 매체의 이용자(이 수업을 통해 더 나아가 진로로 결정할 경우 생산자가 된다)가 되도록 함일 것이다.

그런데 이 단원은 '방송 대본'과 '시나리오'의 소단원 2개로 구성이 됐다. 이 소단원의 바탕글인 '방송 대본'과 '시나리오'를 열심히 공부하면 방송에 사용되는 비언어적 표현을 알 수 있을까? 언어를 뺀 비언어를 알아야 하는데 언어로 만들어진 교과서로는 아무래도 턱없이 부족하거나 잘못된 교재일 것이다. 글로 된 텍스트를 읽고 비언어적 표현을 이해한다는 것은 수박 겉 핥기식 이해이거나, 제대로 이해하지 못하고 대충 알고 넘어가는 정도의 배움밖에는 더이상의 발전이 없다. 특히 이런 수업을 통해 학생들이 자신의 끼와 소질을 발견하고 진로를 찾는 것은 더더욱 가능하지 않다.

그렇다면 이 성취 기준에 도달하기 위해 어떻게 수업을 해야 할 것인가? 당연히 교과서의 바탕글을 버리고, 영화를 만들면 된다. 바탕글인 방송 대본과 시나리오 원고를 공부하는 대신에 영화 시나리오를 쓰고, 카메라로 촬영하고, 배우가 되어 연기를 하는 과정에서 학생들은 비언어적 표현의 세세한 부분까지 이해하게 된다. 오히려 이런 수업을 통해 방송 매체가 언어보다 시각적인 표현, 즉 비언어적인 표현을 더 많이 사용한다는 것, 심지어 조명과 음향, 인서트, 카메라 각도까지도 비언어적인 표현이라는 것을 알게 되고 자신의 영상 작품에 사용한다. 또한 이런 수업을 통해 학생들은 방송 매체에 종사하는 사람들이 하는 일을 어렴풋이나마 체험하고 자신의 진로를 생각하기도 한다.

이와 같은 사례는 대단히 많다. 중학교 1학년 기술은 가르치며 교과서만으로 수업을 한다면 학생들이 성취 기준에 도달하지 못하는 경우가 상당히 많다. 목공 수업이나 건축 수업을 교과서로만 공부해서 성취 기준에 도달할 수 있을까? 아무래도 어려울 것이다. 실제로 나무로 가구를 만들고, 모둠을 구성해서 석고로 미니어처 건축물을 만들어야 할 것이다. 교과 프로젝트 수업의 전형적인 모습이라 하겠다. 이런 작업을 통해 학생들은 목공이나 건축에 관계되는 직업에 관심을 갖기도 할 것이다.

2) 내가 부족해서 교육과정 재구성을 한다.

수업을 하다 보면 혼자서 하기에 버거운 성취 기준이나 바탕글을 만날 수 있다. 이럴 때, 혼자 열심히 수업을 하다 보면 교사는 지쳐서 나가 떨어지고 학생들은 지루해서 나가 떨어져서 교사 혼자만 수업을 열심히 하는 경우가 생긴다.

이처럼 심각한 경우가 아니더라도 교과 교사 혼자 교육과정을 준비하고 수업을 진행하는 것보다 다른 교과에서 도와주면 더 깊이 있고 좋은 수업이 될 것 같은 단원이 있다. 우리의 경우에는 '북학의' 수업이 그랬다.

중학교 2학년 학생들에게 고전과 그 시대라는 단원에서 만난 바탕글 '북학의'는 책을 던지고 싶을 정도로 의미 없고, 도무지 왜 배우는지 이해가 되지 않는 고리타분한 글이었다. 조선 후기에 발생한 실학에 대한 이해가 없이는 그럴 수밖에 없는 글이었다. 이 수업을 하면서 우리는 깊은 절망에 빠졌다. 실학에 대해 열심히 설명하면 설명할수록 학생들은 수업에서 빠져나갔다. 그런 상태를 경험하고 본문인 '북학의'로 들어가는 순간 학생들은 이 글을 왜 배워야 하냐고 볼멘소리를 했으며, 도대체 무슨 소린지 이해가 안 된다고 아우성이었다. 이런 상태에서 교사가 아무리 구절 풀이를 해주고, 내용을 설명해줘도 학생들은 전혀 이해하지 못했다. 대부분의 학생들이 모르고 있다는 것을 알면서도 바탕글을 다 설명했는데, 여러 번 설명해도 상태가 똑같았다. 설명을 하면 할수록 학생들이 더 귀를 닫고 안 듣는다는 것을 느꼈기 때문에 그 다음 단원으로 넘어갈 때 참담하기 이를 데 없었다.

그해 12월, 다음 해 교육과정을 구성하면서 역사 교사에게 도움을 요청했다. 조선 후기를 가르칠 때 실학에 대해 좀 더 자세하게 가르쳐주면 국어 시간에 큰 도움이 되겠다고. 그랬더니 흔쾌히 역사적 사실과 관련 문학 작품을 함께 연결지어 가르친다면 정말 좋을 것 같다며, 더불어 역사과의 어려움을 토로하는 것이었다. 한문으로 된 용어를 설명하는 것이라 했다. 주어진 시간은 한정되어 있는데 역사 시간에 실사구시, 이용후생, 실학, 부국강병, 중상학파 등의 용어를 역사적 맥락을 찾기도 전에 기본 한자 풀이부터 설명하다 보면 학생들은 저만큼 멀리 달아나고, 자신은 수업 속에서 혼자 열변을 토하고 있다고, 한문과에서 그 용어들을 먼저 설명해주면 좋겠다는 이야기를 했다. 그래서 우리는 교과 통합 프로젝트를 만들었다. 한문과에서 실학을 비롯한 용어를 수업하면, 이어서 역사과에서 조선 후기와 실학, 그리고 국어과에서 '북학의'를 가르치기로 했다. 우리가 이런 논의를 하자 미술과, 과학과, 수학과 교사들이 함께했고, 교과 통합 프로젝트인 '실학의 시대를 만나다'가 만들어졌다.

이듬해 교과통합 프로젝트로 '북학의' 수업을 진행하자 지난해에 가르치다 힘들었던 단원이 술술 풀리면서 학생들이 수업에 집중하고 '북학의'를 거뜬하게 이해하면서 우리나라 근대화의 시작이 '실학'이라는 논의까지 수업에서 나왔다.

3) 상황이 교육과정 재구성을 하도록 만든다.

학교의 학사 운영이 계획대로만 되는 것은 아니다. 계획은 미리 해놓았는데 학사 일정이 진행되다 보면 어쩔 수 없이 주변 환경

등에 영향을 받는다. 그렇게 되면 수업을 일방적으로 강요하기도 어렵고, 주변의 상황에 따라 학생들의 요구에 응하기도 어렵다. 그렇기 때문에 이럴 경우에는 그 상황에 맞게 교육과정을 만드는 것이 좋다.

예를 들면, 전 세계인의 축제라 할 수 있는 월드컵이 열리면 각 나라들 역시도 그 열기가 대단할 것이다. 그런데 이 좋은 상황을 그대로 넘길 것인가 생각하다가 월드컵으로 교과통합 프로젝트를 만들게 되었다. 월드컵을 즐기면서도 역사도 짚어보고, 월드컵에 참가하는 여러 나라에 대한 사회적인 지식을 얻기도 하고, 과연 월드컵의 화려함 뒤에 그림자는 없는지도 알아보고, 이를 통해 다문화를 이해하고 차별을 넘어서는 교육과정을 만들어보기로 한 것이다. 그리고 이 과정에서 학교 체육대회와 이어지도록 교육과정을 만들었다.

4) 시대가 원하기 때문에 한다.

학습자 중심, 배움 중심 수업이라는 말이 최근 몇 년 동안 교육계에서 중요한 화두로 언급이 되고 있다. 학습자 중심이든 배움 중심이든 이것이 수업 속의 활동으로 진행되기 위해서는 교사들은 교과서를 새로이 분석하여 교육과정을 구성하고 수업을 새롭게 디자인해야 한다.

최근 혁신학교를 중심으로 수업이 혁신되면서 실제 수업의 내용과 진행도 달라지고 있다. 그중 가장 큰 변화가 교과가 분절된 형태로 각각의 수업 시간에 진행되던 방식에서, 교과가 서로 통합하여 프로젝트 형태로 수업이 진행된다는 것이다. 이것은 자유학기제에서도 추구하는 바와 같다. 왜냐하면 현대사회가 요구하는 지식은 교과서 내용을 많이 아는 것이 아니라, 삶에 대한 통합적 성찰, 다양한 사람들과 소통하면서 문제를 해결하는 참여와 협력 능력이다. 지금 세상에서 일어나는 많은 일들은 다양한 분야의 지식은 물론 사회를 둘러싼 다양한 가치에 대한 인식과 소통, 참여와 협력 없이는 풀 수 없는 새로운 문제들이다.

그래서 학교에서 가르쳐야 할 교육 내용과 관련하여 제기되는 중요한 문제는 '분절화된 교과 지식의 교육과정을 넘어, 새로운 시대의 삶의 문제들과의 만남', 즉 교과 간 통합 수업이나 프로젝트 수업이라고 할 수 있다. 교과 통합 수업을 통해 학생들은 분절된 교과를 넘어서 통합적이고, 창의적인 사고력을 키우고, 체험을 통해 세상을 이해하고 적응하는 능력이 키워지기 때문이다.

5) 수업 붕괴를 막기 위해서 한다.

학교에서 수업이 잘 이루어지지 않는 시점이 있다. 예를 들면, 학기 말이나 학년 말 시험이 끝난 이후 방학할 때까지는 도저히 수업을 할 수 없을 정도로 학생들은 수업을 거부한다. 이때 전국의 많은 학교들이 우스갯소리지만 '○○시네마'로 불린다. 장곡중학교도 수업을 혁신하기 전에는 '장곡시네마'인 시간이 많았다. 거의 매일 영화를 틀어주고, 학생들은 하루 종일 영화를 보다가 갔다. 학교에 왜 오는지 의미도 잊은 채, 수업일수 채우려고 오는 정말 아까운 시간들이었다. 중간고사가 끝난 다음 날도 수업이 잘 진행되지 않는다. 이런 어려움을 어떻게 해결할 것인가를 고민하다 이 기간을 수업 시간에 할 수 없는 체험활동으로 기획하게 되었고, 학년별 교과 담당 교사들이 함께 프로그램을 짜고 활동지를 만들면서 자연스럽게 교육과정 속으로 들어오게 되었다. 그러면서 이 기간이 평소 수업보다 더 훌륭한 수업이 이루어지는 시간으로 변하게 되었다.

결국 학교 수업이 추구하는 바가 우리의 삶과 맞닿아 있는 질 높은 배움이라면 교육과정을 재구성하는 일은 필수 불가결하다고 할 수 있다.

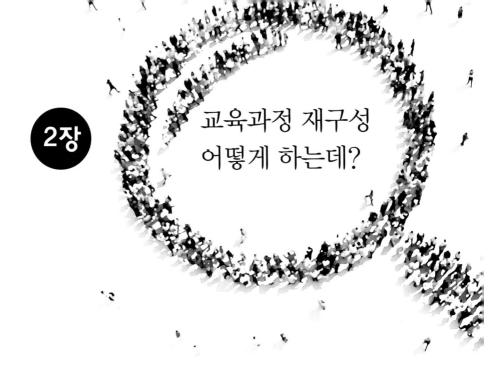

2장

교육과정 재구성
어떻게 하는데?

앞 장에서 교육과정 재구성이 왜 필요한지에 대해 설명해보았다. 이 장에서는 교육과정 재구성을 어떻게 하는지에 대해서 설명해보고자 한다. 아니, 설명하는 것보다 그동안 장곡중학교에서 이루어졌던 교과 통합 사례 중 의미가 있었고, 2014년 교육과정 이후에도 이어나갈 사례들을 중심으로 소개하고자 한다.

'왜 장곡중학교의 사례냐?' 하고 반문할 수도 있겠다. 장곡중학교의 사례는 단지 한 학교의 사례로 끝이 날 수 있지만, 이런 사례를 통해 자신과 자신의 학교 상황에 맞는 교육과정을 재구성하는 아이디어를 끌어낼 수 있을 것이라 생각한다. 또한 구체적인 계획과 활동지를 보게 되면 막연하게 생각했던 교육과정 재구성이 실제적으로 눈과 귀로 들어와 누구나, 어느 학교나, 단 한두 명이라도 같이 할 수 있는 동료 교사만 있다면 충분히 해볼 수 있는 것으로 여겨질 것이다.

(1) 교과 통합 수업 사례

교과 통합 수업은 억지로 만들면 만들 수 있지만 그렇게 만들어진 수업은 그 의미를 찾기 어렵다. 의미가 크게 없는 수업은 진행하는 교사도, 참여하는 학생도 배우거나 성장하기 힘들 것이다. 교과 통합 수업이 의미 있는 수업으로 만들어지는 것은 참여하는 사람들이 자발적으로 협력해서 창조하는 것이기 때문이다.

거대한 교과 통합 수업을 구상하면 이런 수업 자체가 불가능하게 생각될 수 있다. 그러나 '내'가 필요해서 '다른 교과' 교사에게 함께 하자고 요청했을 때 만들어지는 소박한 수업이 발전하면 대단한 통합 수업으로 변하기도 한다. 중요한 것은 동료 교사에게 함께하자고 요청하는 마음이다.

실제로 장곡중학교에서 펼쳐지는 많은 교과 통합 수업 중에는 '흙 속에 담긴 낯선 기억을 찾아서'와 같은, 폭넓고 다차원적인 통합 수업도 있지만, 1학년 중국어와 가정 교육과정이 통합된 '중국 문화 체험'과 같은 작은 통합 수업도 있다. 이 수업은 중국어 시간에 중국 문화에 대해 배운 후 가정 실습 시간에 만두를 만들어 먹는 활동이다. 소박하고 크게 주목받지 못하는 통합 수업이지만, 교무실에서 나란히 앉아 있는 교사들이 서로 수업에 대한 이야기를 나누다 함께 생각해서 만들어낸 교과 통합이었다. 이런 소박한 시도나 실천의 경험들이 더욱 폭넓은 교과 통합 수업의 기획과 진행을 가능하게 하는 원동력이 된다.

다음에서 제시하는 예들은 장곡중학교 교사들이 시도했던 교과 통합 수업 중에서 범위가 넓은 활동이다.

1) 고고학 프로젝트 - '흙 속에 담긴 낯선 기억을 찾아서'

고고학 프로젝트 수업 '흙 속에 담긴 낯선 기억을 찾아서'는 역사 교과을 처음 배우게 되는 2학년 학생들에게 '역사란 무엇인가?'에 대한 의미를 심어주려고 역사과가 중심이 된 것이었다. 그래서 역사과부터 프로젝트 수업이 시작된다. 역사 시간에 이 프로젝트 활동의 의미와 프로젝트에서 수행해야 할 상세한 활동 내용을 안내한다.

국어 시간에는 창작 설화를 쓰는데, 설화의 형식에 맞추어 쓰되 이야기 구성 요소 중에 반드시 자신이 창작한 설화 속에 등장하는 유물이 땅에 묻히도록 만들어야 한다. 이렇게 국어 시간에 창작한 설화를 바탕으로 한문 시간에 시대와 설화에 등장하는 인물의 이름, 장소, 유물에 적을 글귀 등을 한문으로 변환하거나 새로 문장을 만든다. 역사과와 국어과에서 각각 그렇게 수업을 하는 동안 미술 시간에는 점토로 자신의 설화 속에 등장하는 유물을 제작하고, 제작된 유물에 한문 시간에 만든 문장을 새긴 후 운동장 어딘가에 자신이 만든 유물을 묻는다. 그 후 학생들은 자신들이 유물을 묻은 곳을 설화 속의 장소 배경인 것처럼 상상하여 고지도를 그린다.

이런 활동을 하는 동안 지금은 유물을 묻는 장소가 장곡중학교의 운동장이겠지만, 유물을 묻는 그 순간 학생들의 머릿속에는 설화 속의 시대와 장소가 되는 역사적인 상상력이 펼쳐지게 된다. 그 이후 10월에 유물을 발굴하고 발굴된 유물은 축제 때 전시를 한다. 이렇게 하면서 학생들은 유물이 만들어지는 과정을 저절로 알게 된다. 또한 발굴된 유물을 통해 역사를 유추하는 방법을 알아가는 과정에서 고고학이 어떤 학문인지, 역사가 한 사람의 영웅이 만들어가는 이야기가 아니라 평범한 사람들의 일상이 켜켜이 쌓여 만들어진 결과임을 깨닫게 된다. 이런 과정을 경험하며 학생들은 자신들의 평범한 하루하루의 일상이 쌓여 역사가 된다는 것을 알게 된다.

결국 이 프로젝트는 역사과 수업의 본질을 여러 교과의 도움을 받아 깨닫게 하는 것이 목적이다. 학생들은 이 과정을 경험하며, 고고학에 대한 관심도 갖게 되고, 그 관심을 자신의 진로와 연결 짓기도 했다.

다음은 '흙 속에 담긴 낯선 기억을 찾아서'의 수업 진행 과정과 각 교과별 활동지다.

● 전체 진행 과정

★ 통합 교과	국어 · 미술 · 역사 · 과학 · 한문
★ 일정	5월 27일 ~ 6월 10일 고고학 체험 및 교과 활동) 11월 학교 축제 전시까지 연결됨.
★ 장소	3월 ~ 11월 각 교실 및 운동장

● 교과 통합 주제 선정 배경

1) 주제 선정 배경

　요즘 학생들은 역사란 그저 나와 상관없는 먼 이야기, 시험을 위한 지식으로만 알고 있다. 그러나 역사는 과거뿐만 아니라 현재에도 분명히 존재한다. 역사라는 거대한 시대 흐름 속에서 한 개인은 잊혀지고 소외된다. 그래서 역사의 거대한 틈에서 제외되었을 소소한 일상들, 개인의 이야기들을 다시 한 번 생각해 보고 우리 아이들이 자신의 역사를 되돌아볼 수 있었으면 하는 마음이 있었다.

　'과연 우리가 역사라는 이름의 지나온 시간을 온전히 알 수 있을까?' 아이들이 그 역사의 빈틈을 생각해 보고 과거의 누군가에 대해 떠올려보고 그 누군가의 삶을 생각해 보게 하고 싶었다. 즉 이 활동의 전 과정을 통해 예술과 역사와 문학, 과거와 현재, 미래를 자유롭게 넘나들며 상상력과 창의력을 발휘하길 바랐다. 아이들이 역사라는 거대한 시간 앞에서 '나'라는 개인이 너무나 작은 존재임을 자각하고 "나의 삶도 미래의 누군가에게 발굴될 수 있을까?"라는 질문을 던져 보길 원했고, 이를 통해 나의 삶을 돌아 보고 소중히 여길 수 있기를 바라는 마음을 담아 '흙 속에 담긴 낯선 기억을 찾아서'라는 주제로 구현한 것이다.

2) 프로젝트의 모티브

이 프로젝트는 현대 미술가 조덕현의 〈구림마을 프로젝트〉에서 모티브를 얻었다. 조덕현은 구림마을의 '구'가 '비둘기 구(鳩)'가 아니라 '개 구(狗)'일 수도 있다는 작가적 상상력을 발휘해서, 구림마을의 신화를 재해석하는 작업을 시작했다. 구림마을의 한 폐가 마당을 파고, 종교적 의식에 따라 파묻혔던 수십 마리의 개가 발굴되는 상황을 '연출'해 놓고 정해진 날짜에 실제 발굴 전문가들과 함께 발굴한 것은 일종의 퍼포먼스이기도 하며 설치작품이기도 했다. 여기서 작품(개의 형상, 주민들의 인터뷰 등)은 작가적 상상력을 증빙하는 하나의 자료가 되는 셈이었다. 작가 조덕현은 3건의 프로젝트에서 자신이 만든 개 형상 조형물을 땅 속에 묻고 이를 고고학자들이 발굴하도록 한다. 여기엔 소설가, 구비문학연구자, 고고학자 등이 동참한다. 조덕현은 프로젝트의 전 과정을 통해 미술에 대한 고정관념을 흔들고, 주민과 작가, 역사와 전설, 허구와 사실을 뒤섞어 놓았다. 관람객들은 발굴현장에서, 흙이 파헤쳐 쌓여있고 발굴대원들이 조심스레 흙을 걷어내며 개 조형물을 발굴하는 모습을 보면서 가상과 현실이 뒤섞인 독특한 체험을 하게 된다.

● 교과 통합 수업 목표
1) 학생들의 고고학 발굴 체험을 통해 역사를 흥미롭게 접근할

수 있는 기회를 갖는다.

2) 발굴 현장의 전 과정을 체험함으로써 문화재의 소중함과 보존·전승의 필요성을 느낄 수 있다.

3) '고고학'이라는 학문 분야와 하는 일 등 진로교육과 연계하여 구체적으로 탐색할 수 있다.

4) 역사와 예술, 인간의 삶이 만나는 맥락 속에서 현재의 삶이 역사가 되는 흐름을 총체적으로 이해할 수 있다.

5) 역사 속에서의 인간의 삶, 감정을 총체적으로 이해하고 미술 문화를 향유할 수 있도록 한다.

6) 서로 다른 각 교과가 유기적으로 연결되는 다양한 활동을 통해 창의적인 사고와 표현력을 맘껏 발휘할 수 있다.

● 교과별 세부 목표

교과	세부 목표 / 성취 기준	관련단원	차시	통합 수업 요소	평가
미술	· 작가적 상상력을 통해 창의력, 표현력을 기르고 현실과 가상을 오가는 예술적인 즐거움을 만끽한다. · 대지미술, 행위예술(퍼포먼스) 등 포스트 모더니즘 예술의 다양한 영역을 체험한다. · 문학이 결합된 미술의 기원을 이해하고 현대미술에서 어떤 방식으로 해석되는지 체득한다. · 역사 속에서의 인간의 삶, 인간의 감정을 총체적으로 이해하고, 미술 문화를 향유할 수 있도록 지도한다. · 현재의 자신의 삶이 가치 있는 역사가 될 수 있음을 인식시키고 현재의 삶을 소중히 할 수 있는 태도를 함양한다. · 조형, 작품 위주의 수업 방식에서 문화의 관점으로 수업을 재구성하여 학습자로 하여금 미술이 사회적이고 문화적인 것들과 결합된 활동임을 인식시킨다.	8. 전통미술, 흙과의 만남 9. 미술과 역사, 작가와의 만남, 프로젝트미술,	12차시	고고학 체험과 연계한 고지도용 종이염색 상상의 고지도 제작 설화에 근거한 토기 제작	수행 평가

교과	세부 목표 / 성취 기준	관련단원	차시	통합 수업 요소	평가
역사	· 고고학 체험을 통해 우리 역사와 문화재의 소중함을 알게 하여 문화의 정체성을 함양시킨다. · 옛 사람들의 생활상을 상상해보고, 문화유산에 대한 소중함과 자긍심을 갖도록 한다. · 발굴과 복원이 역사 안에서 어떠한 중요성을 갖는지 인식하여 현재의 문화를 소중히 여기는 태도를 기른다.	Ⅰ. 문명의 형성과 고조선의 성립 1. 역사의 의미와 역사 학습의 목적 2. 인류의 출현과 선사 시대의 문화	5차시	고고학체험 보고서 쓰기	지필 평가 수행 평가
국어	· 설화의 이야기 구조를 이해하고 이를 창조적으로 변용할 수 있다.	1. 문학의 아름다움	3차시	역사적 상상력을 바탕으로 한 설화창작	설화 창작 수행 평가
한문	· 가상 설화의 내용과 적합한 한문 문장을 만들 수 있다. · 단어의 짜임(병렬, 수식, 주술, 술빈, 술보관계)을 고려하여 문장을 만들 수 있다.	Ⅱ. 자연과 환경, Ⅴ. 선인들의 지혜와 고학	3차시	설화 작품에 맞는 한문문장 만들기	서술형 평가

● 진행과정

일정	교과별 진행	내용
사전준비 4.19 ~ 5.1	* 사전 답사 * 프로젝트의 의미 이해하기	능곡동 선사유적지 사전 답사, 늠내길 1코스 걷기 역사과 수업으로 진행 - 사전 활동지
5.09 ~ 5.16	역사	프로젝트 이해, 시공간을 초월하는 고고학적 이해 이야기의 시대적 요소 자문
5.27 ~ 5.31	국어	상상의 설화 스토리구성 방법 설명 나만의 설화 개요 작성하기
5.27 ~ 5.31	한문	제조연대(사용시기)를 유추할 수 있는 유물에 적힌 한문 문장 만들기
5.27 ~ 6.10	고고학 체험 교실 (역사, 미술)	모의 발굴 현장 조성(포크레인, 8개의 구덩이/8모둠 기준, 주거지1, 묘1) 발굴지 둘러보기, 발굴의 방법 알기 역사 속에서 발굴의 중요성 이해하기 발굴된 유물의 보존방법 알기 발굴 된 유물이 가치 있는 역사가 되는 과정 탐색
5.30 ~ 6.21	미술 - 땅에 묻을 유물 제작	역사적인 사실을 이해한 후 토기나 유물(나의 설화의 증거물) 제작하기 입체조형의 방법 알기

일정	교과별 진행	내용
6.17 ~ 6.21	미술 -고지도 제작을 위한 종이 염색하기	물감 외의 다른 생활재료, 자연재료 이용하기 생활 속의 미술 이해하기, 염색 이해하기
6.17 ~ 6.21	미술 또는 역사 - 땅에 토기 묻기	자연을 만나는 체험의 즐거움 대지미술 이해하기, 퍼포먼스(행위예술) 이해하기
6.10 ~ 6.14	미술 - 상상의 고지도 그리기	작가적 상상력, 창의력, 표현력, 현실과 가상을 오가는 예술적인 즐거움
8.20 ~ 8.24	미술 또는 역사 - 발굴 체험하기	자연과 만나는 체험의 즐거움 나의 토기가 설화, 역사가 되는 과정
8.27 ~ 8.31	국어 또는 역사 -발굴 체험기 쓰기, 프로젝트 과정 사진 찍기	소설, 보고서, 인터뷰, 포트폴리오, UCC 형식 등 자유롭게 선택 - 통합적 과제
11월 축제	전시하기 - 전시마당	역사, 유물이 된 나의 작품

● 주제 중심으로 재구성한 수업 설계도

주제 : '흙 속에 담긴 낯선 기억을 찾아서'

▼

고고학자와 함께 하는 고고학 체험 교실(한국교육문화재단)
고고학과 선사시대의 이해 · 모의 유구 발굴 · 보고서 작성

역사	국어	한문	미술
고고학 실습	설화 창작	유물의 주소	토기 제작 고지도 염색 및 제작
*시공간을 초월하는 고고학적 이해 *이야기의 시대적 요소 자문	*상상의 설화 스토리 구성 방법 설명 *모둠별 설화 개요 작성하기 *개인별 설화 창작	*제조연대(사용시기)를 유추할 수 있는 유물에 적힌 한문 문장을 만들기	*역사적 사실에 근거한 토기나 유물 (나의 설화의 증거물) 제작 *입체조형의 방법 알기 *고지도 염색 및 제작

※ 모둠 활동 : 유물 땅에 묻기 · 유물 파기 · 보고서 제출 및 평가 · 시상
※ 발굴 체험기 : 소설, 보고서, 인터뷰, 포트폴리오, UCC 형식 등 자유롭게 선택

▼

매꼴 축제를 통한 발굴 유물 및 보고서, 활동 사진 자료 전시 (11월)

● 외부 체험 기관 운영계획(고고학 체험교실 문화유산교육)

해당기관	(재)한국교육문화재단 문화역사 연구부 '퍼니 고사리'	담당	김○○	연락처	010 - 0000 - 0000
교육명	내가 찾은 우리 문화재					
교육기간	6월 3 ~ 10일 (매일 2회 2개반)					

고고학 체험 교실 운영 계획	
대 상	시흥시 장곡중학교 2학년
장 소	능곡동 선사유적 공원 및 텃밭 모의 유구 현장
교 육 주 제	· 학생들의 역사 지식 신장 · 우리문화유산의 사회적 가치 및 기여 제고 · 학생들에게 교육을 통해 문화적 정체성 확립
교 육 목 표	· 학생들의 고고학 발굴체험을 통해 역사를 흥미롭게 접근할 수 있는 기회를 갖는다. · 발굴의 전 과정을 체험함으로써 문화재의 소중함과 보존 · 전승의 필요성을 깨닫는다 · '고고학'의 학문 분야에 대한 이해와 더불어 역사의 흐름 속에서 창출되는 문화적 가치를 알린다.
내 용	· 고고학 발굴절차 및 내용 이해 · 발굴체험 (모의발굴, 유구실측, 유물실측) · 유물 복원 및 보전처리
교 육 준비물	· 진행강사 - 실측도구 : 줄자, 나침반 - 접합도구 : 모형 토기 · 학생 - 발굴도구 : 호미, 쓰레받이, 붓, 통, 지퍼백 - 실측도구 : 필기구(샤프, 자, 지우개) - 세척도구 : 칫솔
진행 방법	· 현장 견학과 모의 발굴은 두 반을 순환적으로 진행한다. · 모의 발굴은 8모둠으로 나누어 진행한다.

장곡중학교 2학년 고고학 체험교실 진행표				
차시	활동	소요 시간	수업 내용	장소 및 준비물
1	고고학과 선사시대의 이해	80분	인류의 진화과정과 신석기를 이해한다.	발굴현장 사진 및 동영상
2	모의 유구 발굴	80분	가상으로 유구의 모의 발굴을 실시하여 발굴 조사법에 대한 것을 인지시킨다.	텃밭, 호미, 붓, 쓰레받이, 쓰레기통, 지퍼백
3	보고서 작성	20분	유구, 유물들에게 의미를 부여하고 발굴한 유적지에대해 기록을 남기는 보고서를 작성해 본다.	텃밭, 연필, 지우개

● 교과별 활동지

1) 미술 수업 활동지

2학년 교과 통합 프로젝트학습 '흙 속에 담긴 낯선 기억을 찾아서'	활동지	2학년

학번 :　　　　　이름 :

이번 활동에서는..	♤ 작가적 상상력을 통해 창의력, 표현력을 기르고 현실과 가상을 오가는 예술적인 즐거움을 만끽해본다. ♤ 현재의 자신의 삶이 가치 있는 역사가 될 수 있음을 인식시키고 현재의 삶을 소중히 할 수 있는 태도를 기른다. ♤ 역사 속에서의 인간의 삶, 감정을 총체적으로 이해하고 미술문화를 향유할 수 있도록 한다.

♠ 흙 속에서 내 안에 담긴 낯선 기억을 발굴하다...

1. 과거의 기억(역사)은 현재까지 어떻게 남아 있게 되었을까?

2. 조덕현의 작업에서

1) 사진작업의 방법 : 2) 발굴작업의 방법 : 3) 작가가 두 작업을 통해 말하고 싶은 것은?	

3. 조덕현의 발굴현장(퍼포먼스)을 보고 관객들은 어떤 느낌을 가졌을까?(혹은, 나의 느낌)

4. 조덕현의 작업은 예술이라 말할 수 있을까? Yes, or No?

<table>
<tr><td rowspan="2"></td><td>— 예술이라고 생각한다면 그 이유는?</td></tr>
<tr><td>— 아니라고 생각한다면 그 이유는?</td></tr>
</table>

5. 국어 시간 설화 작성 활동지 참고하기

6. 모둠 토론: (고지도를 만들기 위한 작업)오래된 종이를 만들기 위해 어떤 재료가 필요할까?

	내 준비물 :

대단원명	미술과 역사	중단원명	흙속의 낯선 기억을 찾아서(교과 통합)	활동지	2학년

학번 :　　　　　이름 :

이번 수행의 주제	1. 개인별 창작설화를 마무리하고 모둠별로 이야기의 연결고리를 지어보자. 2. 창작설화를 참고하여 증빙자료로써의 유물을 구상해보자. 3. 유물제작 아이디어스케치 및 고령토로 유물 제작

1. 자신의 설화에 등장하는 유물을 찾아보세요.

2. 유물에 얽힌 구체적인 이야기를 정리해보세요.(용도, 목적, 의미, 유행, 시대성.)

(예 : 언제, 어디서, 누가, 무엇을, 어떻게, 왜)

창작설화를 증빙할 수 있는 유물 작품 제작계획서	
주 제	
재 료	

※ 다음시간에는 구체적인 이미지 자료, 개인 재료 준비.

흙속의 낯선 기억을 찾아서 - 보물지도 그리기	활동지	2학년

학번 :　　　　　　　이름 :

이번 활동에서는..	♤ 종합예술작품으로 고지도를 바라보고 읽어보자. ♤ 우리의 이야기를 담은 가상의 보물지도를 만들어보자.

♠ '세상'을 담은 지도, '나'를 담는 지도

1. 지도는 상상력의 창고입니다. 지도를 읽어봅시다. (지도①)

〈카모니카족의 촌락지도〉	
1) 이 지도에서 읽을 수 있는 것을 모두 찾아보자.	
2) 예술작품으로서 이 지도는 어떤 특징이 있나요?(감상느낌이어 도 좋아요)	

2. 다른 시각으로 보는 우리나라 옛지도(지도②, 지도③)

〈지도② 순천 송광사 지도, 지도③ 18세기 도성도〉	
예술작품으로서 이 지 도들은 어떤 특징이 있 나요?(생각해보기 - 그 려진 것, 구도, 시점, 표 현법, 다른나라 지도와 의 차이 등)	

3. 지도를 통해 무엇을 알 수 있을까? 한 장의 지도는 무엇을 담고 있을까?

4. 작가 노트 : 보물지도 아이디어 스케치하기
   ♤ 나의 유물이 만들어지고 묻힌 시대를 서로 이야기해주세요.
   ♤ 우리 모둠의 보물지도는 어느 시대를 배경으로 그릴까요?
   ♤ 반짝이는 아이디어로 우리 모둠의 보물지도를 구상해보세요(어떤 형식이든 좋습니다).

2) 역사 수업 활동지

단원명	흙 속에 담긴 낯선 기억을 찾아서	2학년　반　번. 이름 :
학습목표	· 자신의 삶이 곧 역사임을 알 수 있다. · 교과 통합프로젝트의 교과별 활동을 정확하게 알 수 있다.	Special #01

■ '흙 속에 담긴 낯선 기억을 찾아서'라는 교과 통합프로젝트 제목의 의미를 생각해보자.

1. '고고학' '민중(영웅이 아닌 역사 기록에 없는 사람)' '역사', 이것을 통합 수업의 제목에서 찾아보자.

_____

_____

_____

_____

2. 왜 기억이 흙 속에 담겼을까?

_____

_____

_____

_____

_____

3. 현재 시흥시에서 타임캡슐에 넣을 나의 소장품을 모집하고 있는데, 나는 어떤 소장품을 시흥시에 기증하고 싶은가? 그 이유는 무엇인가?

_____

_____

_____

4. 장곡중학교 운동장에서 아래의 물건이 발견되었다면, 이 물건이 묻히게 된 경로를 생각해 보자.

_____

_____

_____

_____

_____

■ 교과 통합프로젝트 '흙 속에 낯선 기억을 찾아서' 교과별 활동을 적어보자.

역사	
국어	
한문	
미술	

단원명	흙 속에 담긴 낯선 기억을 찾아서	2학년 반 번. 이름 :	
학습목표	· 역사를 스스로 탐구할 수 있다.		Special #02

■ 고지도에 얽힌 선생님의 이야기를 정리해보자.

무엇을?	
누가?	
언제?	
왜?	
어디에?	
어떻게?	

3) 국어 수업 활동지

2학년 국어	활동지 15	흙 속에 담긴 낯선 기억을 찾아서
		2학년 ( )반 ( )번 이름 ( )

1. 설화란? 설화(說話)는 보통 입에서 입으로 전해 내려오는 이야기를 말한다. 구비문학의 일종으로 각 민족에게는 그 민족 고유의 설화들이 내려온다. 설화의 종류는 신화, 전설, 민담 등이 있으며 각각 조금씩 다른 특성을 지닌다.
　　신화는 천지의 창조, 민족이나 성씨의 시조의 탄생 등 신성한 이야기를 말하며, 전설은 어떤 지명이나 성명에 얽힌 이야기이며, 민담은 흥미 위주로 창작된 이야기이다.

※ 참고자료 - 주몽 신화
　　한(漢) 신작(神雀) 삼년 임술(壬戌)에 천제는 아들 해모수를 부여왕의 옛 도읍터에 내려 보내어 놀게 하였다. 성북(城北) 청하(靑河)에 하백의 세 딸이 아름다웠는데 장녀는 유화, 차녀는 훤화, 계녀는 위화라고 하였다. 그녀들이 청하로부터 웅심연 위로 놀러 나가니 신 같은 자태는 곱고 빛났다. 왕(해모수)은 이들을 보고 좌우에게 말하되 "얻어서 왕비를 삼으면 아들을 두리로다." 하였다. 그녀는 왕을 보자 즉시 물 속으로 들어가 버렸다. 이에 왕은 방 가운데 세 자리를 마련해 놓고 동이술을 두었다. 그 여자들이 각각 그 자리에 앉아서 서로 권하며 술을 마시고 크게 취하였다. 왕은 세 여자가 크게 취하기를 기다려 급히 나가 막으니 여자들이 놀라서 달아나고 장녀인 유화만이 왕에게 붙들린 바 되었다. 하백은 크게 노하여 그 딸에게 말하되 "너는 나의 가르침을 따르지 않고 나의 가문을 욕되게 했다." 하고 좌우에게 명령해서 우발수 가운데로 귀양 보냈다.

　　부여의 왕 금와왕은 우발수 가에서 하백의 딸 유화를 만난다. 이 때 유화는 자신이 해모수를 만나 사귀었으며, 이 때문에 화가 난 부모가 자신을 이곳으로 귀양살이 보냈다는 사정을 말한다. 금와는 유화를 거두어 궁실에서 살게 하였다. 이때 햇빛이 방안의 유화에게 비추면서 따라왔다. 유화가 아무리 피하려 해도 햇빛은 집요하게 쫓아오는 것이었다. 이 때문에 태기가 있더니, 유화는 닷 되 정도 크기의 알을 낳았다. 왕이 이를 괴이하게 여겨 말하되 "사람이 새알을 낳은 것은 상서롭지 못하다." 하고 사람을 시켜서 이 알을 말 우리에 버렸으나 여러 말들이 밟지 않았고, 깊은 산에 버렸으나 동물들이 모두 보호했다. 알은 마침내 열리고 한 사내 아이를 얻었는데 낳은 지 한 달이 못 되어 말을 하였다. 주몽의 어머니가 갈대로 활과 화살을 만들어 주자 이것으로 파리를 쏘아서 화살이 날면 모두 맞았다. 부여에서 활 잘 쏘는 사람을 주몽이라고 하였다.

　　나이가 장대해지자 재능도 겸비하였다. 태자인 대소가 왕에게 말하되 "주몽은 용맹이 있는 사람이고 눈길이 남다르니 만약 일찍 도모하지 않으면 반드시 뒷 근심이 있을 것입니다." 하였다. (중략) 주몽은 오이(烏伊),마리(摩離), 협보(陝父) 등 세 사람과 같이 남쪽으로 행하여 개사수(蓋斯水)에 이르렀으나 건널 배가 없었다. 추격하는 병사들이 문득 닥칠까

두려워서 이에 채찍으로 하늘을 가리키며 개연히 탄식하되 "나는 천제의 손이요 하백의 외손으로서 지금 난을 피해 여기 이르렀으니 나를 불쌍히 여겨 급히 다리를 보내소서."하고 활로써 물을 치니 고기와 자라들이 떠올라 다리를 이루어서 주몽이 건널 수가 있었다. 얼마 안 있어 추격하던 병사들이 이르렀는데 추병이 물에 이르자 물고기와 자라들의 다리는 곧 없어지고 이미 다리로 올라섰던 자는 모두 몰사하였다. 주몽이 어머니와 아내의 이별에 임하여 차마 떨어지지 못하니 그 어머니가 말하되 "너는 어미의 염려는 하지 말아라." 하고 이에 오곡의 씨앗을 싸서 주었는데 주몽은 생이별하는 마음이 간절해서 보리 씨앗을 잃고 말았다. 주몽이 큰 나무 아래서 쉬더니 한 쌍의 비둘기가 날아왔다. 주몽은 "응당 이것은 신모(神母)가 보리씨를 보내는 것이다."라고 말한 후 이에 활을 다려 이를 쏘아 한 살에 함께 잡아서 목구멍을 열고 보리씨를 꺼낸 다음 비둘기에게 물을 뿜으니 비둘기는 다시 살아나서 날아갔다. 왕(주몽)은 스스로 띠자리 위에 앉아서 임금과 신하의 위계를 정했다.

주몽의 아들 유리는 어려서부터 영특하였다. 어렸을 때 새를 쏘아 잡는 것으로 업을 삼더니 한 부인이 인 물동이를 보고 쏘아 깨뜨렸다. 그 여자는 노해서 욕하기를 "아비도 없는 아이가 내 동이를 쏘아 깼다."고 했다. 유리는 크게 부끄러워 진흙 탄환으로 동이를 쏘아 구멍을 막아 옛것같이 하고 집에 돌아와 어머니에게 나의 아버지는 누구냐고 물었다. 어머니는 "너의 아버지는 바로 천제의 손자이고 하백의 외손자이며 부여의 신하됨을 원망하고 남쪽 땅으로 도망가서 처음으로 국가를 세웠으니 너는 가서 뵙지 않겠느냐?"고 하니 대답하기를 "아버지는 다른 사람의 임금이 되었는데 아들은 다른 사람의 신하가 되니 제가 비록 재주는 없으나 어찌 부끄럽지 않겠습니까?" 하였다. 어머니가 말하되 "너의 아버지가 떠날 때 말을 남긴 것이 있으니 '내가 일곱 고개 일곱 골짜기 돌 위 소나무에 물건을 감춘 것이 있으니 이것을 얻은 자라야 나의 아들이라' 하였다."고 했다. 유리는 스스로 산골짜기로 다니면서 찾았으나 얻지 못하고 지치고 피로해서 돌아왔다. 유리는 집 기둥에서 슬픈 소리가 나는 것을 듣고 보니 그 기둥은 돌 위에 소나무였고 나무의 몸은 일곱 모였다. 유리는 스스로 이를 해석하되 일곱 고개 일곱 골은 일곱 모요 돌 위에 소나무는 곧 기둥이라 하고 일어나서 가보니 기둥 위에 구멍이 있어서 부러진 칼 한 조각을 얻고 매우 기뻐했다. 고구려로 달아나서 칼 한 조각을 왕에게 바치니 왕이 가지고 있던 칼 한 조각을 꺼내어 이를 맞추자 피를 흘리며 이어져서 하나의 칼이 되었다. 왕은 크게 기뻐하며 세워서 태자를 삼았다.

① 주몽의 가계도를 그려보자.

② 주몽은 어떤 과정을 거쳐 나라를 세웠으며, 그 나라의 이름은 무엇인가?

③ 주몽 신화의 줄거리를 말해보자.

2. 발굴될 가상의 증거물을 가지고 나만의 설화를 만들어 보겠습니다. (아래의 표에 간단히 메모하세요- '조덕현의 구림마을 프로젝트' 와 참고자료의 '주몽신화'를 참고)

배경이 되는 장소 (장소가 가장 중요!)	예) 한국의 충청도에 구림마을이란 곳이 있었다. 구림마을은 고조선 건국 전, 가장 융성하고 화려한 문명을 자랑하던 곳이었다.
배경이 되는 시대	예) 아직 한국에는 나라의 기틀이 세워지지 않아 부족간의 경쟁이 치열했다.
발굴된 유물	예) 역사학자 소미는 어느 날, 흙으로 된 개 모형이 들어 있는 집터를 발견하게 된다. 그동안 구림마을이 비둘기 구(鳩) 자라고 생각해왔으나, 이번 모형 결과로 개 구(狗)임이 밝혀졌다. 이러한 결과로, 그동안 알지 못했던 찬란한 문명의 구림마을의 신화가 밝혀지게 되었다.
주인공 및 등장인물	예) 구림마을이라는 마을에는 우간다라 울리뽕 이라는 족장과 그를 따르며 사회를 이루며 살던 주민들이 살고 있었다.... (등장인물들의 성격 이나 행동 특성등을 분명하게 정해야 스토리가 더욱 탄탄하고 재미있게 흘러 갈 수 있습니다.)
유물이 땅에 묻히게 된 계기	예) 어느 날 구림마을에 청동무기를 앞세운 유림마을의 습격으로 도망가던 우간다라 울리뽕은 마을 구석에 그들 부족의 상징 개 모형을 부족의 집 아래에 묻어놓았다.

주요 사건의 흐름	예) 구림마을이 생겨나게 된 계기
	    우간다라 울리뽕의 신이한 탄생
	    마을의 번창 및 멸망

2학년 국어	활동지	흙 속에 담긴 낯선 기억을 찾아서
		2학년 ( )반 ( )번 이름 ( )

※나만의 설화를 써 봅시다.

주 제	주제에 맞게 이야기를 창작하여 말하기		
관련활동	교과 통합프로젝트수업활동 1. 흙 속에 담긴 낯선 기억을 찾아서		
평가항목	세 부 요 소	채점 기준	배점
내용 선정 및 내용 조직	·내용이 주제에 적합한가? ·처음, 중간, 끝이 잘 구성되었는가? ·말하는 내용이 창의적인가?	4항목 만족	10
		3항목 만족	9
		2항목 만족	8
표현 및 태도	·내용을 정확하게 전달하는가? ·목소리의 크기는 적당한가? ·주어진 시간을 지키는가?	1항목 만족	7
		1항목 미만	6
		결시(-1점)	5

★ 말하기 주제

☞ 교과 통합프로젝트수업활동 1. 흙 속에 담긴 낯선 기억을 찾아서

> 내가 쓰던 _____이 500년 후, 2511년 미래의 누군가에게서 발굴이 되었
> 다. 미래의 누군가의 시점에서 나의 이야기를 써보자. (유물이 왜 거기에 묻혀있는지
> 경위를 재구성해 감추어진 역사를 찾아내보자.)

★ 말하기 원고 작성

말하기 수행 평가 후 수행평가지는 선생님께 제출합니다.

4) 한문 수업 활동지

2학년 한문1	'흙 속에 담긴 낯선 기억을 찾아서'
	2학년 (　　)반 (　　)번 이름 (　　) (　　)모둠

◆ 학습목표 ◆

　가. 가상 설화의 내용과 적합한 한문 문장을 만들 수 있다.

　나. 단어의 짜임(병렬, 수식, 주술, 술빈, 술보관계)을 고려하여 문장을 만들 수 있다.

1. 국어시간에 쓴 가상의 설화 내용을 60자 이내로 간략히 정리하시오.

2. 가상 설화의 주제를 한 문장의 우리말(25자 이내)로 표현하시오.

3. 가상설화의 연대를 추정하거나 내용을 유추할 수 있는 증거가 되는 유물들에 적혀 있을 글자는 어떤 것일지 상상하여 이를 우리말로 2가지를 쓰고, 그 이유를 적으시오.(모두 우리말로 작성함)

4. 위의 3번 문제를 참고하여, 모둠별로 유물에 적을 적합한 한자를 4자 이상 8자 이내로 쓰시오.

한자								
뜻과 음								
모둠풀이								

2학년 한문 2	'흙 속에 담긴 낯선 기억을 찾아서' 모둠평가지 1
	2학년 ( )반 ( )번 이름 ( )
모둠학생명	

◆ 평가요소 ◆

가. 설화의 내용과 한문 문장의 의미가 일치한가?
나. 주어진 시간 안에 문장을 완성했는가?
다. 한문 문장의 구성이 적절한가?
라. 모둠별 역할기여도는 어느 정도인가?

1. 유물에 이름을 만들어(고유명사) 한자로 변환하고, 유물의 이름을 그렇게 지은 이유를 설화 내용과 연관 지어 정리하시오.(2점, 각 1점)

유물 이름 ( )	설화내용
유물에 공유한 이름을 지어한자로 표기하시오.	

2. 지명과 주인공의 이름을 한자로 변환하시오.(2점, 각 1점)

한글표기 지명 (   )
완성된 한자표기명 (   )

한자				
음·뜻				

한글표기 주인공 이름 (   )
완성된 한자표기명 (   )

한자				
음·뜻				

3. 유물에 적을 적합한 한자를 4자 이상 8자 이내로 쓰시오.
   (가상설화의 연대를 추정하거나 내용을 유추할 수 있는 증거가 되는 내용으로)(4점)

한자								
뜻과 음								
모둠풀이								

4. 모둠별 역할기여도(2점)

이름	구체적으로 한 역할	기여도		
		2	1	0
		2	1	0
		2	1	0
		2	1	0

2) 자서전 쓰기

자서전 쓰기 교과 통합 수업은 2학년 국어과 교육과정 내용 중 '자서전 쓰기' 수업을 하기 위해 기획 진행되었다. 학생들은 이 단원의 국어 수업에서 성취 기준인 '자서전을 쓸 수 있어야 한다.' 그런데 교과서에는 '(1) 자서전 어떻게 쓸까'라는 설명문과 '(2) 안중근 자서전' 중 몇 쪽 발췌하여 실은 것이 고작이다. 그렇기 때문에 교과서 바탕글만 자세히 공부하는 것으로는 학생들이 실제 자서전을 쓸 수 없다. 그래서 국어과 교사가 역사과 교사가 미술과 교사에게 도움을 요청하여 교과 통합 수업으로 만들었다.

이 프로젝트에서는 역사과 교사가 안중근 의사의 삶을 시대 상황과 연결해서 수업을 먼저 진행해 주어야 그 뒤를 이어 국어과 교사가 안중근 의사의 발췌된 자서전 이해하기 수업을 원활히 진행할 수 있다. 그런데 역사과에서 '안중근 의사의 삶과 시대'는 교육과정상 11월에서 12월쯤에야 가능하다. 그렇기 때문에 국어과 교사가 교육과정을 교과서 순서대로 진행하면 할 수 없다. 2학기 첫 단원인 '자서전 쓰기'를 2학기 마지막 단원으로 차례를 옮겨야 역사과 수업에 지장을 주지 않고 자연스럽게 진행된다.

11월 말에서 12월 초 사이에 역사과에서 일제 시대를 수업하고 안중근 의사의 삶을 역사적 상황에서 평가하는 과정을 진행했다. 그 다음 국어과에서 교과서에 제시된 안중근 자서전을 만나면서 그 시대를 산 안중근이라는 사람의 내면을 이해한 후, 교과서 본문 '(1) 자서전 어떻게 쓸까?'를 통해 자서전이 어떤 글인지를 알게 하였다. 이런 활동들이 끝난 후 국어 활동지로 자신의 자서전에 들어갈 내용을 하나하나 마련하였다.

학생들은 역사와 국어 수업들을 통해 이러한 내용을 배우는 기간에 맞추어 미술 수업에서는 내용에 맞게 자서전의 표지를 디자인하고 직접 그리는 활동을 하였다. 자서전 표지 디자인은 자유롭고 다양하게 구성하거나 자신의 캐리커처를 그리는 것이었는데, 표지에서 자신의 꿈이나 장래의 직업이 드러나도록 디자인해야 했다.

미술 수업에서는 자신이 앞으로 할 일을 생각하고 국어 수업에서는 자신이 지나온 삶을 되새겨보면서 학생들은 어떻게 살아갈 것인지 생각하며 성찰하는 시간을 가졌다. 이런 활동을 통해, 학생들은 자신의 생각이 자신의 진로나 미래에 어떤 영향을 끼칠지를 생각하고 미래에 대한 꿈을 구체적으로 구상하는 '자서전 쓰기'의 목적에 부합하는 활동을 하게 된다.

● 전체 진행 과정

★ 통합 교과	국어·미술·역사
★ 방법	각 교과별 수업 활동
★ 장소	각 교실

● 교과 통합 주제 선정 배경

이 단원은 교육과정의 성취 기준 중에서 '읽기 (4) 자서전을 읽고 글쓴이의 삶을 시대 상황과 관련지어 이해한다.'와 '쓰기 (5) 여러 가지 표현 방법을 활용하여 자신의 삶이 잘 드러나게 자서전을 쓴다.'를 통합하여 설정되어 있다.

자서전은 글쓴이 자신의 일생을 소재로 스스로 쓰거나 구술하여 다른 사람이 쓰는 전기문 중의 하나로, 글쓴이가 살면서 경험한 특별한 일과 그때 했던 생각을 솔직하게 적은 글이다. 따라서 자서전을 읽으면서 글쓴이가 속한 시대의 모습, 그 시대 사람들의 생활상, 특정 사건에 대한 글쓴이의 태도 등을 파악할 수 있다. 그리고 살았던 시대와 지역이 다른 인물들의 자서전을 읽으면서 이 세계의 다양한 삶의 모습에 대한 앎의 폭이 넓어져 지혜와 통찰력이 깊어진다. 거기에서 나아가 자신의 삶을 돌아보고 성찰하여 좀 더 보람되고 가치 있는 삶을 사는 계기가 될 수도 있다. 이 단원에서는 자서전을 읽고 글쓴이의 삶을 이해하는 활동과 자신의 삶이 잘 드러나는 자서전을 써보는 활동을 통합하여 한창 성장하고 있는 학생들이 삶을 계획해 보도록 하였다.

●교과 통합 수업 목표

- 자서전을 읽고 글쓴이의 삶을 시대 상황과 관련지어 이해
  한다.
- 여러 가지 표현 방법을 활용하여 자신의 삶이 잘 드러나게
  자서전을 쓴다.
- 친구들의 자서전을 평가하면서 자신의 삶에 대해 성찰하
  고 사고를 넓힌다.

●교과별 세부 목표

교과	교육과정 목표	관련 단원	차시	통합 수업 반영 내용
국어	· 자서전의 특성과 자서전 쓰기에 관한 기본 지식 이해 · 다양한 자서전 읽기 - 안중근 자서전 나의 자서전 쓰면서 자신의 삶을 성찰	1. 나를 키우는 자서전	3차시	* 안중근 자서전 읽기 * 자서전 쓰기
역사	글쓴이의 삶과 당시의 시대 상황을 연관해 이해하는 활동	1.개항 전후의 조선 사회 4. 일제의 국권 침탈과 국권 수호운동	1차시	* 안중근이 살았던 시대적 상황 * 안중근의 삶
미술	다양한 책표지 디자인을 감상한 후, 국어 시간에 쓴 자서전 내용을 바탕으로, 간직하고 싶은 자서전 표지를 제작	다양한 디자인	2차시	* 책 표지 디자인 감상 * 나의 삶에서 없어서는 안 될 중요한 문장들을 골라 정리하기 *제목에 관계된 이미지 아이디어 스케치

1) 역사 수업 활동지

국 사	교과 통합 수업 - 자서전 읽기	학 반	2학년 반 번
주 제	안중근이 살았던 시대에는 무슨 일이?? (1879.9.2~1910.3.26)	이 름	

1. 안중근이 태어나기 전 조선의 상황 (1876년 강화도 조약 체결)

> 산업혁명을 완수한 서양 여러 나라는 원료 공급지와 상품 시장을 확보하기 위해, 혹은 새로운 투자처를 찾아서 아시아 여러 지역을 침략하였다. 당시 아시아 국가들은 서양 열강(영국, 프랑스, 미국 등)으로부터 대단히 불리한 내용의 불평등 조약을 강요당하였다.
> 조선도 이 상황에서 자유로울 수 없었다. 특히 '세계의 중심으로 여겼던 중국의 수도가 함락당했다'는 소식은 조선인들에게는 대단한 충격이었다. 이런 서양에 대한 위기감으로, 당시 지배세력이었던 대원군은 모든 서양 국가들의 통상(무역을 하자)요구를 거부하였다. 이후, 프랑스와 미국은 통상을 위해 조선을 침략하였으나 조선병사들의 격렬한 항쟁으로 물러가게 되었다. 그러나 5년 뒤 일본의 침략 때에는 상황이 많이 달라졌다. "조약을 맺지 않으면 전쟁을 택하라"며 일본은 불평등 조약을 강요하였고, 대원군이 물러난 조정에서는 싸워야한다고 주장하는 사람은 거의 없었다. 결국, 조선은 일본과 조약을 맺고 무역활동을 하기 시작했다.

1-1. 당시 열강들은 왜 아시아 여러 지역을 침략하였는가?

1-2. 일본과의 불평등 조약을 맺은 이후, 조선에서 어떤 일들이 일어났을까?
(교과서 42p 참고)

2. 개화사상으로 근대적 사상을 키운 안중근 (1884년 박영효 등 개화세력이 도일 유학생을 선발할 때 뽑힘)

> 개화란? 나라가 부강해져야만 자주 독립을 유지할 수 있다고 판단, 일본과 서양나라들과의 교역을 통해 새로운 문물을 받아들이고자 한 것. "저들의 기술은 이롭다. 잘 이용하여 백성들을 잘 살게 할 수 있다면 농업, 양잠, 의약, 병기, 배, 수레에 대한 기술을 꺼릴 이유가 없다. … 지금 강약의 형세가 이미 큰 격차로 벌어졌다. 만약 저들의 기술을 본받지 않는다면 어떻게 저들에게 모욕을 받지 않고 저들이 엿보는 것을 막을 수 있겠는가?〈고종실록〉"

2-1. 개화파의 주장이 이로운 점은 무엇인가?

2-2. 다음을 읽고 개화파의 주장을 비판하여 보아라.

> 저들이 우리의 약함을 알고 우리와 강화를 맺는다면 주도권이 그들에게 있습니다. 앞으로 저 구렁텅이와 같은 욕심을 무엇으로 채워주겠습니까? … 저들의 물화는 사치하고 기이한 노리개로 공산품이며 양이 무궁합니다. 우리 물화는 백성들의 생명이 달린 것이고 땅에서 나는 것으로 한정이 있는 것입니다. … 그렇게 되면 몇 년 지나 모두 황폐해지고 다시 보존하지 못하게 될 것이고 나라가 망할 것입니다.

3. 부친을 따라서 반동학군 투쟁에 나선 안중근(1894년 동학농민운동)

> 동학농민운동은 처음에는 못된 관리들을 혼내주고, 수령을 밖으로 내쫓는 '민란'에 불과하였다. 그러나 시간이 흐르면서 온갖 잡세를 만들어내고, 뇌물을 받은 탐관오리를 등용하는 조정이 문제의 근원이라는 것을 알게 되었다. 그리고 외국에서 들어온 물건들이 자신의 수공업을 짓누르고, 외국으로 팔려가는 쌀들이 자신이 먹을 쌀값을 올린다는 사실도 알았다. 점차 반봉건적, 반외세적인 성향의 전국적인 운동으로 성장하였다.

3-1. 당시 동학농민군이 했을 주장을 짧은 문구로 만들어 보세요. (예. 왜놈을 몰아내자.)

3-2. 왜 안중근의 부친은 반동학군을 만들었을까요?

4. 을사조약 이후, 구국을 위해 실력양성에 힘쓴 안중근 (1905년 을사조약)

> 1905년 11월 9일 이토 히로부미가 일본 왕의 친서를 들고 서울 땅을 밟았다. 러일전쟁이 끝난 지 약 두 달 뒤였다. 11월 17일 경운궁에서 대신회의가 열렸다. 이토는 일본군 사령관과 함께 회의에 참석하였고, 회의장 밖에서는 일본 헌병들이 둘러싸고 있었다. 이토는 8명의 대신을 일일이 부르며 조약 체결에 찬성할 것을 강요하였다. 반대한 대신들은 끌려 나갔다. 조약에는 대한 제국의 외교권을 박탈한다는 내용이었다. 이에 항일운동은 크게 일어났다. 군중이 시위를 벌이기도 하고, 상점이 문을 닫고 항의 상소가 빗발쳤다고 한다.
>
> ※ 항일의병운동 : 민중들과 위정척사 사상을 가진 유학자들은 의병을 조직하여 무력으로 일제에 맞섰다. 당시 의병장이었던 최익현은 결국 체포되어 쓰시마 섬으로 끌려가 최후를 맞이했는데 "왜놈 땅을 밟지 않겠다"고 하며 버선에 흙을 담아 신고 갔다고 한다.

※ 애국계몽운동 : 개화파 인사들은 서구 문물의 수용이 불가피하다고 여겨 단체를 조직하고 언론, 출판, 교육운동을 벌였다. 그들은 "총을 드는 사람, 칼을 드는 사람도 있어야 할 것이다. 그러나 그보다 중요한 것은 백성들이 깨어나는 것이다" 라고 하며 교육활동에 특히 힘썼다.

안중근은 애국계몽운동에 본격적으로 나섰다. 삼흥학교와 돈의학교를 설립하고, 광산회사를 평양에서 설립하여 산업 진흥운동에도 매진하였다. 1907년 2월에 일어난 국채보상운동에도 적극적으로 참여하였다.

4. 국채보상운동이 무엇일까요?? (교과서 59p 참고)

5. 정미7조약 이후, 국권회복을 위해 칼과 총을 든 안중근 (1907년 정미7조약)

헤이그 특사 사건을 빌미로 일제가 고종황제를 강제로 물러나게 한 뒤, 이토 히로부미와 이완용 내각은 7개의 조항이 담긴 조약을 맺는다. 이 조약을 통해 일본 통감의 권한은 더욱 강해지고, 인사권까지 빼앗기고 말았다. 그리고 일본은 대한 제국의 군대를 강제로 해산시켜 한국을 식민지화 하였다.

이와 같은 상황에서 안중군은 연해주로 망명하여 의병부대를 조직하고 독립전쟁을 준비하였다. 두 차례 국내진공작전을 통해서 일본군 포로를 잡는 성과까지 얻었다. 그런데 안중근은 이들 일본군 포로들을 석방하는 조치를 취하였다. 이로 인해 의병부대 원들의 불만과 오해를 사고, 일본군의 공격을 받아 대패하고 말았다.

이후, 안중근을 도와 의병활동을 전개하는 사람이 거의 없어 안중근은 교포 신문사에서 기자로 일을 하였다. 그러나 독립전쟁전략을 포기한 것은 아니었다. 그러던 중 이토 히로부미가 만주를 시찰하러 온다는 소식을 들었다. 국권회복을 위해서도, 동양평화를 위해서도 그냥 보아 넘길 수는 없었던 것이다. 그리하여 안중근은 이토히로부미를 암살하게 되었다. 이후, 감옥에 가게 된 안중근은 "사형이 되거든 당당하게 죽음을 택해서 속히 하느님 앞으로 가라"는 모친의 말에 따라 공소도 포기한 채 [안응칠역사]와 [동양평화론]의 저술에만 심혈을 쏟았다. 그러나 결국 [동양평화론]를 완성하지 못하고 여순감옥에서 순국하셨다.

* 안중근 유언 : 내가 한국의 독립을 되찾고 동양의 평화를 지키기 위해 3년 동안 해외에서 모진 고행을 하다가 마침내 그 목적을 이루지 못하고 이곳에서 죽노니, 우리들 이천만 형제자매는 각각 스스로 노력하여 학문에 힘쓰고 농업,공업,상업 등 실업을 일으켜, 나의 뜻을 이어 우리나라의 자유 독립을 되찾으면 죽는 자 남은 한이 없겠노라. … 나는 천국에 가서도 또한 우리나라의 독립을 위해 힘쓸 것이다. 너희들은 돌아가서 국민 된 의무를 다하며, 마음을 같이하고 힘을 합하여 큰 뜻을 이루도록 일러다오. 대한 독립의 소리가 천국에 들려오면 나는 춤추며 만세를 부를 것이다.

5-1. 안중근은 왜 독립전쟁전략으로 변경할 수 밖에 없었나?

5-2. 안중근이 살았던 시대에 살았더라면 나는 어떤 삶을 살았을까 자유롭게 말해 보자.

2) 국어 수업 활동지

국어 2학년 2학기	반	번호		이름		활동지 42
대단원 : 1. 나를 키우는 자서전			소단원 : (2) 안중근 자서전			

■ 읽기자료 - 안중근 이야기

명주옷 차림의 안중근, 죽음을 달관한 그의 눈빛

[중앙일보기사] 2010.01.26 당시 뤼순 형무소장 편지로 재구성한 의사의 마지막 옥중 생활

〈순국 직전의 안중근 의사 모습〉

1910년 3월 26일 촬영된 순국 직전의 안중근 의사. 지금까지 알려진 사진이 복사에 복사를 거듭하며 흐릿했던 것과 달리 화질이 섬세하다. 일본 국회도서관에 소장된 이 사진을 최근 새로 찍어와서 예술의전당 서예박물관에서 전시한다. 안중근 의사의 장엄한 최후가 보다 선명하게 드러나 보이는 듯하다.

[춘천MBC 제공]

순국 100돌을 맞은 안중근 의사의 최후는 의연하고 장엄했다. 순국 직전 찍은 사진(일본 국회도서관 소장)을 보자. 고국의 어머니가 지어 보낸 명주옷으로 갈아입은 그의 얼굴에서 사형을 앞둔 이의 초조한 모습을 찾을 수 없다. '만주일일신문'(1910년 2월 23일자) 보도를 보면, 안중근은 입감될 당시 14관 400양(54.5kg)이었는데, 사형선고를 받은 이후 14관 940양(56.5kg)으로 체중이 2kg이나 늘었다. 만주일일신문은 '특이한 일'이라고 보도했다(신운용 지음 『안중근과 한국근대사』 참조).

안중근의 삶과 사상을 주제로 박사학위를 받은 신운용 박사는 "대개 사형선고를 받은 후엔 불안감으로 몸무게가 현저하게 주는 것이 일반적인 현상임에 비추어볼 때 안중근 의사의 경우는 죽음을 앞두고서도 심리상태가 안정되어 있음을 의미하는 것"이라고 해석했다.

안중근의 비범한 담대함은 이번에 실물 원본이 공개된 뤼순 감옥 구리하라 전옥(형무소장급 직위)의 편지에서도 발견된다.

구리하라가 조선통감부의 사카이 경시에게 보낸 편지에서 안중근 의사 최후의 면모를 발견하는 것은 일종의 아이러니다. 순국 직전까지 안중근의 가슴 속에는 미완성으로 끝난 저서 『동양평화론』 생각밖에 없었던 것 같다.

편지는 1910년 3월 19일에 쓰였다. 안 의사가 순국(3월 26일)하기 일주일 전이다. 편지에는 안 의사 최후를 유추해볼 수 있는 상황이 적혀 있다. 구리하라는 안 의사에게 감옥 생활의 편의를 제공해준 인물이다. 안 의사가 비교적 좋게 평한 일본인 가운데 한 명이기도 하다. 조선통감부 소속 사카이 경시(총경급 직위)는 뤼순 감옥에 파견돼 안중근 의사를 12회 이상 신문한 바 있다. 일본의 고위 경찰 간부 사이의 딱딱한 업무 보고일 수도 있지만, 그런 문건 속에서조차 안중근의 면모는 축소되지 않는 것이다.

안 의사에게 사형이 언도된 것은 1910년 2월 14일이었다. 사형 언도 3일 후 안중근은 고등법원장 히라이시와 면회한다. 『동양평화론』 집필을 위한 시간을 벌기 위해서였다. 당초 히라이시는 긍정적이었던 것으로 알려진다. 안중근은 상고도 포기했다. 안중근 최후의 모습은 『동양평화론』 완성에 초점을 맞추었을 뿐 생사를 이미 초월한 모습으로 여겨진다. 상고를 포기한 데는 "깨끗이 죽음을 맞이하라"는 어머니 조 마리아의 전언도 크게 작용했다. 두 동생이 어머니 말씀을 전했다.

안 의사는 3월 15일 자서전 『안응칠역사』를 탈고한다. 곧 이어 『동양평화론』 집필에 착수했다. 하지만 『동양평화론』을 완성하기에는 시간이 너무 부족했다.

예정된 사형을 15일 연기해달라고 요청을 했지만 끝내 받아들여지지 않았다. 이 대목과 관련 구리하라의 편지에서 주목되는 구절은 이것이다.

"『동양평화론』도 쓰기 시작하여 현재 서론이 끝났다. (…) 본인은 철저하게 『동양평화론』의 완성을 원하고, 사후에 반드시 빛을 볼 것으로 믿기 때문에 얼마 전 논문 저술을 이유로 사형의 집행을 15일 정도 연기될 수 있도록 탄원하였으나 허가되지 않을 것 같아 결국 『동양평화론』의 완성은 바라기 어려울 것 같다."

구리하라가 볼 때, 안중근은 철저하게 『동양평화론』의 완성을 원하고 있었으며 사후에 반드시 빛을 볼 것으로 믿고 있었던 것이다. 안중근의 『동양평화론』은 100년이 지난 오늘 동아시아공동체 담론의 원조이자 유럽공동체 탄생보다도 70년 전에 제시한 평화 구상으로 재평가 받고 있다.

〈예술의 전당 서예박물관에 전시되었던
'안중근 유묵전'에서 〉

안 의사는 침략과 지배가 아닌 평화와 상생의 동아시아를 희구했었다.

안중근의 최후와 관련 특히 주목해야 하는 것은 감옥에서 쓴 유묵(생전에 남긴 글씨나 그림)이다. 유묵들은 모두 사형이 언도된 2월 14일 이후 쓰였다. 그것도 모두 일본인의 요청에 의해 쓰인 것이었다. 상고도 포기하고 죽음을 앞둔 31세의 '장부 안중근'의 필체는 흔들림이 없다. 동양평화의 정신이 잘 표현된 유묵으로는 다음의 시가 손꼽힌다.

> "동양대세 생각하매 아득하고 참참하다(東洋大勢思杳玄)
> 뜻 있는 사나이 어찌 편히 잠들겠는가(有志男兒豈安眠)
> 평화정국 못 이루었으니 한탄스럽기 그지없다(和局未成猶慷慨)
> 침략정책을 고치지 않으니 참으로 가련하다(政略不改眞可憐)."

이 시는 구리하라 편지의 수신인 사카이에게 준 것으로 알려져 있다. 사형 집행을 하루 앞둔 25일 사카이 경시가 『동양평화론』의 미완을 애석히 여겨 안 의사에게 결론만이라도 써주기를 요청하자 쓴 시라는 것이다. 구리하라의 편지 보고서 원본은 25일 예술의전당 서예박물관에서 시작되는 '안중근 유묵전' 연장전시에서 감상할 수 있다.

■ 함께 생각해봅시다

1. 이 글을 읽고, 역사 시간에 배운 안중근이 살았던 시대적 상황과 관련지어 안중근에 대한 인물 평을 자유롭게 써 봅시다.

국어 2학년 2학기	반	번 호		이름		활동지43
대단원 : 1. 나를 키우는 자서전			소단원 : (1) 자서전 어떻게 쓸까			

※ 교과서 13쪽-19쪽을 읽고 모둠별로 주어진 문제를 해결해 봅시다.

1. 전기문이란?

2. 전기문의 종류 네 가지를 찾아 보고 정리해 봅시다.

①	
②	
③	
④	

3. 자서전의 뜻과 그 특성, 의의를 찾아 말해 봅시다.

4. 연보(年譜)의 필요성과 작성 방법을 구체적으로 말해 봅시다.

5. 자서전 쓸 때의 어떤 점을 주의해야 할 점과 효과적인 표현을 찾아 말해 봅시다.

6. 내가 읽은 자서전 중 가장 기억에 남는 작품과 그 이유를 말해 봅시다.

1. 나의 삶 정리하기 - 1) 빈칸 채우며 자신의 삶을 되돌아 봅시다.

① 나를 임신했을 때 _____ 꿈을 꾸었다고 한다.

② 내가 태어난 곳은 _____ 이다.

③ 내 인생 최초의 기억은 _____ 것이다.

④ 이제까지 살아오면서 가장 기뻤던 일은_____ 이다.

⑤ 이제까지 살아오면서 가장 슬펐던 일은_____ 이다.

⑥ 가족 중에서 내가 가장 따르는 사람은 _____ 이다.

⑦ 어린 시절에 내가 가장 좋아했던 물건은 _____ 이다.

⑧ 어린 시절에 내가 가장 좋아했던 놀이는 _____ 이다.

⑨ 내가 받았던 선물 중 가장 특별했던 것은 _____ 이다.

⑩ 나는 읽었던 동화 중에서 _____ 을(를) 제일 좋아한다.

⑪ 나는 주로 _____ 노래를 듣는다.

⑫ 내가 가 본 곳 중에서 가장 인상적인 곳은 _____ 이다.

⑬ 내게는 _____ 버릇이 있다.

⑭ 어린 시절 나는 _____성격이었는데, 지금은 _____ 성격이다.

⑮ 친구들이 부르는 나의 별명은 _____ 이다.

⑯ 어른들이 나를 _____ (하)다고 칭찬했다.

⑰ 어린 시절 나는 자라서 _____ 이(가) 되겠다고 생각했는데,

　　지금은 _____ 이(가) 되고 싶다.

⑱ 나의 가장 친한 친구는 _____ 이다. 그 친구는 나에게 _____ 영향을 주었다.

⑲ 내가 처음으로 좋아한 이성 친구는 _____ 이다.

　　그 이성 친구를 좋아한 까닭은 _____ 때문이다.

⑳ 내가 가장 좋아했던 선생님은 _____ 선생님이다.

　　그 선생님을 좋아한 까닭은 _____ 때문이다.

㉑ 지금 생각해 봐도 그때 _____ 일은 자랑스럽다.

㉒ 지금 생각해 봐도 그때 _____ 일은 후회스럽다.

㉓ _____을(를) 계속했더라면 지금 나는 달라졌을 것이다.

㉔ 이제까지 살아오면서 나에게 가장 큰 영향을 미쳤던 사람은 _____ 이다.

㉕ 이제까지 살아오면서 나를 힘들게 했던 것은 _____ 이다.

㉖ 나는 주로 _____ 에 관심이 있다.

㉗ 나는 _____ 을(를) 두려워한다.

㉘ 내가 정말 참을 수 없는 것은 _____ 이다.

㉙ 나의 _____ 점을 고치고 싶다.

㉚ 나는 앞으로 _____ (하)며 살고 싶다.

국어 2학년 2학기	반	번 호		이름		활동지44-2

대단원 : 1. 나를 키우는 자서전	소단원 : (1) 자서전 구성하기-나의 자서전 쓰기

1. 나의 삶 정리하기-2) 내게 일어난 중요한 일을 시간 순서에 따라 정리해 봅시다.
   (생국 16쪽 예시자료 참조)

단계	연도	사건
출생		
유년시절		
초등학교 1, 2학년		
초등학교 3, 4학년		
초등학교 5, 6학년		
중학교 1학년		
중학교 2학년 (지금 현재)		

국어 2학년 2학기	반	번 호		이름		활동지45
대단원 : 1. 나를 키우는 자서전			소단원 : (1) 자서전 구성하기-나의 자서전 쓰기			

2. 자서전 구성하기 (생국 18~19쪽 예시자료 참조)

　1) 나의 삶을 정리한 사건에서 친구들에게 알리고 싶은 내용을 골라 봅시다.

　2) 위 중심 사건을 바탕으로 내 삶의 인생 곡선을 그려 봅시다.

　　　　좋음

　　　　나쁨

　3) 위 중심 사건을 드러내는 데 알맞은 자료와 형식을 정해 봅시다.

자료	
형식	
이유	

　4) 앞에서 활동한 내용을 바탕으로 자서전에 들어갈 일화의 개요표를 정리해 봅시다.

단계	쓸 내용	넣을 자료
처음		
중간		
끝		

국어 2학년 2학기	반	번 호		이름		활동지46
대단원 : 1. 나를 키우는 자서전			소단원 : (1) 자서전 구성하기 - 나의 자서전 쓰기			

3. 자서전 쓰기

1) 나의 자서전 제목을 정해 봅시다.

2) 나의 자서전에 담을 내용을 바탕으로 차례를 자유롭게 구성해 봅시다.

차례 구성	(예시)	
	처음	I .
		II .
		1.
		2.
	중간	III .
		1.
		2.
	끝	IV .

3) 나의 자서전 쓰기 - 각자 자유롭게 자기 자신의 자서전을 써 봅시다.
   (A4 종이, 워드 작성도 가능함)

※ 자서전 제출 방법

분량	A4 3장 이상 - 글과 사진을 적절하게 섞어서 쓸 것
제출 형식 (최종 분량은 약 10쪽 내외)	① 표지(미술 시간에 제작- 자서전 제목, 반번호이름 꼭!) ② 차례(목차) ③ 내용 - A4 3장 이상 ④ 활동지 44, 45 첨부 ⑤ 기타 자료들 첨부
제출 마감	2000년 00월 00일(금)까지 각 반 국어교사에게 제출
수행평가 반영	10점 만점
평가 기준	내용의 풍부함, 짜임새 있는 구성, 문학적 가치, 자료 활용도 등

3) 미술 수업 활동지

대단원명	미술과 생활	중단원명	책표지 디자인	활동지	2학년-2-

학번 :　　　　　이름 :

이번 수행의 주제	- 책표지 디자인의 특징을 설명할 수 있다. - 간직하고 싶은 자서전 표지 만들기

★ [국어 활동지 44-1, 44-2, 45]를 참고하여 나의 삶에서 없어서는 안 될 중요한 문장들을
골라보세요. 그리고 시간 순서에 따라 정리해보세요.

★ 제목에 관계된 이미지를 단어로 적어보세요.(그림으로 표현해도 좋아요^^)

자서전 표지 제작계획서	
제 목	
재 료	

★ 아이디어 스케치
  (PPT 속 다양한 표지디자인을 참고하여 아이디어 스케치를 해보아요^^)

자서전 활동 결과물

3) 실학의 시대를 만나다

'실학의 시대를 만나다'는 2학년 국어과의 단원 '고전과 그 시대'를 수업하기 위해 만들어진 교과 통합 프로젝트이다.

'고전과 그 시대'라는 대단원은 2학년 1학기 단원으로 소단원 '(1) 북학의'와 '(2) 박씨부인전'으로 구성되어 있다. 국어과에서는 이 단원을 통해 시대적 사회적 배경과 문학적 전통을 고려해서 글의 의미를 해석하는 것이 성취 기준이다. 그런데 집중이수제로 인해 역사가 2학년부터 시작되는 우리 학교에서는 조선 후기의 실학에 대한 배경지식 없이 대표적인 실학자인 '박제가'의 청나라 기행문을 국어 시간에 교과서 본문으로 다루기가 너무 어려웠다.

텍스트에 대한 이해를 돕기 위해 국어 교사가 실학에 대해 설명을 하면 학생들은 이미 흥미를 잃고 수업에서 빠져 나가고, 설명 없이 본문만 다루면 성취 기준에 도달하기 불가능할 뿐 아니라 텍스트 자체를 이해할 수 없었다. 그렇지만 가장 어려웠던 것은 국어 교사가 짧은 시간에 효율적으로 실학에 대해 설명하는 것이었다.

그래서 이 단원을 2학년 학생들이 조선 후기 실학을 배운 이후로 단원의 순서를 조정했다. 역사 교사의 도움을 받아 실학이 등장하게 된 시대적 배경과 작품이 쓰여진 배경, 조선 실학자들의 생각과 활동, 청나라와 주변 나라들에 대한 내용을 역사 수업에서 먼저 진행한 다음 국어 수업을 진행하기로 기획하였다. 이 과정에서 역사교사가 역사 수업의 어려움을 토로하였다. 그것은 역사 교과서를 기술하고 있는 글들이 한자어 투성이의 전문적인 용어이기 때문에 수업 시간에 역사를 공부해야 하는 시간에 용어 설명을 하느라 많은 시간이 소요된다는 고충이 있었다. 그래서 이런 고충을 해결하기 위해 한문 교사에게 통합 프로젝트 참여를 제안하였고, 한문 교사가 흔쾌히 동의하면서 수학 교사와 함께하고 싶은 활동을 제시하였다.

한문 교사는 '수업 시간에 한글만 알면 되지, 왜 한문을 배워야 하냐?'는 한문 공부의 본질과 같은 질문을 학생들에게 늘 받는다. 그래서 이 프로젝트를 통해 선조들의 문화가 지금 우리 문화의 바탕이 되며, 우리 선조들의 학문도 서양에 못지않게 훌륭하며, 선조의 삶과 전통을 이해하려면 한문을 알아야 한다는 것을 학생들에게 수업을 통해 깨닫게 하고 싶었다. 그렇게 4개 교과의 통합 프로젝트가 만들어지는 과정을 지켜보던 과학과와 미술과도 조선 후기의 실학이 조선시대의 과학과 미술에도 영향을 미쳤고, 그 영향을 함께 배우는 것이 각각의 과목에서도 의미가 있다 생각했다. 그래서 모두 6개 교과가 통합되는 '실학의 시대를 만나다'가 만들어졌다.

과학 교사는 과학 지식들이 서양에서 들어온 것이지만, 우리 선조들에게도 그런 사고가 있었음을 함께 느끼게 하고 싶었다고 한다.

미술 교사는 이 프로젝트 수업을 통해 미술과에서 하고 싶었던 풍속화에 대한 수업과 미술 비평 수업을 자연스럽게 진행하고 싶었다고 한다. 한국의 풍속화가 실학 정신을 담고 있기에 학생들이 실학 프로젝트 수업을 다른 과목에서 한 후면 미술 수업에서 별다른 설명없이 쉽게 진행할 수 있다는 것이었다.

이렇게 처음에는 국어 교사의 필요에 의해서 기획된 수업이었지만 다른 교과 교사들이 서로의 필요에 의해 참여하면서 학생들이 실학을 중심으로 조선 후기 사회 전체를 이해하고, 어떤 사상이 한 사회에 들어와서 시간이 지나면서 전체 사회에 영향을 끼치고, 그 영향이 후세로 나아가며 발전하는 과정이 바로 역사임을 깨닫게 하는 프로젝트 수업이 기획되었다. 결국 국어과에서는 이 수업을 통해 고전 작품은 그 시대를 반영하며, 다시 문학은 그 시대 사람들의 생각에 영향을 미친다는 것을 학생들이 자연스럽게 깨닫게 하였다.

이렇게 프로젝트 수업이 기획되면서 교과서에 제시된 소설 〈박씨부인전〉보다는 실학자 박지원이 지은 〈양반전〉이 실학을 깊이 있게 만나면서도, 그 시대를 이해하는데 더 적절한 작품이라고 판단하여 〈박씨부인전〉 대신 〈양반전〉을 텍스트로 수업을 진행하였다. 수업을 기획하면서 〈양반전〉이 중학교 2학년 학생들이 다루기에 어려운 수준의 작품이라는 이야기도 나왔으나 교과 통합 수업을 통해 다방면으로 충분히 이해를 하면 오히려 더 깊이 있게 이해하게 될 것이란 확신이 섰다. 결과적으로 학생들은 이 프로젝트 수업을 통해 〈양반전〉을 쉽게 이해하고 활동을 할 수 있었다.

●전체 진행 과정

★ 통합 교과	국어·역사·미술·한문·과학
★ 대상	중학교 2학년
★ 일정 및 장소	2013년 10월 ~ 11월

●교과 통합 주제 선정 배경

'고전과 그 시대'. 중학교 2학년 아이들에게 고전을 통해 그 시대를 만난다는 것은 어떤 의미가 있을까? 재미있는 고전소설도 아닌 데다 이 시대의 삶과는 너무 동떨어진 당시의 생활상을 근거로 한 학자의 주장이 담긴 박제가의 '북학의'를 배우는 일의 의미는 무엇일까?

이 작품의 시대적 배경은 조선 후기이다. 조선 후기에 나타난 사회 개혁 사상인 '실학'이 무엇인지, 나아가 그 시대를 살았던 사람들의 삶을 만나고, 실학자들의 고민 등을 구체적으로 들여다보면서 현재를 살고 있는 '나'와 공감할 수는 없을까?

모든 문학 작품이 그러하듯이 '삶'과 '사람'의 이야기이고, 그 배경에는 '역사'가 깔려 있다. 결국 '실학의 시대를 만나다' 라는 주제 아래 실학의 시대를 총체적으로 학습하고, 그 시대를 고민한 지식인의 자화상을 통해 이 시대의 개혁 문제를 찾아 고민해 보았으면 한다. 더불어 실학의 중심인 실사구시(實事求是)를 바탕으로 전통과 현실, 개혁 등의 여러 가지 교과에서 접근 가능한 내용과 활동으로 다양하면서도 새로운 접근을 함으로써 이 시대를 살아가는 아이들에게 좀 더 객관적이고 비판적인 시대 인식, 문제의식을 키워주고자 한다.

- 교과 통합 수업 목표
  1) 고전 문학 작품을 통해 그 시대상을 이해하는 감상적 차원에서 나아가 시대적 상황을 구체적으로 읽어보고 그 시대를 살았던 사람들의 삶을 좀 더 질 높게 이해한다.
  2) 역사적 사실과 맞닿아 있는 '주제'를 중심으로 한 교과 통합 활동을 통해 총체적으로 접근해 봄으로써 분절적 사고를 탈피, 우리 삶이 역사가 되는 사실을 깨닫게 한다.
  3) 과거와 현재의 대화를 통해 그 시대를 고민한 지식인의 내면을 들여다 보면서 개혁이 필요한 현실의 문제를 찾아 보고, 개혁안을 직접 작성하여 발표해 봄으로써 살아있는 배움을 실천한다.

- 교과별 세부 목표

교과	교육과정 목표	관련단원	차시	통합 수업 반영 내용
국어	* 박제가의 『북학의』와 박지원의 『양반전』을 감상하고 고전에 담긴 그 시대 지식인의 모습을 이해할 수 있다. * '이 시대의 실학과 나의 삶'에 대해 한 편의 글을 쓸 수 있다.	7. 고전과 그 시대 (1) 북학의	3차시	* 실학의 시대 읽기 문학 작품 비교 감상 및 역사적 사실 이해 후 '이 시대의 실학과 나의 삶'에 대한 토론 → 글쓰기

교과	교육과정 목표	관련단원	차시	통합 수업 반영 내용
역사	* 역사 - 조선 후기 실학의 등장 배경 및 개혁 사상을 이해할 수 있다. - 과거와 현재의 대화를 통해 오늘의 문제를 찾아 보고, 개혁안을 작성할 수 있다.	Ⅰ. 조선사회 의 변동 1. 사회경제적 변동과 사회개 혁론의 등장	3차시	조선후기 실학을 이 해하고 신문을 통해 현대 우리 사회의 문제점을 찾아 그 대안을 제시
	* 세계사 - 실학의 개념을 이해하고, 실학이 양 명학과 고증학의 영향을 받았음을 알 수 있다.		2차시	실학사상의 등장 배 경을 세계사적으로 접근
한문 + 수학	* 수학과와 공동협력 수업 - 한자에 담긴 실학 사상과 그 당시에 쓰인 수학의 원리를 이해하 고, 현대의 수학과 비교할 수 있다.	Ⅲ. 사물의 이 치를 깨달으며	2차시	실학 용어와 실학사 상에서 나온 한자성 어 및 계산법 이해 하기
미술	* 조선 후기 풍속화 감상을 통해 그 시대의 생 활상 및 변화를 읽을 수 있다. * 이 시대의 풍속화(민화)를 그릴 수 있다.	풍속화 감상 우리시대 풍속화 제작	4차시	조선 후기 풍속화 (김홍도, 신윤복) 비 평 감상 후 이 시대 의 풍속화 제작하기
과학	* 홍대용의 천문학에 대한 열정을 본받고 당시 주장했던 이론과 현대 천문학 이론을 비교하 며 이해할 수 있다.	5. 태양계	1차시	조선시대 천문학의 발달정도 이해하기

●교과별 교과 통합 수업 설계

교과	통합 수업 설계	수업자료	평가
국어	* 실학의 시대 읽기 1, 2, 3 - 박제가의 『북학의』 감상 - 박지원의 『양반전』 감상과 풍자 이해 - 시대 속의 지식인의 모습 이해하기 - '이 시대의 실학과 나의 삶'에 대한 토론 → 글쓰기	『북학의』, 『양반전』, 『미스터 방』 문학작품 『북학의』 관련 동영상	'이 시대의 실학과 나의 삶'에 대한 토론 및 글쓰기
역사	* 역사 - 조선 후기 실학의 등장 및 개념 - 실학과 실학자들 이야기 - 중농 학파와 중상학파의 개혁론 이해 - 과거와 현재의 대화 - 오늘의 문 제 짚어보기	영화영상자료 〈광해〉 정약용의 한시 〈애절양〉 박지원의 『양반전』 신문 기사 자료	조선후기 실학을 이해하고 신문을 통해 현대 우리 사회의 문제점을 찾아 그 대안을 제시

교과	통합 수업 설계	수업자료	평가
	* 세계사- 실학의 개념 알기 실학의 등장 배경인 중국의 양명학과 고증학에 대한 이해와 자료 읽기	읽기 자료 '사료' 제시	
한문 + 수학	* 실학과 관련된 용어 이해하기 * 수학과와 공동협력 수업 - 실학 사상에서 나온 한자성어 및 계산 법 읽고 해석하기, 한자에 담긴 수학의 원리 이해하기, 현대의 수 학과 비교해 보기	자전〈鷄兎算〉	실학 용어 해석하기
미술	* 조선 후기 풍속화 감상을 통한 시대 변화 읽기(김홍도, 신윤복) 및 비평활동 * 이 시대의 풍속화(민화) 그리기	풍속화, 민화, 진경산수화 등 그림자료	이 시대의 풍속화 (민화) 제작
과학	* 실학과 과학의 만남 - '홍대용' - 홍대용의 천문학에 대한 열정을 본받고 당시 주장했던 이론과 현 대 천문학 이론을 비교하며 이해	지식채널e 영상자료 홍대용의 『담헌서』	

● 교과별 활동지

1) 한문 수업 + 수학 수업 활동지

2학년 한문+수학	활동지 8-1		
단원명	Ⅲ. 사물의 이치를 깨달으며 - 실학사상의 사자성어		통합 2차시
학습주제	실학사상에서 나온 한자성어 및 계산		2학년 ( )반 ( )번 이름( )

1. 實學의 뜻을 알아봅시다.

實	學
實學( ) :	

2. 經世致用의 뜻과 음을 찾아 성어를 풀이하시오.

經	世	致	用
經世( ) :			
致用( ) :			
經世致用( ) :			

3. 利用厚生의 뜻과 음을 찾아 성어를 풀이하시오.

利	用	厚	生
利用( ) :			
厚生( ) :			
利用厚生( ) :			

4. 實事求是의 뜻과 음을 찾아 성어를 풀이하시오.

實	事	求	是
實事( ) :			
求是( ) :			
實事求是( ) :			

2학년 한문+수학	활동지 8-2	
단원명	III. 사물의 이치를 깨달으며 - 선인들의 계산법	통합 2차시
학습주제	실학사상에서 나온 계산법(수학문제)	2학년 ( )반 ( )번 이름( )

5. 다음 '鷄兔算'을 풀이하시오.

5-1. 鷄兔算의 뜻과 음을 찾아쓰시오.

鷄	兔	算
鷄兔算( ):		

5-2. 다음 문장을 풀이해보시오.

> 鷄 닭 계, 與 ~와(과) 여, 兔 토끼 토, 頭(머리 두 동물을 세는 단위 마리), 合 합하다
> 합, 各 각각 각, 共 모두 공 幾 몇 기, 算 계산하다 산. 爲 되다 위, 相乘(상승)두개이상의
> 수를 서로 곱함, 則 ~면즉, 亦 또 역, 剩 남다, 나머지 잉 相減 (상감) 서로 빼다, 餘 남다
> 여, 此 이 차, 故 까닭, 때문 고, 除 나누다 제, 得 얻다 득, 缺 모자라다 결

鷄與兔合一百頭(   )   鷄各二足(   )   兔各四足(   )

其共足二百七十二(   )   問鷄兔各幾頭(   )

先下算百頭(   )   以四足相乘爲四百(   )

則兔得其足(   )   鷄亦四足(   )   是鷄各剩二足也(   )

以四百與共足二百七十二相減(   )

則餘一百二十八(   )   此鷄之剩足也(   )

剩各二足故(   )   二除之得六十四(   )   此鷄頭也(   )
先下算百頭以二足相乘爲二百(   )

則鷄得其足兔亦二足(   )   是各缺二足也(   )

以二百與共足二百七十二相減(   )   則餘七十二(   )

此兔之缺足也(   )   缺各二足故(   )

以二除之得三十六(   )   此兔頭也.(   )

2학년 한문+수학	활동지 8-3		
단원명	Ⅲ. 사물의 이치를 깨달으며 - 선인들의 계산법		통합 3차시
학습주제	실학사상에서 나온 계산법(수학문제)		2학년 (　)반 (　)번 이름(　　　　)

5-3. 위의 상황을 연립방정식으로 바꾸어 토끼와 닭의 수를 구해보자.

  (토끼의 수 X, 닭의 수 Y)

1) 닭의 수를 구하는 식을 쓰고 구하시오.

2) 토끼의 수를 구하는 식을 쓰고 구하시오.

5-4. ① 연립방정식의 풀이방법과 위의 선조들의 풀이 방법을 비교해보고,

   ② 선조들이 위와 같은 방법을 사용했던 이유가 무엇인지 생각해 보자.

2) 역사 수업 활동지

2학년 역사		활동지		
단원명	Ⅰ. 조선 사회의 변동	____ 반 ____ 번		교과서 p17~28
학습주제	2. 사회·경제적 변동과 사회개혁론의 등장	이름 _____		(1)
학습목표	●실학 등장의 시대적 배경을 이해할 수 있다.			

이 정도 쯤이야

■ 실학이란?

■ 실학의 등장 배경은?

개념 잡기

1. 조선시대 공납과 관련된 영상이다. 영상을 보고, 물음에 답하시오.

※ 영화 〈광해〉를 통해서 확인할 수 있는 공납과 관련된 내용을 교과서 9쪽을 참고하여 정리하여 보자.

(가) 공납이란 무엇인가?

(나) 방납의 의미와 방납의 폐단은 무엇인지 영화의 내용을 참고하여 구체적으로 서술하시오.

(다) 방납의 폐단을 해결하기 위해 실시한 제도는 무엇이며 구체적인 방법은 ?

(라) 이러한 제도의 시행으로 발생한 영향은?

2. 다음 정약용의 시 '애절양(哀絕陽)'을 읽고 생각해보자.

애절양(哀絕陽)*

— 정약용

마을 젊은 여인의 울음소리도 서러워라
관청 향해 울부짖다 하늘 보고 호소하네
군대 간 남편 돌아오지 못하는 일 있다지만
남절양은 들어보지 못했노라
시아버지 죽어서 상복 입고
갓난아이 태어난지 엊그제인데

삼대의 이름이 군적에 올랐다네
달려가 호소해도 호랑이 같은 문지기 가로막고

아이 낳은 죄로구나 스스로 한탄하며
스스로 남절양하니 선혈이 낭자하여라
자식 낳고 사는 건 하늘이 내려 준 이치인데
말 돼지 거세함도 가엾다 할진데

하물며 뒤를 이을 사람에 있어서랴
권세가와 부자들은 한평생 풍악이나 즐기면서
쌀 한 통도 바치는 일 없으니
다 같은 백성인데 어찌 이리도 차별하는가

* 생식기 자름을 슬퍼함

양인 남성이 부담하던 군포를 2필에서 1필로 줄인다. 이에 따라 부족해진 재정을 보충하기 위해서 토지세인 결작을 신설하고, 왕실 수입의 일부를 국고로 돌리며, 일부 상류 신분층에 군포를 부담시키도록 한다. — 영조실록

1) 남자아이가 태어났는데 이를 기뻐하지 못하고 슬퍼한 이유는?

2) 위의 문제를 해결하기 위하여 실시한 제도는?

3) 균역법의 실시로 모자라게 된 군포는 어떻게 보충하였나?

3. 현재와의 대화 - 다음 자료를 읽고 물음에 답해보자.

> 영국 BBC 방송이 8일 노르웨이의 VG 신문 보도를 인용해 보도한 바에 따르면, 올프 안데르손은 지난해 3월 트럭의 브레이크 장치에 대한 정비를 제대로 하지 않고 운행하다 적발돼 8000크로네의 벌금을 부과받았다. 하지만 안데르손은 지난달 노르웨이 당국으로부터 벌금 액수를 절반으로 감면한다는 편지를 받았다.
>
> 노르웨이 당국이 편지에서 밝힌 벌금 감면 이유는 안데르손이 가난(?)한 스웨덴 국민이기 때문. 스칸디나비아 반도에서 서로 국경을 접하고 있는 노르웨이와 스웨덴은 모두 세계에서 가장 부유한 나라들 가운데 하나로 꼽힌다. 하지만 1인당 국내순생산(GDP)은 노르웨이가 거의 5만2000달러에 달해 약 3만8000달러인 스웨덴에 비해 훨씬 높은 것이 사실이지만, 스웨덴 역시 세계 최고의 복지 수준을 자랑하는 나라이다.
>
> 노르웨이 경찰은 안데르손에게 보낸 편지에서 "당신이 스웨덴 국민이라는 것을 뒤늦게 알았다. 당신의 소득 수준을 감안해 벌금 액수를 절반으로 낮추기로 했다."고 밝혔다. 안데르손은 이에 대해 "벌금을 깎아주는 것은 물론 고마운 일이다. 하지만 아무래도 이건 좀 이상하다."라고 VG 신문에 밝혔다.

⇒ 노르웨이는 '벌금도 소득수준에 따라 걷는 정책'을 사용한다. 조선 후기 지주들은 대동법을 이중 과세이며 공평의 원칙에 어긋난다고 주장하였다. 그렇다면 세금(벌금)은 어떻게 걷는 것이 공평할까?

단원명	Ⅰ. 조선 사회의 변동	___ 반 ___ 번	교과서 p21~22 (2)
학습주제	2. 사회·경제적 변동과 사회개혁론의 등장	이름 _____	
학습목표	●중농학파의 개혁론을 이해할 수 있다.		

x

이 정도 쯤이야

■ 조선후기 백성들의 삶을 힘들게 한 원인은 무엇인가?

개념 잡기

1. 1700년 무렵 어느 농촌 고을의 농민 생활을 보고 질문에 답해보자.

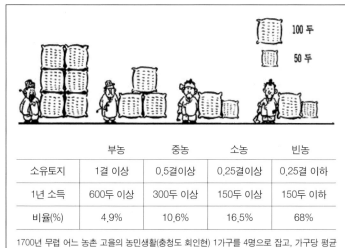

	부농	중농	소농	빈농
소유토지	1결 이상	0.5결이상	0.25결이상	0.25결 이하
1년 소득	600두 이상	300두 이상	150두 이상	150두 이하
비율(%)	4.9%	10.6%	16.5%	68%

1700년 무렵 어느 농촌 고을의 농민생활(충청도 회인현) 1가구를 4명으로 잡고, 가구당 평균 소모 식량을 200두로 잡는다면 소농과 빈농은 먹고 남는 것이 없거나 턱없이 모자라는 상황 이었다. (출처: 『역사신문』, 사계절)

1) 위와 같은 경우에서 발생할 수 있는 문제점을 말해 보자. (3가지 이상)

2) 1)에서 논의한 문제의 해결 방안을 말해 보자. (3가지 이상)

2. 다음 글에서 누가, 어떤 사회 문제를 개혁하려 하였나?

> 농업 기술이 발달하고 생산량은 늘었지만 토지가 소수에게 집중되고 빈부격차가 커지면서 농민 생활은 갈수록 악화되었고, 그로 인해 수많은 사회 문제가 발생하였다. 그리하여 현실 사회의 개혁을 추구한 실학이 등장하였다. 중농학파 실학자들은 대부분 농촌에서 거주하면서 농민들이 겪는 어려움을 직접 체험하는 가운데 개혁안을 내놓았다. 중농학파 실학자들은 농사짓는 농민들이 자기 땅을 갖지 못한 데에서 모든 사회 문제가 비롯되었다고 생각했다. 그들은 '경작하는 농민에게 _____' 나누어주어야만 이 문제가 해결될 수 있다고 보았다.

3. 사전을 통해 제시된 글의 뜻을 찾아보고, 연결지어 보자.

　1) 균전론

> 농가마다 최소한 보유해야할 토지를 영업전으로 정하고 매매를 금지하자!

　2) 한전론

> 마을 단위로 농민들이 농지를 공동 경작하고 노동량에 따라 수확물을 분배하자!

　3) 여전론

> 신분에 따라 차등적으로 토지를 지급하면서 자영농을 육성하자!

4. 정약용이 꿈 꾼 이상적인 사회는 어떤 사회인지 생각해 보자.

> "**천자**란 무엇 때문에 있는 것인가? 하늘이 **천자**를 내려 보내어 세운 것인가, 아니면 땅에서 솟아나 **천자**가 된 것인가? 다섯 집이 합해서 1린이 되고 다섯 집에서 린장을 추대하고, 5린이 합해서 1리가 되고 5린에서 추대한 사람이 이장이 된다. (중략) 그래서 왕이 나오고 천자가 나온다. 따라서 **천자는 여러 사람이 추대해서 되는 것이다.** 이는 여러 사람이 추대하지 않으면 그가 **천자**가 될 수 없다는 말과 같다. (중략) 그러므로 나라가 잘못되면 그를 추대한 사람들이 의논하여 바꿀 수도 있는 것이다."
>
> — 정약용, 『탕론』

단원명	Ⅰ. 조선 사회의 변동	___ 반 ___ 번	교과서
학습주제	2. 사회·경제적 변동과 사회개혁론의 등장	이름 _____	p21~22 (3)
학습목표	●중상학파의 개혁론을 이해할 수 있다.		

이 정도 쯤이야

■ 중상학파는 어떤 문제를 개혁하여 사회 문제를 개혁하려 하였나?

개념 잡기

1. 다음 글을 읽고, 물음에 답해보자.

1) 유교에서는 절약을 강조한다. 그런데 박제가는 무엇을 권장해야 한다고 주장하였나?

> 중국이 사치로 망한다고 할 것 같으면 우리나라는 반드시 검소함으로 인해 쇠퇴하게 될 것이다. 왜 그러한가? 물건이 있음에도 불구하고 쓰지 않는 것을 일러 검소함이라고 하지, 자기에게 없는 물건을 스스로 끊어버리는 것을 일컫지는 않는다. 현재 나라에는 진주를 캐는 집이 없고 시장에는 산호(珊瑚)의 물건값이 정해져 있지 않다. 금이나 은을 가지고 점포에 들어가서는 떡과 엿을 사먹을 수 없다. 이런 현실이 우리의 풍속이 정녕 검소함을 좋아하여 그런 것이겠는가? 재물을 사용할 기술을 알지 못한 데 불과하다. 재물을 사용할 방법을 알지 못하니 재물을 만들어낼 방법을 알지 못하고, 재물을 만들어낼 방법을 알지 못하므로 백성들의 생활은 날이 갈수록 궁핍하여진다. 재물이란 우물에 비유할 수 있다. 퍼내면 늘 물이 가득하지만 길어내기를 그만두면 물이 말라버림과 같다. 따라서 화려한 비단옷을 입지 않으므로 나라에는 비단을 짜는 사람이 없고, 그로 인해 여인의 기술이 피폐해졌다.
>
> 이지러진 그릇을 사용하기를 꺼리지 않고, 기교를 부려 물건을 만드는 것을 숭상하지 않아 나라에는 공장(工匠)과 목축과 도공의 기술이 형편없다. 그러므로 기술이 사라졌다. 더 나아가 농업은 황폐해져 농사짓는 방법이 형편없고, 상업을 박대하므로 상업 자체가 실종되었다. 사농공상 네 부류의 백성이 누구나 할 것 없이 다 곤궁하게 살기 때문에 서로를 구제할 방도가 없다.
>
> — 「시장과 우물」

2) 박제가의 주장을 윗글을 통해 파악해 보자.

3) 박제가는 중국의 발전된 문물을 더 잘 배우기 위해 아예 중국어를 공용어로 삼자고 주장하기도 했다. 이 주장에 대해 자신의 생각을 이야기 해 보자.

2. 다음 글을 읽고 물음에 답해보자. → 국어 수업과 연계

> 양반의 아내가 비난하였다. "평생 독서만 좋아했으니, 환곡(가난한 사람들을 위해 쌀을 빌려주었던 제도) 갚는 것에는 아무 소용이 없구려.", " 흥, 양반이라고?" "양반이란 한 푼 어치도 못된다오." 하고 화를 내었다. 그 마을의 한 부자가 이 소문을 듣고 가족들과 상의 하였다. "양반이 비록 가난하여도 언제나 존경 받고 영광스럽다. 나는 비록 부자이지만 늘 비천하여 감히 말을 탈 수 없고, 양반을 보기만 하면 몸을 구부려 어찌 할 줄 모른다. …… 지금 양반이 가난하여 환곡을 갚지 못한다 하니, 앞으로 더 가난해져서 그 형편이 실로 양반 신분을 지킬 수 없을 것이다. 우리가 그걸 사서 가지도록 하자." 하였다.
> — 박지원, 『양반전』 중에서

1) 다음 소설을 통해 알 수 있는 당시 시대 상황은?

2) 실학이 등장할 당시 도시에서의 경제적 변화는?

3) 위 글을 통해 알 수 있는 중상학파의 개혁은?

3. 신문을 읽고 우리 사회에서 나타나고 있는 문제점을 찾아 그 개혁안을 작성해 보자.

   1) 신문 기사를 오려 붙이거나 내용을 요약해 보자.

   2) 개혁안을 자유롭게 작성해 보자.

3) 역사 수업 : 세계사 활동지

2학년 역사 · 세계사	활동지	
단원명	Ⅰ-2. 사회 · 경제적 변동과 사회개혁론의 등장	2학년 반 번 이름 :
학습 목표	●교과통합프로젝트 '실학', 그 개념을 말할 수 있다. ●실학이 양명학과 고증학의 영향을 받았음을 알 수 있다.	17~28쪽 NO. 23

■ 아래 글을 읽고 빈칸을 완성해보자.

> 실학實學은 우리나라뿐 아니라 중국과 일본에 이르기까지 동양 삼국에서 통시대적으로 사용되었다. 우리나라에만 한정시켜 보더라도 고려시대에는 불교에 대응하여 유학을 실학이라 하였고, 여말선초에는 사장詞章유학 중 문장을 만드는 기교를 중심으로 하는 학풍에 대하여 성리학을, 조선 중 · 후기에는 강경講經중심의 경학經學유학의 고전 경서를 연구하는 학풍을 실학이라 지칭하기도 했다. 즉, 실학이란 그 시대의 사상이나 학문경향을 극복하기 위한 대안을 제시하는 학풍이었다. 하지만 지금 현재 실학이라함은 시기적으로 18 · 19세기, 지역적으로는 서울 내지 근기지방에서 발생한 개신유학적 사상체계라고 보고있다.

※ 실학은 조선 후기의 _____ 속에서 _____ 적 학문체계와 사유방식을 자발적으로 극복하면서 내재적으로 발전시킨 _____ 사상이며 지배층 자체 내의 비판 학풍이므로 체제 전복이 아닌 _____적 성격을 지닌 학풍이라 규정할 수 있다.

> **자료 1** 명 태조 주원장은 원나라 때의 국제적인 국가 분위기를 없애고 중국의 전통으로 돌아가려는 노력을 평생의 목표로 삼았다. 그렇기 때문에 명은 교류가 없는 농업위주의 자급자족적^{필요한 물건을 스스로 생산해서 공급함} 색채가 강한 사회였다. 몽골족의 풍습을 배제하고 불교를 배척하는 등 한족의 것만 존중하는 성격이 강하여 학문과 사상도 자유롭지 못한 경향이 나타났다. 이것을 국수주의國粹主義적^{자기 나라의 국민적 특수성만을 가장 우수한 것으로 믿고 남의 나라의 것을 배척함} 성격이 강하다고 말한다.
>
> 그러나 전란이 멈추고 평화가 찾아오자 농업 생산물의 양과 질은 점차 자급자족의 수준을 넘게 되었다. 또 마을에서 생산되지 않는 물품을 요구하는 세금제도였던 공물은 교환의 필요성을 증대시켰다. 결국 농업도 시장 판매를 목적으로 생산하는 경우가 많아졌다. 농산물과 수공업 제품을 교역해주는 _____ 의 역할이 두드러지고 재부財富^{돈이나 그밖에 값나가는 물건이 많음}도 이들에게 흘러들어갔다.

사치가 유행하면서 옷차림새로는 부자와 가난한 자, 도시 사람과 시골 사람, 신사^{조선시대 양반과 비슷한 계층}와 평민을 구분하기가 점점 어려워졌다. 사농공상士農工商^{직업을 기준으로 가른 신분 계급}을 엄격하게 구분했던 명 초기의 사회 분위기가 일변하였던 것이다. 왕수인(호 양명)이 활약한 시기는 바로 이 때, 명 초기의 질서가 붕괴되면서 갖가지 사회 모순이 분출했던 변혁의 시대이자 격동기였다.

1. 양명학의 등장 배경은?

2. 왕수인은 "종사하는 업종은 다르나 도는 같다."라고 주장했다. 자료 1의 상황에서 이것은 무엇을 뜻하는 걸까?

자료 2 왕수인(호 _____) 철학의 핵심은 양지설이다. 양지설이란 인간 본연의 지知인 양지良知가 모든 사람에게 갖춰져 있으므로 누구에게나 성인이 될 가능성이 열려 있다는 것이다. 그런데 현실 속의 인간은 양지를 완전히 발현한 성인이 있는 반면 욕심에 사로잡힌 소인도 존재했다. 그래서 수양이 필요하다. 양명학은 성리학의 방법론인 격물치지格物致知를 재해석하였는데, '격물'은 마음의 바르지 못함을 바로잡는다, '치지'는 양지에 이른다는 것이다. 양명학이 심학心學이라 불리는 까닭은 여기에 있다.

이렇게 양명학은 성리학과 달리 주관적인 수양을 중시했고, 안다는 것은 행동을 통해 이루어져야 했다. 실천적인 학문인 것이다.

3. 양명학을 심학이라고 불리는 까닭을 쉬운 말로 정리해보자.

자료 3 왕수인의 제자들은 한걸음 더 나아가 사농공상 간의 계층 간 상향 이동이나, 재물과 색에 대한 추구를 인간의 자연스런 욕구로서 긍정하는 데까지 이르렀다. 이런 사상을 거침없이 설파하는 곳에는 상인이나 수공업자를 비롯해 나무꾼, 농사꾼들도 모여들었다.

조선의 지식인들은 강화도를 거점으로 양명학을 수용하였는데, 정제두가 본격적으로 수용하여 '강화학파'를 탄생시켰다. 강화학파는 진리의 기준을 _____ 속에서 찾고 이를 사물에 적용시켜 사회정의를 실현하는 일에 힘을 쏟았다.

4. 정제두는 양민층을 확대하는 개혁안을 내놓았다. 신분제도에서 양민을 증가시키는 방법은?

_____

_____

자료 4 명에서 청으로 넘어가는 시기에, 대내외적인 위기의식과 서양문물과의 접촉에 자극을 받아 경세치용經世致用세상을 다스리고 현실사회에 도움이 됨적인 학문이 발달했다. 식물학, 농학, 산업기술, 군사학, 지리학 등의 실용적인 학문이 그것이다. 또 명말의 3대 학자인 황종희, 고염무, 왕부지 등은 명의 멸망을 연구하여 명대의 정치를 비판하면서 미래의 정치개혁을 추구하였는데, 이들은 실증적인 문헌연구를 통해 고증학의 방법론을 개척하였다. 그래서 고증학은 원래 독자적 학문 분야로는 인식되지 않았으나 청이 한족을 지배하면서 사상통제가 심해지자 학자들 사이에서 자기 생각을 드러내지 않게 되면서, 실증적이고 객관적으로만 문헌을 연구하면서 지배적 학풍으로 떠올랐다. 대규모 편찬사업으로 더 활발해진 고증학의 학풍은 고전에서 실사구시實事求是사실에 바탕을 두어 진리를 탐구함를 추구하는 문헌학적 실증실물이나 사실에 근거하여 참과 거짓을 가림과 귀납하나하나의 구체적이고 특수한 사실을 종합하여 그것으로부터 일반적인 원리를 이끌어 내는 추론 방식에 몰두하였다.

---

5. 교과서 21~25쪽에서 두 개를 골라 실학이 양명학과 고증학의 영향을 어떻게 받은 것인지 생각해보자.

_____

_____

■ 아래의 글을 읽고, 빈칸을 완성해 보자.

조선 후기에 일부 유학자들은 유교 경전의 새로운 해석을 시도하였다. 실천을 중시하는 _____ 을 받아들인 학자들은 의리와 명분만을 강조하는 _____ 을 비판하였다. 이러한 움직임은 18세기에 들어와 사회 · 경제적 변동에 따른 모순을 해결하려는 개혁사상인 _____으로 이어졌다.

---

4) 국어 수업 활동지

2학년 국어	활동지	
단원명	6. 고전과 그 시대 (1) 북학의	통합 1차시 (활동지 39)
학습 주제	실학의 시대 읽기 1 - 박제가의 『북학의』 감상	2학년 ( )반 ( )번 이름( )

1. 동영상 『북학의』를 보고, 다음 활동을 해 보자.

   1) 『북학의』란 어떤 책인가? - 교과서는 『북학의』의 어느 부분에서 발췌한 것인가?

2. 교과서 『북학의』를 읽고 다음 활동을 해 보자.

   1) 수레에서 우리나라와 중국의 수레의 차이점을 말해 보자.

   2) 중국의 벽돌을 보고 박제가가 깨달은 바를 말해보자.

   ※ 깨달은 바 :

   3) 중국의 상인를 보고 박제가가 깨달은 바를 말해보자.

3. 『북학의』가 오늘날 우리에게 주는 의의 생각해보기

   1) 『북학의』를 오늘날에 읽는 의의는 무엇일까 토의해 보자

   2) 여러분도 다른 나라의 문물, 제도를 우리나라에 도입한다면 어느 나라의 어떤 문물과 제도를 들여오고 싶으며, 그 이유는 무엇인가?

2학년 국어	활동지	
단원명	6. 고전과 그 시대 (1) 북학의	통합 2차시 (활동지 40)
학습 주제	실학의 시대 읽기 2 - 『양반전』을 읽고 조선후기 실학의 의의를 생각해 보기	2학년 ( )반 ( )번 이름 ( )

1. 고전소설 『양반전』을 읽고 줄거리를 말해 보자. (모르는 낱말은 문맥으로 읽기)

2. 이 소설의 시점은 무엇인가?

3. 이 소설에는 몇 가지 풍자가 등장한다. 있는 대로 다 찾고 풍자하려는 바를 말해보자.

4. 소설 『미스터 방』과 관련지어 『양반전』이 풍자하고자 하는 시대적 상황과 관련지어 말해보자.

5. 『북학의』와 『양반전』의 작가 '박제가'와 '박지원'은 당시 어떤 사람들이었으며, 어떤 사회를 꿈꾸었는지 추측하여 말해보자.

6. 조선 후기의 '실학'이 오늘날 어떤 모습으로 이어지고 있는지 말해보자.

　양반이라는 것은 선비계급을 높여 부르는 말이다.

　정선(旌善) 고을에 양반이 한 명 살고 있었다. 그는 성품이 어질고 독서를 매우 좋아했으며, 매번 군수(郡守)가 새로 부임하면 반드시 그를 찾아 예의를 표하곤 했다. 그러나 집이 매우 가난해서 해마다 나라 곡식을 꾸어 먹었는데, 해가 거듭되니 꾸어 먹은 것이 천 석(石)에 이르게 되었다.

　어느 날 관찰사(觀察使)가 여러 고을을 순행(巡行)하다가 정선에 이르러 관곡을 검열(檢閱)하고는 크게 노했다.

　"그 양반이 대체 어떻게 생겨먹은 물건이건대, 이토록 군량(軍糧)을 축내었단 말이냐."

　그리고 그 양반을 잡아 가두라는 명령을 내렸다. 군수는 그 양반을 불쌍히 여기지 않는 바 아니었지만, 워낙 가난해서 관곡을 갚을 길이 없으니, 가두지 않을 수도 없고 그렇다고 가둘 수도 없었다.

　당사자인 양반은 밤낮으로 울기만 할 뿐 어려움에서 벗어날 계책도 세우지 않고 있었다. 그 처는 기가 막혀서 푸념을 했다.

　"당신은 평생 글읽기만 좋아하더니 관곡을 갚는 데는 전혀 소용이 없구려. 허구한 날 양반, 양반 하더니 그 양반이라는 것이 한 푼의 값어치도 없는 것이었구려."

　그 마을에는 부자가 살고 있었는데 이 일로 인해 의논이 벌어졌다.

　"양반은 비록 가난하지만 늘 존경받는 신분이야. 나는 비록 부자지만 항상 비천(卑賤)해서 감히 말을 탈 수도 없지. 그뿐인가? 양반을 만나면 몸을 구부린 채 종종걸음을 쳐야 하질 않나, 엉금엉금 마당에서 절하기를 코가 땅에 닿도록 해야 하며 무릎으로 기어야 하니, 난 항상 이런 더러운 꼴을 당하고 살았단 말이야. 그런데 지금 가난한 양반이 관가 곡식을 갚지 못해 옥에 갇히게 되었다고 하니, 더 이상 양반 신분을 지탱할 수 없지 않겠어? 이 기회에 우리가 빚을 갚아 주고 양반이 되어야겠어."

　말을 마친 후 부자는 양반을 찾아가서 빌린 곡식을 대신 갚아 주겠다고 자청했다. 이 말을 들은 양반은 크게 기뻐하며 단번에 허락했다. 그리고 부자는 약속대로 곡식을 대신 갚아 주었다.

　군수는 매우 이상하게 여겨 몸소 양반을 찾아와서 곡식을 어떻게 갚게 되었는지를 물어 보았다. 이때 양반은 벙거지를 쓰고 소매가 없는 짧은 옷을 입은 채 길에 엎드려 '소인, 소인' 하면서 감히 군수를 쳐다보지도 못하고 있었다.

　군수가 깜짝 놀라 그를 부축해 일으키며 물었다.

　"선비님께서는 어찌하여 이다지 스스로를 낮추시오?"

　양반은 더욱 송구스러워하며 머리를 조아리고 엎드려 말하기를,

　"황송합니다. 소인은 감히 스스로를 낮추는 것이 아닙니다. 이미 스스로 양반을 팔아서 관가의 곡식을 갚았으니, 이제부터는 마을의 부자가 양반이옵니다. 그러니 소인이 어찌 감히 옛날의 행세를 하며 자신을 높일 수 있겠습니까."

군수가 탄성을 지르며 말했다.

"군자로다! 그 부자라는 사람은 진실로 양반이로다. 부자면서도 인색하지 않고 의리가 있구나. 남이 당한 곤란을 그리도 급하게 여겼으니 이는 어진 것이오, 천한 신분을 미워하고 존귀한 것을 추구하니 이는 지혜로운 것이로다. 이 사람이야말로 진실한 양반이라고 할 수 있겠구려. 하지만 양반이란 자리를 두 사람이 사사로이 매매하고 문서를 만들지 않는다면 훗날 송사의 씨앗이 되기 쉽소. 내가 고을 사람들을 모아놓고 그것을 증명하고 문서를 만들어 신용할 수 있게 하겠소. 그리고 군수인 내가 서명하겠소이다."

이렇게 되어 군수는 관아로 돌아간 후 고을 안에 사는 선비들을 초대하고, 아울러 농사꾼, 공인, 상인 등을 모두 모이라고 했다. 사람들이 관아의 뜰에 모인 후, 부자는 향소(鄕所)의 오른쪽 자리에 앉고 양반은 공형(公兄) 아래 뜰에 서게 하였다. 그리고 문서를 만들었다.

《1차 양반 매매 증서》

"건륭(乾隆) 10년 구월 모일 이 문서를 만든다. 양반을 팔아서 빌린 관곡을 갚았으니 그 양이 천 곡(斛)에 이른다. 무릇 '양반'이라는 계급은 그 명칭이 가지가지이다. 글을 읽는 자는 '선비'라고 하고, 정치에 관여하는 자는 '대부(大夫)'라고 하며, 덕이 있는 자는 '군자'라고 한다. 조하(朝賀)를 할 때 무반(武班)은 서쪽에 벌리어 서고 문반(文班)은 동쪽에 벌리어 서는데 이를 합쳐 양반이라고 하니, 이중에서 마음대로 골라서 하면 된다. 그러나 양반이 되면 비루한 일은 절대로 하지 말아야 하고, 옛사람을 본받아 그 뜻을 고상하게 지녀야 한다. 오경(五更)이면 항상 잠자리에서 일어나 부싯돌을 쳐서 등불을 밝히고, 눈으로는 코 끝을 바라보고 발꿈치로는 엉덩이를 받치고 앉는다. 『동래박의(東萊博議)』를 얼음판에 표주박 구르듯이 줄줄 외야 하며, 굶주림과 추위를 참고 입으로는 가난하다는 말을 해서는 안 된다. 이빨을 딱딱 부딪히며 뒤통수를 가볍게 두드리고, 기침은 작게 해야 하고 침은 삼켜야 한다. 탕건이나 갓을 쓸 때면 소매로 쓸어서 먼지를 털어내야 한다. 세수를 할 때 손을 세게 문지르지 말아야 하며 양치질을 하더라도 지나치게 세게 해서는 안 된다. 계집종을 부를 때에는 긴 목소리로 부르며, 신 뒷축을 질질 끌며 느릿느릿 걸어야 한다. 『고문진보(古文眞寶)』나 『당시품휘(唐詩品彙)』를 베끼는데, 깨알같이 작은 글씨로 베끼되 한 줄에 백 자씩 쓴다. 손으로는 돈을 집지 않고, 쌀값을 묻지 않는다. 아무리 덥더라도 버선을 벗지 않고 식사를 할 때에도 맨상투바람으로 하지 않는다. 밥을 먹는 데도 국부터 마셔서는 안 되고 씹을 때는 소리가 나지 않아야 한다. 또한 젓가락을 방아찧듯이 자주 놀려서는 안 되고 파는 날것으로 먹지 않는다. 술을 마실 때 수염을 빨아서는 안 되고 담배를 피울 때도 입을 불룩해지도록 많이 빨아서는 안 된다. 화가 난다고 아내를 때려서는 안 되고 열을 받아도 그릇을 던져서는 안 된다. 주먹으로 아이들을 때리지 않고 종들에게 죽일 놈이라고 욕해서도 안 된다. 소나 말을 꾸짖을 때도 그 주인을 욕해서는 안 된다.

아프다고 무당을 불러서는 안 되고 제사 지낼 때도 중을 불러서 제를 올려서는 안 된다. 화로에 손을 쬐지 않고 말할 때도 침이 튀지 않게 해야 한다. 소를 죽여서도 안 되고 도박을 해서도 안 된다. 이러한 많은 행동 중 한 가지라도 부자가 어긴다면 양반은 이 문서를 가지고 관청에 가서 바르게 고칠 수 있다."

이렇게 쓰고 성주(城主)인 정선 군수가 수결(手決)을 하고 좌수(座首)와 별감(別監)이 모두 서명을 했다. 이렇게 한 후 통인(通引)이 여기저기 도장을 찍는데 그 소리는 마치 큰 북을 치는 듯하고 모양은 북두칠성이 길게 늘어서 있는 것 같았다. 이것을 호장(戶長)이 다 읽고 나자 부자는 좋지 않은 안색으로 한참 생각하다가 말하였다.

"양반이란 것이 겨우 이것뿐입니까? 내가 듣기로 양반은 신선과 같다던데 겨우 이것뿐이라면 억울하게 곡식만 날린 것 같습니다. 원하건대 좀더 유리하게 고쳐 주시기 바랍니다."

그래서 문서를 다시 고쳤는데 거기에는 다음과 같이 씌어져 있었다.

《2차 양반 매매 증서》
"대저 하늘이 백성을 만들 때 네 가지 부류로 만들었다. 넷 중 가장 존귀한 것은 선비이니, 이를 곧 양반이라 칭하며 더 이로운 것은 없다. 밭을 갈지도 않고 장사를 하지도 않지만, 글만 조금 하면 크게는 문과(文科)에 오르고 그렇지 않더라도 진사(進士)는 할 수 있다. 문과에 급제하여 받는 홍패(紅牌)라는 것은 크기는 두 자에 불과하지만 여기에는 수많은 물건이 갖추어져 있으니 이것은 돈주머니와 같다. 진사(進士)는 나이 삼십에 처음으로 벼슬을 하더라도 오히려 이름 높은 음관(蔭官)이 될 수 있으니 다른 높은 벼슬도 할 수 있다. 귓바퀴는 일산(日傘) 바람에 희어지고 배는 하인들의 '예' 하는 소리에 불러진다. 방에는 귀엣고리 요란한 기생들이요, 정원 나무에는 목청 좋게 우는 학을 키운다. 가난한 선비가 되어 시골에 살아도 모든 것을 자기 마음대로 할 수 있다. 이웃의 소를 끌어다가 자기 밭을 먼저 갈게 할 수 있고, 마을 주민들을 불러다가 자기 밭을 먼저 김매게 할 수도 있다. 이렇게 함부로 한들 그 누가 나를 탓하랴. 그들의 코에 잿물을 들어부은들, 상투를 잡아맨들, 수염을 잡아 뽑은들 누가 감히 나를 원망하랴."

부자는 그 문서가 씌어지던 중 혀를 내두르며 말했다.

"그만두시오, 그만둬. 정말 맹랑하구려. 장차 나를 도적으로 만들 셈이오?"

말을 마치자마자 머리를 이리저리 흔들면서 도망가 버렸다. 그는 죽을 때까지 다시는 '양반'이란 말을 꺼내지 않았다고 한다.

— 『연암외집(燕巖外集)-방경각외전(放璚閣外傳)』

2학년 국어	활동지	
단원명	7. 고전과 그 시대 (1) 북학의	통합 3차시
학습 주제	실학의 시대 읽기 3 - '이 시대의 실학과 나의 삶'에 대한 자유 글쓰기	2학년 ( )반 ( )번 이름 ( )

1. 지금까지 배운 내용을 바탕으로 이 시대에 필요한 실학에 대해 자유롭게 토론해 보자.

2. 토론한 내용을 바탕으로 이 시대를 살아가는 사람으로서 어떻게 살아야 할까에 대해
   자유롭게 서술하시오.

5) 과학 수업 활동지

2학년 국어	**활동지**	
학습 주제	교과통합 프로젝트! 실학과 과학의 만남	2학년 (　)반 (　)번 이름 (　　　)

서양에서 갈릴레이가 천문학에서 한발 앞 선 업적을 이끌어 내고 있었지만 그 당시 우리한반도에서는 어떤 움직임이 있었을까? 우리나라에서도 18세기에 홍대용이라는 실학자이자 과학자가 있었답니다. 그는 중국 베이징에서 서양 선교사들과 대화를 나누며 서양의 과학 기술에 깊은 관심을 가지게 되었는데, 알게 된 것으로 그치지 않고 직접 자신의 집에 개인 천문대인 농수각을 세우고 여러 가지 관측 기구를 만들었다고 합니다. 이를 바탕으로 지구 구형설, 지전설, 무한 우주설 등 서양의 천문학 지식을 널리 소개할 수 있었습니다.

1. 지식채널 e 「홍대용」 편을 본 후 홍대용으로부터 배울 점을 적어 봅시다.

_____

2. 홍대용의 의산문답 동영상을 시청하면서 함께 정리해 봅시다.
  (1) 그 당시 세계관은 어떠하였을까?
  (2) 의산문답에서 실옹과 홍대용의 대화를 보고 실옹의 대답을 적어보자.

실옹 : 너는 자연을 무엇이라 생각하는가?
홍대용 : _____
홍대용 : 지구가 둥글다는 것과 지구가 하루에 한 바퀴 돈다는 서양 사람들 말을 정말 믿을 수 있습니까?
실옹 : 이것을 보면 알 수 있다. _____
홍대용 : 빠른 속도로 자전함에도 불구하고 어떻게 물건들이 떨어지지 않는 건지요?
실옹 : _____
홍대용 : 바로 서 있는 사람이 있다면 거꾸로 서있는 사람이 있을진데, 어떻게 거꾸로 서 있는 사람이 있을 수 있는 건지요?
실옹 : _____
홍대용 : 우주 속 천체들의 크기는 어떻게 알 수 있는지요?
실옹 : _____

(3) 실옹과의 대화 내용을 듣고 홍대용은 어떻게 중국 중심 세계관을 극복할 수 있었는지 정리 해 보자.

> 지금 서양의 법은 산수를 근본으로 하여 도구를 마련하고, 만물을 헤아려서 만상을 살핀다. 천하의 멀고 가까움, 높고 깊음, 크고 작음, 가볍고 무거움을 모두 눈앞에 모아 손바닥 위에서 가려놓을 만큼 되었으니, 중국 한·당에도 없었던 일이라고 해도 망언은 아니다. —— 땅덩이는 하루에 한 바퀴 돈다. 지구의 둘레는 9만리이고 하루는 12시간이다. 9만리는 되는 먼 거리를 12시간만에 가니 그 빠르기가 번갯불이나 대포알보다 빠르다.
>
> -「담헌서」중에서

(1) 우리가 알고 있는 과학적 사실과 일치하는 부분을 찾아 밑줄을 그어 보자.

(2) 우리가 알고 있는 과학적 사실과 다른 부분이 있다면 밑줄을 그어 보고 올바른 표현으로 바꾸어 보자.

6) 미술 수업 활동지

대단원명	미술과 감상	중단원명	감상의 즐거움 - 북학의 통합 수업	활동지	2학년-2-6

학번 :　　　　　이름 :

이번 수행의 주제	- 작품을 관찰하고 객관적으로 서술할 수 있다. - 서술된 목록들의 관계를 통해 작품의 구성 원리를 발견할 수 있다. - 작품의 의도와 의미를 서술할 수 있다. - 작품을 성실히 볼 수 있는 태도를 기를 수 있다.

〈작품 정보〉(p.186)

☞ 작품의 제목은 무엇인가?

☞ 누구의 작품인가?

☞ 언제 그렸는가?

☞ 재료와 크기는?

1. 작품 속에서 볼 수 있는 객관적인 사실(소재)들의 '목록'을 작성해보자.

-
-
-
-
-
-

2. 조형요소들이 어떤 원리들을 활용하여 작품을 조직하고 형식을 창조해내고 있는지 분석하기. (p.76~91)

-
-
-

3. 이 작품이 그려진 '조선후기'의 시대성과 연관 지어 생각해보자.

사상 : 자아의식을 토대로 실학
정치 : 외침의 부재의 부재와 탕평책에 의한 정치적 안정.
경제 : 농업과 수공업의 발달에 따른 경제적 발전과 시장경제의 활성화
문화 : 경제발전에 힘입은 여행의 붐과 기행문학의 발달, 지도제작의 활성화, 회화를
　　　 수집하고 향유하며 감상하는 풍조를 촉진, 경제안정으로 문화가 부흥해 한국
　　　 적 진경산수화와 풍속화가 나타나고 서양화법이 수용되는 등 다채로운 미술이
　　　 전개, 서민들 사이에서 민화 유행
기술 : 실학의 대두로 과학기술 발전
신분 :

● 작가는 이 작품을 왜 그렸을까? 이 작품은 어떤 의미를 지녔다고 생각하는가?
● 어떤 마음으로 그렸을까?

4. 작품의 등장인물을 선택하여 시대배경에 맞게 자신만의 독창적인 스토리를 만들어
　 보자.

대단원명	미술과 감상	중단원명	감상의 즐거움 - 북학의 통합 수업	활동지	2학년-2-6

학번 :　　　　　　　이름 :

이번 수행의 주제	- 작품을 관찰하고 객관적으로 서술할 수 있다. - 서술된 목록들의 관계를 통해 작품의 구성 원리를 발견할 수 있다. - 작품의 의도와 의미를 서술할 수 있다. - 조선후기 풍속화에 대해 서술할 수 있다.

〈작품 정보〉(p.152)

☞ 작품의 제목은 무엇인가?

☞ 누구의 작품인가?

☞ 언제 그렸는가?

☞ 재료와 크기는?

1. 작품 속에서 볼 수 있는 객관적인 사실(소재)들의 '목록'을 작성해보자.

- ●
- ●
- ●
- ●

2. 조형요소들이 어떤 원리들을 활용하여 작품을 조직하고 형식을 창조해내고 있는
   지 분석하기.(p.76~91)

   -
   -
   -

3. 이 작품이 그려진 '조선후기'의 시대성과 연관 지어 생각해보자.

   - 작가는 이 작품을 왜 그렸을까? 이 작품은 어떤 의미를 지녔다고 생각하는가?
   - 어떤 마음으로 그렸을까?

4. 조선후기 김홍도와 신윤복은 '풍속화'를 예술적으로 발전시켰다. 조선후기 '풍속화'
   에 대해서 서술하시오.

● 교과별 통합 수업 모습들

2학년 교과통합 수업	실학의 시대를 가다

★ 국어과 수업 장면

★ 역사와 세계사 수업 장면

★ 한문과와 수학과의 협력 수업 장면

★ 미술과 수업 활동지와 풍속화 작품

(2) 범교과 주제 학습 사례

범교과 주제 학습은 '교과 통합 프로젝트'와 크게 다르지 않다. 그러나 프로젝트 수업이 만들어지는 과정에서 그 필요가 다르고 만들어진 결과가 다르다.

교과 통합 수업의 경우에는 어떤 특정한 과목에서 수업을 기획할 경우, 교육과정 내용의 성취 기준에 개별 과목의 수업으로 도달하기에는 어려울 때 다른 과목의 교육과정 내용을 연계하여 만들어진다. 필요를 가지고 있던 교과 교사가 주도하여 교과 통합 프로젝트를 기획하고 진행한다. 이것이 일을 단순하게 만들어준다.

이에 비해 범교과 주제 학습은 각 교과의 단원에서 '교육과정 내용' 중 공통되는 부분이 있을 때 만들어진다. 이런 교육과정 내용은 주로 '환경', '지구온난화', '다문화', '성', '생태', '평화' 등과 같이 어떤 특정 과목에 내용이 있더라도 그 주제의 범위가 넓어서 한 과목의 교육과정으로 다룰 수 없는 경우이다. 그래서 이 주제들을 위해서 과목마다 해당하는 부분을 가져와서 교과서에 포함한다. 그러나 학교 현장에서 이렇게 과목별로 같은 주제를 교과별로 수업하는 것보다는 주제에 대한 심화 정도나 학생들의 이해, 가르치는 효율성, 주제에 대한 총체적인 접근을 통한 사고 측면에서 생각할 때 하나의 프로젝트로 기획하여 수업하는 것이 교육적 효과가 크다. 일반적으로 이럴 때 범교과 주제 학습이 만들어진다. 과목별로 흩어져 있는 내용을 하나의 주제로 통합하고 교과별로 흩어져 있는 성취 기준을 한데 모아 그것을 총체적으로 경험할 수 있는 프로젝트 수업을 만드는 것이다. 여러 과목이 하나의 주제로 모여서 각각의 교과에서 진행해야 될 '교육과정 내용'을 개별적으로 수업하지 않고 프로젝트로 진행하는 것이다. 이런 차이가 있기 때문에 교과 통합 프로젝트와 수업의 형태나 활동지는 비슷하겠지만 결과적으로 성격이 다르다고 하겠다.

앞에서 설명한 경우는 일반적으로 기획되는 범교과 주제 학습에 대한 것이다. 그러나 어떤 경우는 학교 상황의 필요에 따라서 만들어지기도 한다. 예를 들면, 중간고사 이후나 기말고사 후 방학 전까지 학교 수업의 공백을 메우기 위해 만들어지기도 한다. 이 기간에 학교는 수업다운 수업이 이루어지기 어렵다. 중간고사 이후인 경우에는 학생들은 시험 끝났으니까 놀자고 아우성을 친다. 학기말 시험이 끝나고 방학을 기다릴 경우에는 진도도 다 나갔고(진도를 다 나가지 않은 과목조차도 학생들은 시험이 끝났는데 왜 공부를 해야 하냐고 한다.) 금방 방학인데 공부는 웬 공부냐고 하면서 학생들이 수업을 거부하기도 한다. 이런 학생들을 어르고 달래서 수업을 진행하는 것은 교사로서 여간 괴롭고 힘든 일이 아니다. 이 과정에서 교사와 학생 사이에 갈등이 나타나기도 하는데, 교사를 아주 힘들게 하는 것은 어떻게든 이런 학생들을 설득해서 수업을 해도 학생들이 거의 참여하지 않는다는 것이다. 이렇게 물리적으로 수업이 어려운 시기를 오히려 더 재미있고, 가치 있게 보낼 수 있는 수업이 범교과 주제 학습일 수 있다. 특별히 교과서 진도에 얽매일 필요가 없고, 시험에 대한 부담감도 없기에 오히려 평소 수업 시간에 해보고 싶었지만 시간상 제약이 있어서 할 수 없었던 활동들을 범교과 주제 학습으로 하면 수업하기에 가장 나쁜 시기를 아주 훌륭한 교육적 활동으로 의미 있게 보낼 수 있게 된다.

1) 학교 화단 관찰 수업을 통해 '배려'를 배운다.
아낌없이 주고 받는 너와 나

이 범교과 주제 학습은 '시' 단원을 공부하는 1학년 학생들이 운율을 쉽게 이해할 수 있게 국어 교사가 음악 교사에게 도움을 요청하면서 시작된 것이다. 1학년 시 단원의 성취 기준이 '운율, 비유, 심상, 상징, 시 짓기'였는데, 이 성취 기준들 중에서 운율 부분을 음악과의 도움을 받으면 학생들이 제대로 알 것 같아 시작된 프로젝트였다. 그래서 처음에는 음악과 국어 두 과목의 프로젝트 수업으로 시작되었으나, 나중에 이들 과목 외에 영어, 미술, 과학, 기술가정이 결합하게 되었다. 특히 영어과에서 동화 『아낌없이 주는 나무』 원서 읽기 활동을 진행해서 범교과 주제 학습의 주제가 '배려-아낌없이 주고받는 너와 나'로 잡혔다.

중학교에 입학한 1학년 학생들이 '배려'라는 주제로 과목별로 학교 화단에서 진행하는 다양한 활동을 통해 '대자연으로부터 받아온 은혜를 깨닫고, 그 은혜를 갚을 줄 아는 마음을 갖게 하는 것'

으로 주제를 정하였다. 결과적으로 학교 화단을 관찰하는 활동을 통해 1학년 학생들은 자신이 입학한 학교에 대한 애정도 동시에 갖게 되었으며, 학교 구석구석에 숨어있던 아름다움도 깨닫게 되는 파생 효과도 있었다.

이 프로젝트는 2014년에 들어서며 '풀뿌리 환경 센터'와 연결되어 학교 화단 관찰 수업을 야생화 전문가와 교사들이 함께 진행하게 되었다. 그 덕분에 학생들은 학교 구석구석 풀꽃과 나무에 대해 자세히 알 수 있었다. 이 활동은 이후 시화호 생태 기행 활동과 연결지어 학생들이 생태에 대해 폭넓게 이해할 수 있도록 프로그램을 기획하자는 논의로까지 나아가게 되었다.

●전체 진행 과정

★ 통합 교과	국어 · 음악 · 미술 · 영어 · 과학 · 기술가정
★ 대상	1학년 전체
★ 일정 및 장소	3월 ~ 11월 각 교실 및 운동장

●교과 통합 수업 목표

1) 통합교과적 수업 운영을 통해 교과 내에 갇혀 있던 지식을 넘어서서 교육과정의 균형을 도모하고 삶과 만나는 배움의 공동체 철학을 실천한다.

2) 학습자 스스로 탐구하고 표현하는 체험을 통해 창의력을 신장하는 동시에 모둠별 협력 활동 속에서 '즐겁게 소통하고 배

려'하는 학년 철학을 실현한다.

3) 대자연의 은혜와 만나는 학교 화단 관찰 수업을 통해 나의 삶
과 더불어 배려하는 삶의 소중함을 배우고 실천한다.

● 교과별 통합 수업 목표

구분	수업 목표
국어	* 학교 화단 관찰을 통해 시적 대상을 찾을 수 있다. * 운율, 비유, 심상, 상징 등의 시적 표현 요소를 살려 시를 창작할 수 있다.
음악	* 국어 시간에 창작한 시를 가곡의 가락에 대입하여 부를 수 있다.
미술	* 창작시의 주제와 내용에 어울리는 그림을 형상화한 시화를 제작할 수 있다.
영어	* 『아낌없이 주는 나무』 원서를 모둠별로 읽고, 그 감상을 나눌 수 있다. * 자신을 위해 희생하는 것들에 대해 생각해 보고, 감사한 사람에게 영어로 Thank you 노트를 쓸 수 있다.
과학	* 식물의 구조를 과학적으로 이해할 수 있다. * 식물의 기능과 역할을 직접 설명할 수 있다.
기술가정	* EM 효소의 기능 및 작용을 배우고, 학교 화단 및 가정에서 활용할 수 있다.

● 교과별 통합 수업 내용

구분	수업 내용	수업 형태	장소	차시	비고
국어	* 화단 관찰 및 시 창작하기 - 3월 : 개화 전, 학교 화단에서 '내나무' 골라 '내나무'에게 편지쓰기 - 5월 : 개화 후 '내나무'를 소재로 하여 시 창작하기 - 6월 : 창작한 시를 3음보 또는 4음보 운율에 맞게 고쳐쓰기 - 11월 : '내나무'에게 자신이 쓴 시 걸어 선물하기	개인별 모둠별	학교 화단	5	내나무 정하기
음악	* 시와 음악의 만남 - 3음보 또는 4음보 율격에 어울리는 가곡 배우기 ('라쿠카라차'와 '봉선화') - 국어 시간에 창작한 시를 가곡의 가락에 대입하여 부르기	모둠별	음악실	2	국어 수업과 연계
미술	* 시화 그리기 - 국어 시간에 창작한 시에 어울리는 그림 그려서 시화 완성하기	개인별	미술실	1	국어 수업과 연계
영어	* 『아낌없이 주는 나무』 원서 읽기 - 자신을 위해 희생하는 것들에 대해 생각해 보기 - 모둠별 느낌 나누기 - 감사한 사람에게 영어로 Thank you 노트 쓰기 - 'Memorizing day(밤샘 원서 외우기)' 운영 (6월 28일~29일)	모둠별	도서관	5~6월 내내	도서관 밤샘 독서
과학	* 식물의 구조와 기능 - 잎에 의한 분류 특징 익히기 - 화단 관찰을 통해 '잎을 찾아라!' 미션 수행하기 - 식물의 뿌리, 줄기, 잎 구조와 기능 알기 - 기공관찰 후 증산작용의 역할 알기 - 식물의 광합성, 호흡과 외부환경의 상호작용 알기	모둠별	학교 화단 과학실	6~7월 내내	식물 대사전
기술 가정	* EM 효소 활용하기 - 동사무소에서 EM 효소 받아오기 - '내 나무'에 주기적으로 제공하기 - EM 효소의 기능 및 작용 알아보기 - 더 나아가 가정에서 활용하기	모둠별	동사 무소 학교 화단	9월 2차시	지역 사회 협조

●각 교실에 게시된 조감도

제목	아낌없이 주고받는 너와 나					
주제	대자연으로부터 받아온 은혜를 깨닫고, 그 은혜를 베풀 줄 아는 마음가짐을 갖는다.					
	국어	영어	가정	음악	미술	과학
수업 내용 및 수업 방법	화단 관찰 및 시 창작하기 -3월 : 개화 전, 학교 화단 에서 '내나무' 골라 '내나무' 에게 편지쓰기 -5월 : 개화 후 '내나무'를 소재로 하여 시 창작하기 -6월 : 창작한 시를 3음보 또는 4음보 운율에 맞게 고쳐쓰기 -11월 : '내나무'에게 자신이 쓴 시 걸어 선물하기	'아낌없이 주는 나무' 원서 읽기 -자신을 위해 희생하는 것 들에 대해 생 각해 보기 -모둠별 느낌 나누기 -감사한 사람 에게 영어로 Thank you 노 트 쓰기	EM 효소 활용하기 -동사무소에 서 EM 효소 받아오기 -'내 나무'에 주기적으로 제공하기 -EM 효소의 기능 및 작용 알아보기 -더 나아가 가 정에서 활용 하기	시와 음악의 만남 -3음보 또는 4음보 율격에 어울리는 가 곡 배우기('라 쿠카라차'와 '봉선화') -국어 시간에 창작한 시를 가곡의 가락 에 대입하여 부르기	시화 만들기 -국어 시간에 창작한 시에 어울리는 그 림 그려서 시 화 완성하기	화단 관찰 및 식물 분류 특징 익히기 -잎에 의한 분 류 특징 익히기 -화단 관찰을 통해 '잎을 찾 아라!' 미션 수행하기
시기	3월~11월	5월 내내	9월	5월~6월	11월	6월

● 교과별 활동지

1) 국어 수업 활동지

1학년	반	번	이름 :
대단원	3. 시와 만나는 즐거움		
소주제	화단 관찰하기 Ⅰ		

교정 곳곳의 화단을 둘러보고,
화단 속 친구에서 편지쓰기

★ 우리 학교 봄 화단은 그야말로 선물처럼 화사하게 찾아옵니다. 아직 꽃샘추위가 물러가
지 않아 헐벗은 듯한 교정이지만, 머지않아 찾아올 꽃손님들을 미리 마중나가 볼까요?
인상 깊거나 마음에 드는 나무 또는 식물을 정해서, 태어날 뱃속의 아가에게 엄마가 이야
기를 건네듯, 기대하는 마음으로 편지를 써 봅시다.

_____ 에게

이곳에 사진을 붙이세요.

_____

_____

_____

_____

_____

_____

_____

_____

_____

_____

1학년	반	번	이름 :
대단원	3. 시와 만나는 즐거움		'내 나무'를 소재로 시 창작하기
소주제	화단 관찰하기 Ⅱ		

★ 3월에 정했던 '내 나무'를 소재로 하여 시를 창작해 봅시다.

2) 기술가정 수업 활동지

기술가정 활동지	단원명	2. 청소년의 생활
	소단원	중단원 : 1. 건강한 식생활과 식사 구성 소단원 : 음식만들기
	수업주제	1. EM 발효액 만들기 2. EM 발효액 가정에서 활용하기 3. EM 발효액 사용 보고서 쓰기(수행평가) 4. EM 발효액 학급별로 학교 화단에 거름으로 활용하기

★〈읽기 자료〉를 읽고 다음 물음에 답해 보자.

1. EM이란 무엇일까 자유롭게 이야기해 보자.

2. EM 발효액에 포함된 유용 미생물들의 역할과 그 기능에 대해 이야기해 보자.

3. EM 발효액을 만드는 순서를 정확하게 정리해 보자.

4. EM 발효액의 쓰임새에 대해 이야기해 보자.

 1) 가정에서의 쓰임

 2) 학교 화단에서의 쓰임

5. EM 발효액 활용 보고서 쓰기 안내

EM효소를 이용하여 가정에서 활용하고 보고서 작성하기

■ 보고서 작성 시 유의사항

1. A4 용지 4~5매 작성
(A4 용지 앞면만 해서 4~5매 이고, 최소 4장이 기본입니다. 컴퓨터를 이용할 경우 글
씨 size : 12~13)
2. 각 반별 보고서 제출 날짜를 꼭 지켜주세요.
3. 사진, 그림, 삽화, 등 이미지를 꼭 사용해야 합니다.
4. 결과를 작성할 경우 사용횟수는 3회이고 반드시 각각 1일의 간격을 둬야 합니다.
   그리고 그 결과는 꼭 그 차이를 알 수 있도록 사진을 이용해 주세요.
5. 이 작업은 환경 친화적인 내용을 찾고자 하는 실천적 방법입니다.

■ EM 효소는 동사무소에 가면 무료이며, 개별 적으로 PET병을 들고 가서 받으세
요. 발효는 약 5일 정도 기간이 소요됩니다.

■ 보고서 작성 방법

1. 1표지(앞면) : 제목, 학년, 반, 번호, 이름
2. 본문(2page 부터는 본문내용: ①~⑨)
   ① 일시
   ② 준비물
   ③ 준비과정
   ④ 그림, 삽화, 사진 등
   ⑤ 발효된 EM효소 사용 전 그리고 사용 후에 대한 상태, 장소, 변화된 내용 등에
      해당하는 내용
   ⑥ 1회 사용 전, 결과(사용시간, 장소, 변화된 내용) - 1일의 간격 차이를 둘 것.(2
      회, 3회 역시 동일한 시간 간격 차이)
   ⑦ 2회 사용 전, 결과(사용시간, 장소, 변화된 내용)
   ⑧ 3회 사용 전, 결과(사용시간, 장소, 변화된 내용)
   ⑨ 본인의 사용 후 환경과의 연계된 느낌과 생각 등....
   (아주 짧게, 또는 한 줄 등 평이하며, 성의 없는 생각을 제시하지 않기를 바랍니다.)

3) 과학 수업 활동지

미션 1. 잎의 분류 특징 익히기

동의나물은 대표적인 쌈 채소인 곰취와 잎 모양이 비슷해 구별이 어려워 오인하여 먹고 병원에 입원하는 경우가 종종 있다. 둘 다 잎끝이 둥글고 잎몸이 넓적하게 생겼기 때문이다. 또, 어린 잎이 돋아날 때 잎자루 아래쪽에 붙어 있는 한 쌍의 턱잎은 잎이 커지면서 떨어져버린다. 하지만 차이점이 있다. 잎저(잎아래)를 자세히 살펴보면 동의나물은 잎자루 끝에서 삼각형으로 각이 져 벌어지는 반면, 곰취는 심장형으로 부드럽게 들어간다. 또한 동의나물은 잎이 두껍고 표면에 광택이 있어 부드러운 털로 덮여 있는 곰취 잎과는 구별된다. 두 식물 모두 잎자루가 긴 편이지만, 곰취 잎자루에는 보라색의 줄이 있는 것도 특징이다.

또한 잎맥이 퍼져있는 형태는 (㉠),
잎 가장자리의 톱니의 크기는 (㉡).

1) 잎의 구조를 나타내는 말을 위의 글에서 모두 찾아 써보자.

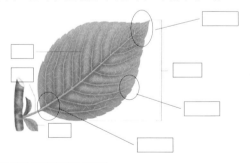

2) 괄호 안에 들어갈 말을 써보자.

잎맥이 퍼져있는 형태:

톱니의 크기:

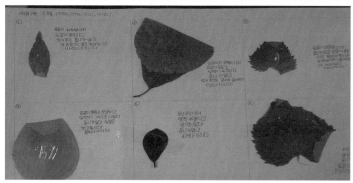

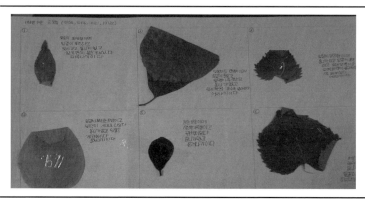

2) 좋은 매체와 만나 배려, 평화, 삶의 가치를 배운다.

이 범교과 주제 학습은 2011년 통합 수업을 시도하던 초창기의 프로젝트이다. 중간 고사를 치른 다음 날 수업이 잘 안 되고, 어수선한 시기를 평소에 교과서 진도 때문에 하지 못했던 활동을 하는 기회로 삼자고 하여 만들어졌다.

〈울지마 톤즈〉라는 영화가 2010년 말에 개봉되면서 이태석 신부의 삶이 많은 사람들의 마음을 울렸다. 그때 교사들은 그 영화를 보며 학생들에게도 이런 삶을 보여주고 싶다는 생각을 했다. 사회가 경쟁적으로 변하면서 이타적인 삶보다는 자신만을 위한 삶이 중시되고, 봉사와 헌신, 희생의 가치는 바보 같이 여겨지는 현실에서 이 신부의 삶을 학생들에게 보여주고 싶은 것이었다. '부자가 되는 것이 꿈'이라는 아이들에게 끝없는 희생과 봉사 속에 본인이 행복하고, 다른 많은 사람들을 행복하게 만드는 이태석 신부의 삶은 교사로서 꼭 아이들과 함께 공유하고 싶은 꿈이었다. 그리고 이 영화는 어느 한 학년이 보는 것보다 학생들 전체가 보면 더 좋겠다는 의견이 모아졌다.

그렇지만 중간고사가 끝났으니 좋은 영화 한 편을 학교에서 전 학년이 보기에는 조금 부족한 부분이 있었다. 이를 테면, 정말 교육적으로 필요한 활동인가? 수업이 어려운 시기에 그럴듯한 핑계로 얼렁뚱땅 영화 한 편 보려고 하는 것은 아닌가? 학교가 아닌 영화관에서 개인적으로 이 영화를 봤을 수도 있지 않은가? 그런데도

군이 학교에서 이 영화를 단체로 보려고 하는 중요한 교육적 목적이 있는가? 이런저런 고민을 해결해야 했다. 그래서 국어과에서 매체가 교육 내용인 단원을 찾았다. 매체가 교육 내용이라면 영화라는 매체를 통해 각 학년의 교육 내용을 구성하고 있는 단원을 찾아, 성취 기준과 활동이 잘 맞아떨어지도록 목표를 추출하였다. 그리고 동시에 함께 통합할 수 있는 교과와 그 단원의 주제를 찾아서 교과 통합 수업을 기획하였고, 전체 학년을 대상으로 동시에 진행하였다.

● 전체 진행 과정

★ 통합 수업 주제	좋은 매체와의 만남- 영화 〈울지 마 톤즈〉
★ 대상	1, 2, 3학년 전체
★ 통합 교과	국어 · 음악 · 미술 · 영어 · 과학 · 기술가정

● 교과 통합 수업 목표

1) 중간고사 후 흐트러지기 쉬운 수업을 이웃에 대한 사랑과 봉사와 이타적인 삶의 가치로움을 생각할 수 있는 시간으로 전환하여 배움의 공동체 철학을 실현하는 밑바탕이 되게 한다.
2) 좋은 영상 매체를 통해 영상 문화에 대한 올바른 선택을 할 수 있는 바탕을 마련하고, 이후 독서 활동으로 이어질 수 있는 계기를 만든다.

3) 세계화 시대에 제 3세계의 빈곤의 원인을 알고 아픔을 공감
하며, 세계를 영, 미 중심이 아닌 전체의 관점에서 볼 수 있는
시각을 키운다.

● 교과별 통합 수업 목표

교과	세부 목표		
	1학년	2학년	3학년
국어	· 「울지마 톤즈」를 보고 이태석 신부의 가치관과 사고방식에 대하여 말해 보고, 공익광고를 제작한다. · 독서활동과 연계한다.	· 「울지마 톤즈」를 보고 감상문을 쓴다. · 독서활동과 연계한다.	· 「울지마 톤즈」를 보고 인물의 삶에 대해 토의한 후 인상 깊은 인물에게 편지를 쓴다. · 독서활동과 연계한다.
도덕	·故 이태석 신부의 삶을 통해, 세계화 시대 이웃에게 도움을 주는 구체적 방법을 생각해 본다.	· 영화에서 나타나는 문제 상황(혹은 갈등 상황)이 어떤 것이 있는지 이야기 나눠보고, 그것을 해결하기 위해 (평화를 위해) 우리가 할 수 있는 일에 대해 논의한다.	·故 이태석 신부의 삶에 대한 영화를 보고 이태석 신부의 삶의 목표와 추구하였던 가치는 무엇이었는지 파악하고, 나의 가치있는 삶의 목표와 계획을 세운다.
사회, 국사	· 아프리카 지역이 가난한 이유를 역사적, 정치적, 지리적 요인 등 여러가지 면에서 알아보고 해결책을 생각해 보고, 지금 내가 할 수 있는 일은 무엇인가도 생각해 본다.		
기술 · 가정	· 수행평가 · 신문이나 텔레비전, 잡지 등을 보고 국어시간에 배운 광고의 설득전략 및 기획의도와 연계하여 생각해 본다. · 소비자의 판단을 흐리게 하는 광고 내용을 찾아본다. · 과장되고 허위적인 부당한 광고내용을 찾아 선정한 이유를 말해보고, 이를 좋은 광고로 만들어 본다.		· 신부, 의사, 자원봉사자 등 영상물에 등장하는 직업을 깊이 있게 생각하고 자신의 진로를 탐색할 수 있다.

● 관련 단원

교과	1학년	2학년	3학년
국어	8. 광고와 우리 생활 (1) 광고 이해하기 (2) 광고 바로보기	4. 매체와 풍자 (1) 매체와 글쓰기	4. 읽기와 토의 (1) 지사의 길, 시인의 길
도덕	대단원 : 예절과 도덕 3. 이웃에 대한 관심과 배려 (3) 함께 나눔, 그 소중함-봉사	대단원 : 청소년과 도덕 2. 평화적 해결과 폭력 예방 (3) 함께 만들어가는 평화	대단원 : 개인의 가치와 도덕 문제 1. 삶의 설계와 가치 추구 (3) 삶의 목표 설정과 반성
사회 국사		2. 다양한 기후와 문화	4. 지역마다 다른 문화
기술 가정	1. 산업과 진로 (2) 진로 선택과 직업 윤리	II. 청소년의 생활 (3) 청소년의 소비생활 3. 정보화된 소비자가 되기 위하여 무엇을 해야 하는가?	
그외 교과	영화 「울지 마, 톤즈」 감상 및 느낌 나누기		

● 영화 〈울지 마 톤즈〉 소개

관련자료	영화 〈울지 마 톤즈〉(Don't cry for me sudan, 한국, 2010) / 감독 : 구수환
	아프리카 오지 수단에 자신의 모든 것을 헌신한 한국의 슈바이처, 故 이태석 신부가 남긴 마지막 선물… 위대한 사랑의 감동 휴먼 다큐멘터리 「울지마 톤즈」! 2010년 2월, 아프리카 수단 남쪽의 작은 마을 톤즈. 남수단의 자랑인 톤즈 브라스 밴드가 마을을 행진했다. 선두에선 소년들은 한 남자의 사진을 들고 있었다. 환하게 웃고 있는 사진 속 한 남자… 마을 사람들은 톤즈의 아버지였던 그의 죽음이 믿기지 않는다며 눈물을 흘렸다. 그들은 세계에서 가장 키가 큰 딩카족이다.

남과 북으로 나뉜 수단의 오랜 내전 속에서 그들의 삶은 분노와 증오 그리고 가난과 질병으로 얼룩졌다. 목숨을 걸고 가족과 소를 지키기 위해 싸우는 딩카족. 강인함과 용맹함의 상징인 종족 딩카족에게 눈물은 가장 큰 수치다. 무슨 일이 있어도 눈물을 보이지 않던 그들이 울고 말았다. 모든 것이 메마른 땅 톤즈에서 눈물의 배웅을 받으며 이 세상 마지막 길을 떠난 사람, 마흔 여덟의 나이로 짧은 생을 마감한 故 이태석 신부다. 톤즈의 아버지이자, 의사였고, 선생님, 지휘자, 건축가였던 졸리 신부님, 이태석… 자신의 모든 것을 바쳐 온몸 다해 그들을 사랑했던 헌신적인 그의 삶이 스크린에서 펼쳐진다. 꽃처럼 아름답고 향기로운 그의 인생이 이제 온 세상을 울린다!

사랑이라 불리운 사람, 이태석 신부를 기억하다.

이태석 신부는 1962년 부산에서 태어났다. 그의 어머니는 자갈치 시장에서 삯바느질을 하며, 가족의 생계를 꾸려 갔고, 그는 집안일을 도우며 어머니를 기다리는 착한 아들이었다. 집 근처의 성당은 어린 그에게는 좋은 놀이터였다. 그에게 사제의 꿈을 가지게 한 '다미안 신부'의 영화를 본 곳도 성당이었다. 또한 성당에서 그는 또 다른 자신의 재능을 발견했다. 풍금을 독학으로 배웠고, 작곡도 했다. 중 3때는 이미 성가를 작곡하기도 했다. 음악과 신앙에 대한 믿음은 가난한 환경의 어려움 속에서도 그가 반듯하게 자라날 수 있도록 도와주었다. 성실한 학생으로 학창시절을 보낸 그는 의대에 합격했다. 군의관 시절, 그는 가난한 사람을 도우며 살고 싶다는 꿈을 실현하기로 다짐하게 되고, 이미 형제 중 한 명이 사제, 또 한 명은 수녀가 된 상황에서 자신 또한 사제가 되겠노라 어머니에게 어렵게 이야기를 꺼내게 된다. 어머니는 처음에는 반대했지만 그의 굳건한 마음을 저버릴 수 없어 허락하게 되고, 그는 로마에서 사제 서품을 받은 후 살레시오회 수도 사제이자 의사로서 아프리카로 향하게 되었다. 그 후 그의 인생은 온통 톤즈 사람들에 대한 사랑으로 가득 차게 된다. 마흔 여덟의 불꽃 같았던 삶은 2010년 1월14일 그가 그토록 사랑했던 하느님의 곁으로 돌아가며 끝을 맺게 되었다.

"처음에는 워낙 가난하니까 여러가지 계획을 많이 세웠다. 그러나, 시간이 지나갈수록 같이 있어주는 것이 가장 중요하다는 것을 깨달았다. 어떤 어려움이 닥친다 해도 그들을 저버리지 않고 함께 있어주고 싶었다." - 이태석 신부 인터뷰 中

● 교과별 활동지

1) 국어 수업 활동지

1학년		반		번	이름 :
대단원	8. 광고와 우리 생활				
소단원	(1) 광고의 이해				

★ 교과서 253쪽을 읽고 다음 물음에 답해 보자.

1. 광고의 긍정적 측면과 부정적 측면에 대해 말해 보자.

　● 긍정적 측면 :

　● 부정적 측면 :

2. 광고의 종류를 정리해 보자.

　● 광고하는 대상에 따라 :

　● 광고하는 매체에 따라 :

★ 교과서 254~256쪽을 읽고 다음 물음에 답해 보자.

1. 광고 언어의 특징을 말해 보자.

2. 광고의 설득 전략을 말해 보자.

3. 매체에 나타난 언어 사용 방식에 대해 다음과 같이 정리해 보자.

매체	매체의 특성	광고의 성격	언어 사용 전략
텔레비전			
라디오			
인쇄			
인터넷			

★ 선생님께서 보여주시는 광고를 보고 다음 활동을 해 보자.

1. 광고를 보고, 각 광고의 설득 전략을 말해 보자.

● 헌혈 광고

● 에티켓 광고

2. 광고를 보고, 다음에 대해 말해 보자.

● 광고에 사용한 표현 방식

● 라디오 광고와 텔레비전 광고의 차이점

1학년		반		번	이름 :
대단원	8. 광고와 우리 생활				
소단원	(1) 광고의 이해				

★ 「울지마 톤즈」를 보고 다음 활동을 해 보자.

1. 주인공의 삶의 방식과 가치관에 대해 말해 보자.

2. 주인공의 가치관이 잘 드러나도록 공익 광고를 만들어 보자.

   • 매체에 따른 광고의 종류

   • 설득 전략 및 언어 사용 방식

3. 계획하기

관련자료	영화 「울지 마 톤즈」 (Don't cry for me sudan, 한국, 2010) / 감독 : 구수환	
관련단원	4. 읽기와 토의	3학년 ( )반 ( )번 이름 ( )

1. 영화 「울지마 톤즈」를 보고 난 느낌이나 소감을 자유롭게 말해 봅시다.

2. 고(故) 이태석 신부의 삶의 모습을 구체적으로 적어보고, 그 삶이 주는 의미에 대해 자유롭게 토의해 봅시다.

의사로서의 삶	
신부로서의 삶	
아들로서의 삶	

3. 위의 세 가지 삶의 모습에서 내가 가장 아름답다고 생각하는 삶에 대해 말해 봅시다.

4. 영화 속에 나오는 인물 중 가장 인상 깊었던 한 사람을 선택하여 내 마음의 정성을 담아 위로와 격려의 편지를 써 봅시다.

받는 사람 _____

_____

_____

_____

_____

_____

_____

_____

_____

_____

_____

_____ 보냄

5. 5월의 책읽기 - 아프리카를 만나다
★ 아래 4권 중에 한 권을 골라 읽으시고, 독서록에 독후활동을 해 봅시다.

『꽃으로도 때리지 마라』, 김혜자, 오래된 미래, 2004
『내 이름은 눈물입니다』, 정은진, 웅진지식하우스, 2008
『친구가 되어 주실래요? - 졸리 신부의 아프리카 이야기』, 이태석, 생활성서사, 2010
『아프리카의 눈물』, MBC다큐제작팀, MBC프로덕션, 2010

2) 도덕 수업 활동지

학번		이름 :	교과서쪽 151~159, 159~166
대단원	8. 광고와 우리 생활	중단원	3. 이웃에 대한 관심과 배려
소단원	1. 나와 이웃은 어떤 사이?		2. 함께하는 기쁨, 등 돌리는 슬픔

★ 나의 이웃은 누구?

구분	전통 사회	현대 사회
이웃의 범위 (아웃은 누구?)		좁은범위: 넓은 범위:
사회적 환경		

— 현대사회에는 이웃의 범위가 넓죠? 그런 이웃사랑을 몸소 실천한 사람이 있습니다. 누굴까요?

★ 울지마 톤즈
— 이태석 신부와 빛의 공통점을 찾는다면?

— 사람이 세상의 빛이 되는 방법에는 어떤 것이 있을까?

1)

2)

3)

4)

― 세상의 빛이 된 이웃들을 알고 있으면 그 사람을 소개해 보자.

〈나의 소개〉

이름	
한 일	
사람들에게 미친 영향	

〈모둠친구의 소개〉

이름	
한 일	
사람들에게 미친 영향	

― 봉사활동을 하는 분들을 보면 스스로 자기 시간과 노력, 심지어 자신의 돈까지 써가며 봉사활동을 하기도 합니다. 그런데 그들의 모습은 매우 행복해 보입니다. 왜 그들은 행복한 것일까요?

― 나는 어떤 방법으로 세상의 빛이 될 수 있을까? 나에 대한 영화가 나온다면 어떤 제목일까?

1) 방법 :

2) 영화 제목 :

3) 기술가정 수업 활동지

1학년	반		번	이름 :
대단원	Ⅱ. 청소년의 생활 　(3) 청소년의 소비생활			
소단원	3. 정보화된 소비자가 되기 위하여 무엇을 해야 하는가? 　- 소비자 정보의 원천			

★ '국어 8. 광고와 우리생활' 단원과 연계하여 다음 활동을 해 보자.

1. 광고를 보거나 듣고 그 광고에서 사용되는 설득의 전략을 파악해 적어 본다.

● 사용된 매체 및 매체에 따른 광고의 종류

● 설득 전략 및 언어 사용 방식

● 이용하고 있는 소비자 정보 원천의 종류

2. 광고가 전하는 정보를 이해하고 과장되고 잘못된 내용을 찾아 적어본다.

3. 많은 정보 중에서 신뢰할 수 있는 정보 원천

4. 수정할 광고의 설득전략을 지키면서 자신의 가치관이 잘 드러나도록 하며 그 광고의 수정할 내용을 적어 보자.

5. 상품 구매에 필요한 소비자 정보의 종류 및 내용을 적어보자.

6. 품질 인증 마크의 종류와 그 내용을 적어보자.

1학년	반	번	이름 :
대단원	II. 청소년의 생활 (3) 청소년의 소비생활		
소단원	3. 정보화된 소비자가 되기 위하여 무엇을 해야 하는가? - 소비자 정보의 원천		

7. 다양한 잡지나 인쇄매체를 활용하여 4번의 내용에 맞게 수정하여 기한 내에 제출하시오.

3) 학교 신문을 만들며 '애교심'을 기른다.

'학교 신문 만들기' 범교과 주제 학습은 2학년 국어과의 1학기 7 단원 '기사문과 정확한 표현'을 나머지 다른 모든 교과와 통합하여 만들어낸 프로젝트 수업이다.

학기 말 시험이 끝나면 학생들은 시험도 다 끝나고 교과서 진도도 다 나갔는데 왜 수업을 하냐고 하면서 노골적으로 수업을 거부한다. 교사들도 수업을 해야 한다고 하지만 현실적으로 수업 받기를 완경하게 거부하는 학생들을 어르고 달래서 수업하기란 여간 힘든 것이 아니다. 게다가 학생들 말대로 '진도도 다 나간 마당'에 무엇인가 새로운 수업거리를 마련하는 것은 거의 불가능한 일이다. 왜냐하면 학교마다 학기 말 업무가 상상을 초월할 정도로 쏟아지기 때문이다. 그렇기 때문에 학생들이 '영화 봐요.'라는 요구나 '자율학습 해요.'라는 요구에 못 이기는 체 넘어가는 경우도 있다.

이렇게 수업이 허물어지는 시기에 수업 중에 여유가 없어서 할수 없었던 신문 만들기를 기획하였다. 국어과의 '기사문과 정확한 표현'이라는 대단원의 체험활동에 해당되는 것으로 국어과를 중심으로 프로젝트가 기획되었다.

신문 만드는 방법을 안내하는 것은 국어과에서 진행하고 다른 교과들에서는 신문의 큰 주제인 '학교와의 만남'을 드러낼 수 있는 신문 기사의 주제를 만들었다. 이러한 활동 과제를 위해 하루 종일 학생들이 큰 주제에 맞게 각 과목에서 과제로 제시한 꼭지를 구성하며 신문을 만들게 했다.

국어과는 '기사문과 정확한 표현'이라는 대단원의 성취 기준인 '신문 기사와 사설' 작성을 과제로 주고 다른 과목은 '학교와 수업'을 주제로 신문의 각 꼭지를 구성하도록 하였다.

막연히 '학교와의 만남'이라는 주제를 주면 학생들이 너무 추상적으로 생각할 수 있기 때문에 영화 〈우리 학교〉를 보면서 '학교'가 어떤 이들에게는 소중한 삶일 수 있다는 것도 느끼게 하였다. 그 영화를 보며 학생들은 '학교'가 '내' 삶에 어떤 의미를 가지는지, 나는 학교를 어떻게 생각하고 앞으로 생활해나가야 하는지를 성찰하는 시간을 가졌다. 그 후 각 과목에서 주어진 과제를 모둠별로 앉아 해결하며 신문을 만드는 활동을 하였다.

● 전체 진행 과정

★ 통합 수업주제	학교와의 만남 - 신문 만들기
★ 대상	2학년
★ 통합 교과	전교과 (국어, 역사, 미술, 과학, 한문, 영어, 수학, 체육)

● 교과 통합 수업 목표

1) 교과 간 영역의 범위를 통합할 뿐 아니라 학교 밖의 세상과 학교 안의 통합을 시도한 교육과정으로 학습자의 신체적, 정

신적 바른 성장을 도모한다.

2) 학교의 의미, 배움의 목적, 인상 깊었던 수업 장면 등을 되돌아보며 1학기 교육활동의 평가와 2학기를 계획할 수 있는 시간을 마련한다.

3) 신문을 제작하며, 기사문 쓰는 경험을 갖는다.

● 전체 진행 과정

일시	교시	활동	수업 내용	준비물
7.12~7.15	교과별 수업	학교신문제작 계획 세우기	* 학교신문제작과정 및 학교신문제작 안내문 배부 * 각 교과별 '학교와 수업'을 주제로 한 과제 제시	활동지
7.16 (월)	1~2	영화 감상	* 학교를 주제로 한 영화 감상 - 「우리 학교」 * '학교란 무엇인가' 생각해보기	영상자료, 활동지
	3~5	학교신문 제작	* 모둠별로 각자 기사거리를 나누어 기사문을 작성하고 미리 준비해온 사진자료 및 다양한 재료를 이용하여 학교 신문 만들기	하드보드지, 전지, 색지, 색종이, 풀, 가위, 사진자료, 기사거리, 각종 필기도구 등
	6	학교신문 발표회	* 모둠별로 제작한 신문에 대한 발표 및 평가 * 1학기 학교 생활 및 수업 활동 공유하기	모둠별 학교신문

● 교과별 세부 목표 및 활동 내용

교과별	구분	세부내용
국어	목표	- 일반적인 신문제작과정을 이해할 수 있다. - 글의 목적에 맞는 정보수집 능력과 더불어 글의 목적에 맞게 재구성할 수 있다. - 학교 관련 정보 및 자료를 수집하여 학교생활과 관련된 기사문을 작성할 수 있다. - 이 시대의 교육현실과 학교에 대한 모둠별 토론을 통해 정리된 비판적 의견을 바탕으로 신문 사설을 작성할 수 있다. - 문학 작품을 창의적인 방법으로 소개할 수 있다.

교과별	구분	세부내용
국어	활동	- 신문제작에 대하여 알고 계획 짜기 - 신문 기사문 작성하기 : 우리 학교 및 학교생활 관련 다양한 교육활동 소식 - 사설 쓰기 : 우리나라 교육현실에 대한 의견, 학교와 학생, 수업, 교육활동 등에 바란다, 학교 생활 속에서 느끼는 불편함, 개선할 점들에 대한 의견 제시 - 문학 작품을 소개합니다 : 좋은 시나 좋은 책 소개하기
역사	목표	- 우리 고장의 유적지를 소개하는 기사를 만드는 과정을 통해서 유적지에 대해 이해할 수 있다. - 광대한 역사의 흐름 속에서 이 고장도 역사적인 가치와 의미를 가지고 있었음을 알고 애향심을 가질 수 있다.
역사	활동	- 우리 고장의 유적지나 문화재, 역사 소개하기
미술	목표	- 학교 또는 친구들과 관련된 나의 생각을 그림과 글로 표현할 수 있다. - 대상의 특징을 잡아내어 캐리커쳐를 그릴 수 있다.
미술	활동	- 학교생활, 청소년(우리들의 요즈음 관심사)과 관련된 만평 그리기 - 학교선생님 캐리커쳐 그리기
영어	목표	- 영어 단어의 뜻을 영어로 표현해본다. - 2학기 학습 내용을 예습한다.
영어	활동	- 2학기에 배울 영어 단어를 활용하여 CROSS WORD 퍼즐 만들기
과학	목표	- 실생활 속에서 숨어있는 과학의 원리를 찾아내어 과학이 우리의 생활 속에 어떻게 이용되고 있는지 알아보고, 일상생활의 문제를 과학적으로 해결하려는 태도를 키운다. - 미래의 과학으로 만들어낼 수 있는 약품이나 가전제품, 발명품 등을 상상하여 광고로 만들어 보면서 과학과 기술, 사회의 상호관계를 인식한다.
과학	활동	- 생활 속의 과학 퀴즈 만들기 - 과학을 응용하여 신약 혹은 신제품 광고물 만들기
한문	목표	- 사자성어의 뜻을 알 수 있다. - 사자성어를 오늘날의 상황에 연결지어 생각할 수 있다.
한문	활동	- 사자성어를 오늘날의 상황에 맞게 4컷 만화 그리기
수학	목표	- 수학사와 직업조사를 통하여 수학의 유용성과 실용성을 이해할 수 있다.
수학	활동	- 창의력 수학퀴즈, 수학을 이용한 직업소개, 수학사(수학과 관련된 옛이야기)소개

교과별	구분	세부내용
체육	목표	- 스포츠에 관한 더 많은 이해와 관심을 기를 수 있다. - 스포츠 관람 문화를 형성할 수 있다.
	활동	- 스포츠 종목이나 스포츠 인물, 자신이 본 경기에 관해 소개하기

기타	활동	- 인터뷰 하기
		  1) 우리 학교 구성원 중 만나고 싶은 인물 선정 하여 인터뷰
		    (사진 자료 첨부)
		- 광고문 만들기
		  1) 우리 학교 홍보 및 자랑거리, 기타
		- 우리 학교 요기저기
		  1) 특별한 장소나 특별실 등 소개 (도서관, 상담실, 교무실, 미술실,
		    음악실, 등나무 등)
		  2) 우리 학교에 있는 추억의 장소를 찾아서

● 영화 「우리 학교」 소개

영화 '우리 학교' 감상 계획	
일시	2012년 7월 16일(월) 1,2교시
장소	장곡중학교 2학년 각 교실
개요	- 제목 : 우리 학교 (Our School,2006) - 장르 : 다큐멘터리, 드라마 - 감독 : 김명준 - 영화 시간 : 131분 - 관람 등급 : 전체 관람가
목표	- 타국에서 자신의 정체성을 잊지 않기 위해 학교를 지키는 학생들의 모습을 보고 현재 학교에서 살아가는 자신과 학교의 의미에 대해 생각해 볼 수 있다.
영화 내용	해방 직후, 재일 조선인 1세들은 일본 땅에서 살아갈 후손들을 위해 자비로 책상과 의자를 사들여 버려진 공장에 터를 잡아 '조선 학교' = '우리 학교'를 세운다. 처음 540여 개가 넘던 학교는 일본 우익세력의 탄압 속에 이제 80여 개의 학교만이 남게 되었다. 김명준 감독은 '홋카이도 조선초중고급학교'의 교원 및 학생들과 3년 5개월이라는 시간을 동고동락하며 그들의 일상을 애정 어린 시선으로 카메라에 담아낸다. '우리 학교'의 학생들은 여느 10대들과 다름없이 명랑하고 밝다. 일본이라는 타국 땅에서 조선인이라는 이방인으로 살아가지만 '우리학교'라는 공동체를 통해 자신의 정체성을 확인하며 동포사회의 구성원들에게 당당하게 살아갈 수 있는 용기를 주기 위해 공부하고 운동한다.

영화 '우리 학교'감상 계획	
영화 내용	북에 대한 적대감이 반영된 일본 우익세력의 무작위적 협박과 이로 인한 신변의 위협을 겪으면서도 '우리학교'의 학생과 학부모, 선생님들은 '조선 사람은 조선 학교에 다녀야 한다'는 그 평범한 진실을 어렵게 실천하며 살아가고 있는 것이다. - [출처] 네이버 영화 소개
진행 방법	- 차분하고 조용한 분위기에서 영화 감상하기 - 영화 감상 후, 간단한 활동지를 통해 '학교란 무엇인가' 생각해보기 - 시간이 있다면 학급 친구들과 '학교란 무엇인가'에 대해 이야기 나누기

● 안내문

우리들의 학교 신문 제작 프로젝트 사전준비 안내문

1. 학교 신문 만들기
   1) 신문의 크기 : 하드보드지 단면으로 제작
   2) 7월 16일 월요일 일정

교시	활동	수업 내용	준비물
1~2	영화 감상	학교를 주제로 한 영화 감상	영상자료, 활동지
3~5	학급신문 제작	모둠별로 각자 기사거리를 나누어 기사문을 작성하고 미리 준비해온 사진자료 및 다양한 재료를 이용하여 모둠별 신문을 만든다.	하드보드지, 전지, 색지, 색종이, 풀, 가 위, 사진자료, 기사 거리, 필기도구 등
6	발표회	모둠별로 제작한 신문에 대하여 발표하고 1학기 학습활동 공유하기	모둠별 학교신문

2. 신문제작 계획하기
   1) 신문 이름 정하기
      - 우리 학교를 상징할 수 있는 것을 기본으로 창의적으로 구성할 것.
   2) 신문에 담을 내용 구성하기 (2번 참고)
      - 모두 선택할 필요는 없으나 최대한 많이 응용할수록 좋음.
   3) 역할 분담하기
      - 모든 모둠 구성원들이 책임지고 완성할 수 있게 골고루 정한다. 그리고 반드시 수행
        한다.

3. 과목별 세부활동

국어	- 신문제작에 대하여 알고 계획 짜기 - 좋은 시나 좋은 책 소개하기 - 사설 쓰기 : 우리나라 교육현실에 대한 의견쓰기,학교와 학생, 수업, 교육활 동 등에 바란다. 학교 생활 속에서 느끼는 불편함, 개선할 점들에 대한 의견 제시
역사	- 우리 고장의 유적지나 문화재, 역사 소개하기
미술	- 학교생활, 청소년(우리들의 요즈음 관심사)과 관련된 만평 그리기 - 학교선생님 캐리커쳐 그리기
영어	- 2학기에 배울 영어 단어를 활용하여 CROSS WORD 퍼즐 만들기
과학	- 생활 속의 과학 퀴즈 만들기 - 과학을 응용하여 신약 혹은 신제품 광고물 만들기
한문	- 사자성어를 오늘날의 상황에 맞게 4컷 만화 그리기
수학	- 창의력 수학퀴즈, 수학을 이용한 직업소개, 수학사(수학과 관련된 옛이야기) 소개하기
체육	- 스포츠 종목이나 스포츠 인물, 자신이 본 경기에 관해 소개하기

기타	- 기사문(6하원칙) 3개 정도 작성하기
	  1) 학교 소식, 학년 소식, 학급 소식 등
	  2) 지난 1학기 동안 가장 이슈가 되었던 소식
	  3) 각종 행사 및 보도할만한 가치가 있는 정보 기사(사진 자료 첨부)
	- 인터뷰하기
	  1) 우리 학교 구성원 중 만나고 싶은 인물 선정 하여 인터뷰(사진 자료 첨부)
	- 광고문 만들기
	  1) 우리 학교 홍보 및 자랑거리, 기타
	- 우리 학교 요기저기
	  1) 특별한 장소나 특별실 등 소개(도서관, 상담실, 교무실, 미술실, 음악실, 등
	    나무 등)
	  2) 우리 학교에 있는 추억의 장소

3. 시상 계획
  1) 반별 시상 (2학년 선생님들이 스티커 부착을 통해 평가)
    - 1등 : 피자 / 2등, 3등 : 1000원 상당의 아이스크림 / 4등, 5등 : 500원 상당의 아이스크림
  2) 개인별 시상 - 5% 이내에 시상 있음.

● 활동지

영화 2학년 1학기	반	번호		이름		활동지
교과통합프로젝트 - 교과 시간			영화 보지만 말고 생각하자!			

1. 영화 명대사를 찾아라!

기억에 남는 명대사	이유

2. 영화 속 주인공에게 편지 써보기
   ex) 박대우, 오려실, 변재훈, 김혜연, 리지욱, 조성래, 리성대 등

3. 나에게 장곡중학교란?

   [   ] 이다.

   그 이유는 _____ 이다.

4. 장곡중학교를 더 좋은 학교로 발전하기 위한 나만의 서약서

   서약서

   저 _____ 은(는) 장곡중학교를 위하여 다음과 같이 노력할 것을 약속합
   니다.

   첫째, _____

   둘째, _____

   이름 : _____ (서명)

활동자료 1

■신문 제작에 대하여

1. 신문 제작 목적 : 정보의 생산과 전파 과정을 체험을 통해 알게 하려는 것이다. 단, 학생이 주도적으로 참여해야만 창의적이고 논리적인 사고력이 길러져, 나중에 삶에서 부닥치는 여러 문제들에 스스로 대처할 수 있다.
2. 신문의 구성 요소 : 기사(사실 전달 · 해설 · 인터뷰 · 가십 · 사설 등) · 사진 · 도표 · 광고 등
3. 신문 제작 과정

> 기사 기획→취재 및 기사 작성(취재기자)→지면 책임자의 기사 점검(가필 · 삭제 · 정정 등)→편집(기사 배치 및 제목 달기,편집기자)→교열(교열기자)→조판(편집기자의 밑그림에 맞춰 신문 형태로 만듦)→인쇄의 단계

4. 신문 만드는 순서
- ■ 뭘 어떻게 담을까 ▶ 맨 위쪽에 신문 이름 · 발행일 · 발행인(모둠명) · 호수 · 만든 장소 · 신문을 만든 정신을 밝힌 문구 등을 넣어 박스로 처리하고, 그 아래부터 기사를 앉히는 게 일반적이다.
  ① 제작방법 고르기 ▶ 기사를 종이에 직접 쓰기, 컴퓨터를 이용하는 방법 등이 있다.
  ② 신문 이름 정하기 ▶ 내용을 한눈에 알 수 있도록 이름 붙이면 좋다. 창의성과 개성이 있으면 흥미를 자극할 수 있다. 가족신문의 경우 '솔이네 신문'(자녀들이 솔자 돌림), '살구꽃 향기'(큰 살구나무가 여러 그루 있는 집) 등을 들 수 있다.
  ③ 발행 주기 · 크기 · 쪽수 정하기 ▶ 발행 주기는 주제와 시간 형편에 맞춰 정한다. 신문의 크기나 쪽수도 마찬가지다.
  ④ 역할 나누기 ▶ 취재와 사진 · 편집 · 교열 · 만화 담당기자 등이 필요하다. 구성원이 역할을 고루 나누는 게 좋지만 인원이 모자라면 역할을 겸한다.
  ⑤ 담을 내용 기획 ▶ 주제에 맞게 정하되 구체적으로 잡아야 접근이 쉽다. 현장 취재가 필요할 땐 사전에 일정을 잡고, 인터뷰할 사람과는 미리 약속하는 게 좋다.
  ⑥ 신문 꾸미기 ▶ 기사 · 제목 · 사진 · 만화 · 도표 등이 들어갈 부분을 지정한 밑그림을 그린다. 중요한 기사는 앞에 배치하는 게 원칙이다. 이때 글꼴은 물론 사진 · 도표 · 삽화 · 글자 크기와 색채도 정한다. 무엇보다 전체적인 조화와 짜임새를 살펴야 한다. 밑그림에 맞춰 들어갈 기사와 자료들을 붙인다.
  ⑦ 수정 및 정리, 평가 ▶ 친구들에게 작품을 평가받고 지적받은 점은 고친다. 신문을 만들며 배운 점과 어려웠던 점 등을 후기로 남기면 좋다.

■우리들의 학교신문 만들기 프로젝트

1. 우리들이 만드는 학교 신문 제작 순서
   * 신문이름 정하기 : 우리 학교를 상징할 수 있는 것, 배움의 공동체, 담쟁이, 장곡동, 연꽃 등의 낱말을 적절하게 활용하되 창의적으로 정한다.
   * 편집 회의 : 각 꼭지를 어떤 내용으로 구성할 것인지 정한다.
   * 역할 정하기 : 각 꼭지를 누가 맡을 것인지 정한다.
   * 내용 마련 : 각 꼭지의 내용을 마련한다.
   * 신문 만들기 : 모둠원이 자신들이 맡은 꼭지를 책임있게 완성한다.
2. 학교 신문에 담을 내용 구성
   * 학교 소식, 주요 행사, 사건 등을 보도하는 기사문
   * 사설
   * 각 교과별 주제 마당 - 8개 교과
   * 모둠별 창의적인 취재 기사 및 설문, 탐구

활동자료 2

■우리들의 학교 신문 제작 예시안

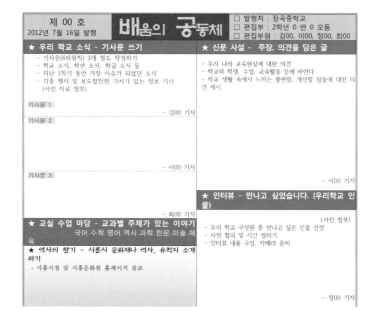

● 교과별 활동지

1) 국어 수업 활동지

국어 2학년 1학기	반	이름			활동지30
교과통합프로젝트 - 국어 시간			소단원 : 학교 신문 만들기		

1. 일반적인 신문 만들기에 대해 알아보자. - 활동자료1 참조
　　1) 신문 만들기란?
　　2) 신문 만들기 과정 안내

2. 모둠별로 우리 학교 신문을 만들어 보자. - 활동자료2 참조
　　1) 신문이름 정하기

　　　　* 이름 :
　　　　* 이유 :

　　2) 학교 신문에 담을 내용 구성하기

　　3) 역할 분담하기

이름	역할	준비물

3. 모둠이 만든 학교 신문을 평가하고, 수정하거나 보완할 부분을 고쳐보자.

4. 학급 친구들이 만든 학교 신문을 평가해 보자.

모둠	잘된 점	보완할 점	평가
우리 모둠			

국어 2학년 1학기	반	이름			활동지31
교과통합프로젝트 - 국어 시간		소단원 : 학교 신문 만들기			

1. 사설 쓰기 - 주제 :

2. 좋은 시 소개하기, 혹은 함께 읽고 싶은 책 소개하기

2) 한문 수업 활동지

한문 2학년 1학기	반	번호	이름		활동지
교과통합프로젝트 - 한문 시간	사자성어를 오늘날의 상황에 맞게 4컷 만화 그리기				

1. 사자성어 예시안

다음 한자성어를 현 시대에 맞게 재해석하여 4컷 만화를 완성하시오.(택 1)

1.感之德之(감지덕지) : 그것을 감사히 여기고 그것을 은혜와 덕으로 여김.
　　　즉, 대단히 고맙게 여김.　예: "그 정도면 감지덕지 하지요"- 매우 깊은
　　　친절함을 받았을 때 고마운 마음을 표현하여 "감지덕지하다"라고 함.
2. 不可思議(불가사의) : 생각이나 의논조차 할 수 없음.
　　　사람의 생각으로 헤아려 알 수 없음, 또는 그러한 일.
　　　매우 깊고 오묘하고 신기하여 사람의 두뇌로는 풀 수 없는 일을 일컬음.
3. 三昧境(삼매경) : 한 가지 일에만 정신을 집중시켜 흐트러지지 않음.
4. 易地思之(역지사지) : 입장을 바꿔 놓고 생각함.
　　　"내게 그런 핑계 대지마 입장 바꿔 생각을 해봐" 이 말이 바로 역사사지임.
5. 四面楚歌(사면초가) : 사방에서 초나라의 노래가 들림.
　　　즉 주위에 온통 적들만 있고 도와주는 이는 없는 경우.

2. 4컷 만화 그리기 (순서표시 할 것.)

3) 역사 수업 활동지

역사 2학년 1학기	반	번호	이름		활동지
교과통합프로젝트 - 역사 시간		우리 고장(시흥)의 유적지나 문화재, 역사 소개하기			

1. 유적지

강희맹 선생 묘 및 신도비	방산동 청자 · 백자요지
강희맹은 뛰어난 문장가로 공정한 정치를 하여 세종, 성종 때 총애를 받은 위인이다. 그는 금양에 있을 때 자신의 경험과 견문을 토대로 농업에 관한 책인 『금양잡록』을 만들었다.	통일신라 말에서 고려초기에 도자기를 굽던 곳이다. 이 가마는 축조하는 방법이 중국적인 요소가 많이 보인다. 예를 들어 벽돌로 요지를 만들었다는 점이 유사하다.

2. 내가 선택한 우리 고장 시흥의 유적지나 문화재 혹은 역사 이야기

4) 영어 수업 활동지

영어 2학년 1학기	반	번호	이름		활동지
교과통합프로젝트 - 영어 시간		2학기에 배울 영어 단어를 활용하여 CROSS WORD 퍼즐 만들기			

다음 영어 단어를 활용하여 CROSS WORD 퍼즐을 만드시오.(2학기에 학습할 7과에 나오는 단어입니다.)

단어목록	교과서 페이지
agree	92
style	93
give ~ a ride	94
soft drink	94
find A B	94
special effects	94
cool	94
feel hot	94
change A for B	94
have~ in mind	94
disappear	97
steal	101
guilty	102
protect	102
heavily	98
by	98
passenger	98
for the rest of one's life	99
chance	99
pay 사람 back	99
regret	99
choice	99
choose	99
in danger	100
pick up	100

예시) 다음 십자말풀이의 빈칸 ①~⑪에 들어갈 알파벳을 배열하여 문장을 완성하시오.

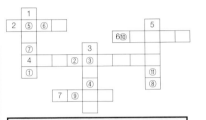

Down

1. an animal that looks like a small horse

3. not private, open to anybody
You can find _____ phones easily at the airport.

5. be present at
Josh ___s class regularly.

Across

2. the top part of a building

4. give hope to someone

6. a woman who has magic powers

7. become a part of something

(3) 교과 체험 학습의 날 사례

교과 통합 프로젝트 수업과 범교과 주제 학습이 만들어지고 운영되면서 교사들은 일상적으로 이루어지는 수업이 아닌 특별한 날을 만들어서 하루 종일, 또는 한 나절을 프로젝트로 운영하면 어떨까 생각을 하게 되었다.

이를 테면, 10월 중간고사가 끝나고 보니 가을이 깊어져있다. 이 좋은 계절을 느끼고 즐기는 것은 교실에서 하는 공부보다 더 귀중한 교육이지 않을까 하는 생각할 수 있다. 사실 많은 교사들이 이런 생각을 하지만 학교에서 실행에 옮기에는 많은 용기가 따른다. 예를 들면, 운동장이 아닌 학교 주변에 더 좋은 곳이 있어 가보려고 할 때 수업 시간 한 시간으로는 엄두가 나지 않으며 이런 경우에는 다른 수업과 교환을 하고 시간표 이동도 해야 한다. 그래서 보통 학교에서는 실행으로 옮겨지지 않는다.

이런 구상을 현실적으로 '교과 체험 학습의 날'로 하여 학교 교육과정으로 만들어 운영한 사례를 소개한다.

교과 체험 학습의 날은 교과서를 통한 지식 교육을 전달하는 활동이 아닌 학생들의 체험활동을 최대한 살려서 프로젝트를 구상하여 실시한다. 주로 2학기 중간고사가 끝난 시점에 이루어지졌는데, 앞에서 이야기했듯이 시험을 치른 후 심신이 지친 아이들에게 위로와 기운을 북돋기 위한 취지로 만들어졌다. 더불어 가을날, 우리를 둘러싼 환경의 아름다움을 느끼고 즐기면서 동시에 학교가 추구하고 싶은 가치도 교육하자는 의미까지 덧붙여서 만들었다. 프로그램의 성격에 따라 하루 종일 진행되는 것도 있고, 반나절 진행되는 것도 있다.

다음은 교과 체험 학습의 날에 진행된 구체적인 사례들로서, 2학년의 '배려하는 삶 = 함께'와 3학년의 '나의 꿈을 외치다' 교과 체험학습 수업의 계획과 활동지들이다.

1) 2학년 교과 체험 학습의 날 '배려하는 삶'

장곡중학교의 교육지표는 '더불어 성장하고 행복을 나누는 사람 육성'이다. 많은 학교들이 교육지표를 정하지만, 지표는 지표로 학교 홈페이지나 교육과정 책자에 소개만 되고 이것들이 학교 교육 과정을 통해 아이들에게 영향을 미치는 경우는 드물다. 이런 지표는 어떤 과정이나 절차도 없이 어느 날 갑자기 이루어지지는 않는다. 모든 교과가 수업을 하면서 이런 가치를 접목할 수 있는 단원을 만날 때마다 적극적으로 수업으로 기획되고 진행되는 가운데 학생들이 함께 성장하고 행복을 나누는 사람으로 커갈 수 있을 것이다.

그래서 우리는 장곡중학교의 교육지표를 이루기 위해 학년별로 교육과정의 목표를 함께 고민하여 세웠다. 그렇게 세워진 교육과정의 목표가 1학년은 자존(나), 2학년은 배려(너), 3학년은 더불어 사는 삶(우리)이다. 이런 학년별 교육목표 아래 기획된 수업이 2

학년의 '배려하는 삶' 수업이다.

● 교과 통합 수업 목표

1) 교과 간 영역의 범위를 통합할 뿐 아니라 학교 밖의 세상과 학교 안의 통합을 시도한 교육과정으로 학습자의 신체적, 정신적 바른 성장을 도모한다.

2) 공동체 안에서 배려의 중요성을 인식하고 지금까지 자신의 삶을 되돌아보는 기회를 마련한다.

3) 작게는 생활 속에서, 크게는 사회적으로 실천할 수 있는 배려하는 삶의 모습들을 찾아보고, 실천의 기회를 갖는다.

● 운영 방법

1) 통합 과목 : 2학년 전 교과 국어, 역사(세계사, 한국사), 미술, 과학, 한문, 영어, 수학, 체육

2) 참여 교사 : 2학년 교과 담당 교사 전원

3) 주어진 활동을 모두 완료한 모둠 중 그 결과가 좋은 모둠에게 상품 수여

● 세부 일정

날짜	교시	활동	내용	준비물
10.22 (화)	1~4	배려를 주제로 교과통합 프로그램 활동	교과별 부스 설치 배려를 주제로 한 교과별 활동 제시	각 교과별 준비물, 필기도구
	5~7	늠내길	4개의 코스로 2~3반이 한 코스를 함께 이동	코스별 미션활동지, 미션확인 도장

● 장소

가. 1~4교시 : 운동장 및 배드민턴장

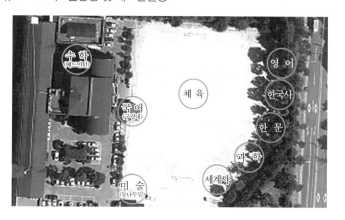

※ 우천 시 교실에서 진행

과목	교실	과목	교실	과목	교실	과목	교실
한문	2-1	역사 (세계사)	2-3	국어	2-5	영어	2-7
미술	2-2	수학	2-4	과학	2-6	역사 (한국사)	2-8

나. 5~7교시 : 늠내길

● 활동별 목표와 세부 내용

가. 1~4교시 활동

교과	구분	세 부 내 용
국어	목표	가. 모둠활동을 통해 협력과 배려의 중요성을 깨닫는다. 나. 포토 에세이 계획안을 작성하는 과정에서 자연과 인간이 조화를 이룰 때 더욱 가치가 있음을 알 수 있다.
	활동	포토 에세이 계획안 작성하기
세계사	목표	가. 한 사람이 문제를 해결하는 것이 아니라 모두 함께 암기할 수 있 도록 돕는다. 나. 세계지도에서 대륙의 위치와 나라, 수도를 알 수 있도록 한다.
	활동	수도 맞히기
미술	목표	가. 자연의 생산물인 원목블록을 소재로 하여 인간의 삶에 없어서는 안 되는 종합예술로써 건축물의 기본인 구조학을 이해하고 직접 제작해봄으로써 협력의 소중함을 직접 체험한다. 나. 힘의 균형, 무게중심의 이해로 문제해결능력을 키우고 사회성과 협동성을 알게 한다.
	활동	함께 만드는 구조물
한국사	목표	가. 지구상에 많은 나라와 민족이 존재함을 알게 하여 다른 나라에 관심을 갖도록 이끌어냄으로써 타인에 대한 관심과 배려하는 마 음을 갖도록 한다. 나. 세계 나라의 위치와 국기를 게임의 형태로 진행하여 흥미를 유발 하도록 한다.
	활동	나라의 위치와 국기 맞히기
영어	목표	가. 수업시간에 배웠던 단어들의 개념을 되짚어 본다. 나. 자신이 알고 있는 단어의 개념을 몸짓으로 설명함으로써 타인에 대한 배려와 관심을 이끌어 내고 소통의 방법을 찾아본다.
	활동	몸으로 말해요(단어 맞히기 릴레이)
과학	목표	가. 자연 환경과의 만남을 통해 인간과 환경이 상생 관계임을 느껴 봄으로써 환경의 소중함을 직접 체험한다. 나. 소중한 자연 환경을 관찰하고 직접 세밀화를 그려봄으로써 환경 에 대해 더욱 애착을 갖게 한다.
	활동	식물 세밀화 그리기

교과	구분	세부 내용
한문	목표	가. 마음으로 생각하고, 마음으로 다가가고, 마음으로 양보하는 그런 뜻의 성어를 안다. 나. 말 한마디를 함에 있어서도 상대방을 생각하고 말하고 행동 하나에 있어서도 상대방의 처지에서 행동해야함을 성어를 통해 알고 실천한다.
	활동	배려의 뜻을 지닌 성어 알기
수학	목표	가. 주어진 하노이 탑을 쌓는 규칙을 터득하여 준법성과 창의력이 길러지고, 협력하여 문제를 해결함으로서 공동체의 힘을 배울 수 있다. 나. 직접 하노이 탑을 옮기는 활동을 함으로서 실천력을 기를 수 있다.
	활동	하노이 탑 쌓기
체육	목표	가. 하나의 줄에 서로의 호흡과 힘을 모아 모둠 구성원간의 배려와 존중을 체험한다. 나. 줄넘기라는 건강증진 활동을 통해 자신의 체력 상태를 점검하고 부족한 부분에 대한 운동의 필요성을 체험한다.
	활동	단체줄넘기

나. 5~7교시 활동 : 늠내길 제1코스(갯골길)와 제2코스(숲길)를 변형하여 총 4 코스로 실시

- 1코스 : 장곡중→시청→쌀연구회→전망대→갯골생태공원→장곡고→장곡중
- 2코스 : 장곡중→시청→장현천→군자갑문→배수갑문→부흥교→배수갑문→장곡중
- 3코스 : 장곡중→시청→옥녀봉→작고개→사색의 숲→가래골약수터→시흥경찰서→장곡중
- 4코스 : 장곡중→시청→장현천→선사유적공원→사티골고개→선사유적공원→장현천→장곡중

코스	활동 반	교사	내용
1코스	1반, 6반, 7반	장혜라, 권영미, 김은희, 안창숙	·코스별로 주어지는 미션 수행 ·계획안에 맞게 포토에세이 사진 찍기(전 코스 공통 미션) ·개인별 물 준비
2코스	4반, 5반, 10반	김진아, 정대권, 이지연, 김미경, 박성애	
3코스	2반, 8반	오진영, 이석, 이윤정	
4코스	3반, 9반	정민영, 우수연, 이재은	

●교과별 학습 내용

1) 국어

주　제	포토 에세이 계획안 작성하기	담당교사	김○○, 박○○, 이○○
학습내용	· 5개 조로 20분씩 진행 · 모둠별로 주어진 활동지를 바탕으로 포토 에세이 계획안을 작성한다. · 늠내길에서 찍을 사진을 구체적으로 구상한다.		
준 비 물	활동지, 필기도구, 사진기(5~7교시)	예상금액	

2) 역사(세계사)

주　제	수도 맞히기	담당교사	정○○
학습내용	· 6~7인 1조가 10초 안에 진행 · 대륙의 명칭 파악 및 수도 파악 · 모둠원이 함께 암기할 것		
준 비 물	주사위, 세계지도	예상금액	

3) 역사(한국사)

주　제	나라의 위치와 국기 맞히기	담당교사	이○○, 안○○
학습내용	· 6~7인 5개 조로 20분씩 진행 · 조별로 복불복 상자에서 나라를 뽑아서 해당하는 나라의 국기를 찾는다. · '세계백지도'에서 국기에 해당하는 나라를 찾아서 국기를 올려놓는다. · 뽑은 나라의 위치와 그 나라의 국기 기억하기		
준 비 물	A4크기의 세계지도, 상자, 국기 지도 등	예상금액	

4) 미술

주　제	함께 만드는 구조물	담당교사	오○○, 이○○
학습내용	· 6~7인 5개 모둠으로 20분씩 진행 · 모둠별로 구조물을 조건에 맞게 완성 · 힘의 균형과 협력을 통한 구조물 만들기		
준 비 물	카프라(원목), 높이 10cm 상자	예상금액	

5) 영어

주　제	몸으로 말해요(단어 맞추기 릴레이)	담당교사	김○○, 경○○, 이○○
학습내용	· 6~7인 5개 조로 20분씩 진행 · 조별로 일렬로 뒤돌아서게 한 뒤 한 사람씩 주어진 단어를 몸짓으로 전달해서 마지막사람이 알아맞히게 한다.		
준 비 물	단어카드	예상금액	

6) 과학

주 제	식물 세밀화 그리기		담당교사	이○○, 우○○
학습내용	· 6~7인 5개 조로 20분씩 진행 · 조별로 정해진 식물을 직접 관찰하고 만져본 뒤 그 느낌과 특징 등을 바탕으로 해당 식물의 세밀화 그리기			
준 비 물	A4용지, 필기도구, 색연필 등		예상금액	

7) 한문

주 제	배려의 뜻을 지닌 성어 알기		담당교사	권○○, 장○○
학습내용	· 한자성어에 쓰인 한자의 형음의를 알고 성어를 속뜻을 이해하여 모둠 조원들이 협력하여 주어진 의미를 성어를 이루는 한자카드를 찾아 차례대로 배열한다.			
준 비 물	활동지, 한자카드		예상금액	

8) 수학

주 제	하노이 탑 쌓기		담당교사	김○○, 박○○
학습내용	· 6~7인 5개 조로 20분씩 진행 · 하노이 탑을 쌓는 규칙을 이해한 후, 1단계(4층)와 2단계(5층) 하노이 탑을 협력하여 쌓기			
준 비 물	없음		예상금액	

9) 체육

주 제	단체줄넘기		담당교사	정○○, 김○○
학습내용	· 6~7인이 1개의 모둠을 형성하여 2명이 줄을 돌리고 나머지 학생들은 줄을 넘는다. · 돌려지는 줄에 1명씩 들어가고 모두가 들어간 상태에서 10회를 넘는다. 넘고 나면 한명씩 줄 밖으로 퇴장한다.			
준 비 물	단체줄		예상금액	

● 교과별 활동지

1) 국어 수업 활동지

국어 2학년 2학기	반	번호		이름		활동지37
함께 보는 풍경			포토 에세이 계획안 작성하기			

> '포토에세이'란... 사진과 이야기(에세이)가 함께 있는 것으로, 사진을 찍고 그 사진에 적절한 이야기를 작성하는 것입니다. 어떤 주제로 이야기를 만들 것인지를 먼저 정하고 늠내길에서 찍을 사진을 구상해 봅시다.

1. 주제 정하기

2. 사진 구상하기
- 자연 풍경을 찍어도 되고, 인물이 포함되어도 상관없습니다. 필요에 따라서는 설정 사진을 찍어도 됩니다. 어떤 사진을 찍을 것인지 구상하여 그림이나 글로 표현해 봅시다.

— 포토에세이 예시 작품

예시 1. 소중한 어린아이

우리 인간 중에서 가장 작고 약한 구성원인 어린아이들이 이 타락한 세상의 죄에 대해 큰 대가를 치르는 경우가 많다. 그들은 이 세상의 거대집단 사이에서 가장 낮은 순위에 있다. 우리는 바로 오늘부터 어린이들에게 시간과 관심, 존중과 헌신을 주어야 한다. 시대와 장소를 불문하고 어린아이들의 권리는 크게 존중받지 못하는 듯하다. 왜 어린이들은 쉽게 무시당하는가? 어린아이들은 사람들의 관심을 거의 받지 못하면서도, 심지어 부당한 대우나 학대를 당하면서도 항의하는 일이 별로 없다. 그러나 인류의 미래를 위해 우리는 어린아이들을 우리 삶의 모든 영역에서 최우선에 놓아야 한다.

-하략-

— 최민식 사진에세이 '더 나은 세상을 찾아서' 중에서

예시 2. 국밥 한 그릇

새들도 잠들고 아직 별빛이 총총한 이른 새벽, 밀양 송전탑 건설을 반대해온 마을 할머니들이 산속의 움막 등 농성장 시설물 강제철거 행정대집행이 예고된 2일 127번 송전탑 건설부지 아래서 땔감을 피워 솥단지에 국을 끓였다. "오늘 큰일들이 있을 거야. 기운들 내라고 특별히 쇠고깃국을 끓였어" 하며 국밥 한 그릇을 건네준다. 가슴이 뭉클거려 밥숟가락을 겨우 입에 욱여넣고 빈 그릇을 넘겨드리자 "덜도 말고 더도 말고 있는 그대로 보도해줘요" 하고 말씀을 잇는다. 기사 마감 때문에 내려온 산길을 보고 또 뒤돌아본다. 그곳에서 팔순을 넘긴 나이에 움막을 짓고 단식을 하며 공권력과 삐뚤어진 보수언론과 맞서 싸우며 목에 쇠사슬을 두른 할머니들 모습에 눈시울이 뜨거워진다. 국가라는 권력은 과거에 그랬듯이 앞으로도 힘없는 서민들에게서 얼마나 많은 피눈물을 뽑아낼 것인가.
— 2013.10.06. 한겨레 오피니언 '포토에세이' 중에서

예시 3. 세월

무심히 떠가는 흰 구름을 보고 어떤 이는 꽃 같
다고 말하고 어떤 이는 새 같다고 말한다. 보는
눈이 달라서가 아니고 서로의 생각이 다르기 때
문이다.
무심히 흐르는 세월을 두고 어떤 이는 빠르다고
말하고 어떤 이는 느리다고 말한다. 세월의 흐
름이 달라서가 아니고 서로의 삶이 다르기 때문
이다.

- 하략 -

― 늠내길 1코스 미션 활동지

< 미션 1 >	< 미션 2 >
갯골생태공원에서 볼 수 있는 이것, 사진 속의 이것은 갈대일까, 억새일까? (구체적인 근거를 들어 설명할 것) 	가을 분위기가 물씬 풍기도록 사진 찍기 (찍는 사람을 제외하고 모둠원 전원이 들어가야 함)
	< 미션 3 > 제기차기 20개 모둠원 각자가 제기를 차서 그 합이 20개가 되면 통과~! 선생님 앞에서 제기를 차야 확인을 받을 수 있겠죠??

3) 늘내길 2코스 미션 활동지

<미션 1>
생체모방공학이란?
자연에 있는 식물, 동물들의 형상을 본 따서
만든 발명품을 말한다.

예를 들어 실내형 안테나만
보더라도 우리 인체의 어깨
회전근이 360도 돌아가는
것을 모방하여 탄생되었고,

굴착기는 손가락을
구부리는 데서
착안되었다.

이렇게 자연의 이법을 보고 아이디어를
얻어 크게 성공한 발명품 가운데
'벨크로'(Velcro)(우리가 알고 있는
찍찍이 ^^)라는 것이 있다.
아래의 사진을 보고 늘내길에서 이 식물을
찾아보고(사진을 찍어 와요) 왜 이
식물로 벨크로를 만들게 되었을지
이야기 하면 미션 성공 ^-^

<미션 2>
늘내길 에서 조류를 찾고 조류와 함께
사진 찍어오기 ~ 찍는 사람을
제외하고 모둠 원 얼굴이 모두모두
보일 수 있도록 합니다 ^-^

<미션 3>
우리가 가는 곳에는 배수갑문이라고
하는 것이 있습니다.
모둠원끼리 배수갑문이 무엇인지
협의하여 선생님에게 정답을
말하면 미션성공입니다 ^^
(스마트폰을 활용해도 좋습니다)

2) 3학년 교과 체험 학습의 날 - '나의 꿈을 외치다 (교과와 진로, 삶의 만남)'

● 교과통합 수업 목표

1) 2학기 1차 지필 평가 이후 형식적으로 치우치기 쉬운 교과과정 운영의 정상화

2) 고등학교 진학을 앞둔 3학년 학생들의 수요를 고려한 학습자 중심 교육
　　과정 운영

3) 진학과 진로에 대해 진지하게 고민하고 정리할 시간과 기회 제공

4) 교과담당 교사와 함께 해당 교과와 관련된 진학과 진로에 대한 정보를 탐
　　색하고, 평소 교실 수업에서 하기 어려웠던 교과 관련 다양한 체험을 하는
　　기회 제공

5) 학생들이 행복하고 건강하게 내일을 준비해 나갈 수 있도록 다양한 정보
　　와 체험 기회 제공

● 운영 방법

1) 참여 과목 : 3학년 전 교과

2) 인솔 교사 : 3학년 교과 담당 교사, 독서지도사

3) 진로 찾기 교과 체험활동 : 2013년 10월 22일 (화) 1교시 ~ 7교시

4) 장소 및 활동 : 서울 및 수도권 근교의 체험학습 장소를 선정하여 다양한
　　활동으로 이루어짐.

● 세부 일정

일시	교시	활동	수 업 내 용	준비물
10.17~ 10.18	수시	체험활동별 신청 및 배정	* 학생들의 선호에 맞추어 각 교 과별 활동에 적절한 인원수의 학생들을 배정한다. * 한번 결정하면 교환 불가능, 친 한 친구들끼리 의견 교환하고 몰려다니지 않게 해야 함. * 가정통신문 배부	활동 안내지 가정통신문
10.21 (월)	6교시	체험활동별 오리엔테이션	* 외부 체험하는 반은 별도로 주 의사항과 안내 사항을 전달함.	체험활동비용 (교통비제외)

일시	교시	활동	수업 내용	준비물
10.22 (화)	1~7교시	교과 담당 선생님과 함께 하는 진로 진학 교과 삶의 이야기	* 각 교과 담당 교사가 교과 특성에 맞는 진로 안내와 체험 프로그램 운영	활동지 각 교과 활동에 필요한 준비물

●세부 활동 내용

관련 교과	테마별 활동 소개	주요 활동 장소	소요 비용 및 준비물	인솔 교사
진로 및 전교과	◎ 잡월드에서 나의 꿈 찾기 - 직업세계관 자유 체험 - 진로설계관 자유 체험 - 청소년 체험관 66가지 직종 중 1가지 선택체험 (사전 예약 완료) ※ 시흥시청 지원(입장료, 체험비, 차량비)	한국 잡월드 (성남시 분당구 분당수서로 501번지)	무료, 도시락 지참	안○○ 이○○
국어 사회	◎ 국회의사당 의정활동 체험 - 국회도서관 견학 - 국회 의정활동 체험 - 국회의사당 견학	서울특별시 영등포구 여의도동	왕복교통비, 도시락 지참	장○○ 최○○
수학 과학	◎ 생활 속의 수학 원리를 찾아라~ - 수학체험관(4층) 견학 - 천체투영실 관람 - 탐구학습관 견학(지하1층~지하4층)	서울특별시 과학전시관 남산분관	왕복교통비, 도시락 지참	최○○ 오○○
사회 지리 역사 가정	◎ 우리나라 속에서 다른 나라 찾기 - 인천차이나타운 개항장 주변 관람 (해설사 동행) - 한중문화원 관람 - 자장면 박물관 관람	인천 차이나타운	박물관 입장료 (500원) 왕복교통비, 도시락 지참	김○○ 방○○

관련 교과	테마별 활동 소개	주요 활동 장소	소요 비용 및 준비물	인솔 교사
영어 미술 역사	◎ 영어와 예술의 만남 - 덕수궁 관람(문화해설사 동반) - 외국인 인터뷰 - 세종문화회관 〈로버트 카파〉사진전 관람 - 도슨트 체험	덕수궁, 세종문화회관	사진전 입장료 (4,000원) 왕복교통비, 도시락 지참	손○○ 박○○
과학 기술 역사	◎ 스페이스월드에서 우주를 만지작! - 스페이스월드 체험 - 첨단기술관 체험 - 자연사관 체험 - 기초과학관 체험 - 전통과학관 체험	국립 과천과학관	스페이스 월드 (5,000원) 과학관입 장료(1,500원) 왕복교통비, 도시락 지참	배○○
가정 국어 음악 미술	◎ 제빵왕 김탁구 체험하기 및 공연 관람 - 제빵 과정 체험하기 - 공연 관람 - 배우들과의 만남 및 질의 응답 - 여의도 지역 직업탐색 및 인터뷰	서울 여의도 이랜드 팡팡크루즈	입장료 및 체험료 (15,000원) 왕복교통비, 도시락 지참	김○○ 허○○
기술 미술	◎ 자동차는 어떻게 만들어질까? - 기아자동차 소하리 공장 견학 - 나만의 자동차 디자인 해보기 - 기아자동차 직원들과 인터뷰	광명시 소하리	왕복교통비, 도시락 지참	황○○
음악 미술 역사	◎ 음악과 미술의 만남 - 국악당 국악기 박물관 관람 - 예술의 전당 리허설 관람 - 한가람미술관 〈피카소전〉 관람	서울 국립국악원, 예술의 전당	〈피카소전〉 입장료 (9,000원) 왕복교통비, 도시락 지참	김○○ 박○○
체육 음악 국어	◎ 미래의 금메달을 꿈꾸는 사람들 - 기계체조 여자고등부전 관람 - 기계체조 여자 일반부전 관람 - 기계체조 선수들과의 만남 및 인터뷰	인천 남동체육관	왕복교통비, 도시락 지참	김○○ 이○○

●희망조사

나의 꿈을 외치다!

관련 교과	테마별 활동 소개	주요 활동 장소	소요 비용 및 준비물	희망 신청 인원
진로 전교과	◎ 잡월드에서 나의 꿈 찾기 - 직업세계관 자유 체험 - 진로설계관 자유 체험 - 청소년 체험관 66가지 직종 중 1가 지 선택체험	한국 잡월드 (성남시 분당구 분당수서로 501번지)	무료, 도시락 지참	8명 (사전 선발)
국어 사회	◎ 국회의사당 의정활동 체험 - 국회도서관 견학 - 국회 의정활동 체험	서울특별시 영등포구 여의도동	왕복교통비, 도시락 지참	2명
수학 과학	◎ 생활 속의 수학 원리를 찾아라~ - 수학체험관(4층) 견학 - 천체투영실 관람 - 탐구학습관 견학(지하1층~지하 4층)	서울특별시 과학전시관 남산분관	왕복교통비, 도시락 지참	3명
사회 지리 역사 가정	◎ 우리나라 속에서 다른 나라 찾기 - 인천차이나타운 개항장 주변 관람 (해설사 동행) - 한중문화원 관람 - 자장면 박물관 관람	인천 차이나타운	박물관입장료 (500원) 왕복교통비, 도시락 지참	3명
영어 미술 역사	◎ 영어와 예술의 만남 - 덕수궁 관람(문화해설사 동반) - 외국인 인터뷰 - 세종문화회관 〈로버트 카파〉사진전 관람 - 도슨트 체험	덕수궁, 세종 문화회관	사진전 입장료 (4,000원) 왕복교통비, 도시락 지참	3명
과학 기술 역사	◎ 스페이스월드에서 우주를 만지작! - 스페이스월드 체험 - 첨단기술관 체험 - 자연사관 체험 - 기초과학관 체험 - 전통과학관 체험	국립 과천과학관	스페이스월드 (5,000원) 과학관입장료 (1,500원) 왕복교통비, 도시락 지참	2명

관련 교과	테마별 활동 소개	주요 활동 장소	소요 비용 및 준비물	희망 신청 인원
가정 국어 음악 미술	◎ 제빵왕 김탁구 체험하기 및 공연관람 - 제빵 과정 체험하기 - 공연 관람 - 배우들과의 만남 및 질의 응답 - 여의도 지역 직업탐색 및 인터뷰	서울 여의도 이랜드 팡팡크 루즈	입장료 및 체험료 (15,000원) 왕복교통비, 도시락 지참	3명
기술 미술	◎ 자동차는 어떻게 만들어질까? - 기아자동차 소하리 공장 견학 - 나만의 자동차 디자인 해보기 - 기아자동차 직원들과 인터뷰	광명시 소하리	왕복교통비, 도시락 지참	1~2명
음악 미술 역사	◎ 음악과 미술의 만남 - 국악당 국악기 박물관 관람 - 예술의 전당 리허설 관람 - 한가람미술관 〈피카소전〉 관람	서울 국립국악원, 예술의 전당	〈피카소전〉 입장료 (9,000원) 왕복교통비, 도시락 지참	3명
체육 음악 국어	◎ 미래의 금메달을 꿈꾸는 사람들 - 기계체조 여자고등부전 관람 - 기계체조 여자 일반부전 관람 - 기계체조 선수들과의 만남 및 인터뷰	인천 남동체육관	왕복교통비, 도시락 지참	3명

●활동지

주제 : 난 커서 뭐해 먹고 살까? (진로 찾기)

1. 진로검사 결과 본인은 높게 나온 유형은 무엇이고, 그것과 관련한 진학, 직업에는 어떤 것들이 있는가?

2. 내가 커서 하고 싶은 일과 내가 잘 할 수 있는 일, 그리고 부모님이 바라는 일을 정리 해 보자

3. 미래 사회(여러분이 직업을 갖게 되는 시기) 유망 직업에 대한 정보를 정리 해 보자

4. 학교에서 공부하는 여러 과목중에서 좋아하는 과목을 이유와 함께 써 보자.

5. 아하는 과목관련 진학, 진로 정보를 알아 보자.

6. 나의 건강하고 행복한 미래를 위해서 2013년 지금의 나는 무엇을 해야 하고, 할 수 있는 일은 뭐가 있을까?

주제 : 난 어떤 고등학교에 입학할까? (진학 정보 정리)

1. 장곡중학교 학생들이 주로 입학하는 학교를 5개 정도 써 보고 그 이유를 알아 보자.

2. 내가 가고 싶은 고등학교가 있다면 어떤 학교이고 그 이유를 말해 보자.

3. 내가 가고 싶은 고등학교와 갈 수 있는 학교가 일치하는가? 일치 하지 않는다면 그 이유를 정리해 보자.

4. 참고 자료를 보고 2014년 고입 전형에서 달라진 점을 표시해 보고 주의 할 점들을 말해 보자.

5. 안산, 광명을 포함한 평준화 지역으로 진학하려면 어떻게 해야 하나?

6. 혹시 평준화 지역으로 진학할 마음이 있다면 그 이유는 무엇인가? (   )

반면, 비평준화 지역 학교에 진학을 원한다면 그 이유를 말해 보자 (   )

7. 고등학교 공부는 중학교랑 무엇이 다를까?

8. 입학사정관제도에 대한 자료를 분석하면서, 궁금한 점 이 있으면 질문해보자. 그리고 지금 내가 준비해 야 할 것들을 알아보자

● 테마 1. 잡월드에서 나의 꿈 찾기

목적

가. 학생들에게 '꿈(진로)을 찾아 떠나는 작은 여행'의 계기를 마련해주고자 한다.

나. 모의직업체험 프로그램 참가를 통해 미래사회의 직업에 대해 탐구하고, 직접 체험할 수 있는 기회를 제공한다.

다. 학생들 스스로 자신의 진로를 개척할 수 있는 역량을 기른다.

전체 운영 방법

가. 3학년을 대상으로 80명을 선발하여 운영함.

나. 학생인솔 교사 : 진로진학상담교사, 3학년 부장교사

다. 43개 체험실 및 66개 직업 중 1직종을 선택해서 60분(14 :
40～15 : 40)동안 체험함.

라. 입장료 및 직업체험비(8,000원), 이동 차량(버스 2대)과
여행자보험 가입 등은 시흥시청 교육청소년과의 협조로
운영함.

세부 진행 내용

연번	일정	월일	세부 내용	비고
1	계획안내 및 안전교육	10/21	- 계획안내, 안전교육 - 한국 잡월드 안내	안내 자료 배부
2	직업체험 당일 일정	10/22	- 08 : 50 운동장 집합 - 09 : 00 버스 승차 및 이동 - 10 : 00 조이테그 지급 및 등록 - 10 : 50～12 : 50 자유체험활동 　(진로설계관, 직업세계관) - 점심식사(개인 도시락 준비) - 14 : 40～15 : 40 청소년 체험관 　(개인이 사전에 예약한 직업체험) - 16 : 00 버스 승차 후 출발 - 17 : 00 학교도착 및 귀가	
3	평가회	10/28	- 인솔교사 전원	

●테마 2. 일일 국회 의정 체험 - 국어과

세 부 일 정	
체험 주제 : 국회 의사당 견학	
장소 : 여의도 국회 의사당	
시 간	일 정
09:00	장곡중학교 집합
09:00-09:30	안전교육, 체험활동 안내
09:30-11:30	국회의사당 도착
11:30-12:00	국회도서관 견학
12:00-13:00	점심식사(도시락지참)
13:00-14:00	국회 방문자 센터 견학(의정활동 체험), 국회 의사당 견학
14:00-16:00	장곡중학교 도착
16:00-16:30	평가와 반성

3학년 2학기	반	번호		이름		활동지
교과통합프로젝트 - 나의 꿈을 외치다!			국회 의사당 견학			

국회가 하는 일은 무엇일까요?

2. 국회가 하는 일은 나의 삶에 어떤 영향을 미치는지 생각해 보세요.

3. 국회의사당에서 일하는 사람들은 누가 있을까요?

직업	하는 일	느낀점

● 테마 3. 생활 속의 수학 원리를 찾아라!

세 부 일 정	
체험 주제 : 생활 속의 수학 원리를 찾아라! (수학체험관 & 탐구학습관 견학)	
장소 : 서울특별시 과학전시관 남산분관	
시 간	일 정
09:00-11:00	서울특별시 과학전시관 남산분관 집합
11:00-12:30	수학체험관(4층) 견학
12:30-13:00	점심식사(도시락 지참)
13:00-13:30	천체투영실 관람(강의 듣기)
13:30-15:30	탐구학습관 견학(지하1층~지하4층)
15:30-17:30	귀가

서울특별시과학전시관 남산분관 수학체험관 & 탐구학습관 견학

탐 구 보 고 서

장곡중학교 3학년   반   번 이름 : (   )

탐구 활동 날짜	2013년 10월 22일 화요일 날씨 ( )
탐구 주제 (전시물명)	
탐구할 문제	
탐구한 과정	
탐구 결과 알게된 점 (개념 및 원리)	
탐구한 내용(원리)이 우리의 일상생활에 어떻게 이용되고있는가? (원리의 적용)	

★ 수학을 공부하면??

수학은 과학기술의 기초이자 수학 자체도 첨단 지식 · 정보산업으로 각광

수학의 응용 범위는 참으로 전 방위적이다. 자연과학 뿐 아니라 언어학과 심리학, 문학 비평 등에 이르기까지 수학이 응용되고 사용되지 않는 분야가 없을 정도다. 수학이 국가 경쟁력의 핵심요소로 자리 잡은 것은 오래전 일이다.

세계 2차 대전 당시 연합군이 독일 U-보트를 궤멸시킨 것은 폴란드 수학자가 독일 암호 체계를 풀었기 때문이고, 미국이 제2차 세계 대전의 방향을 돌려놓았던 진주만 전쟁에서 이긴 것도 역시 일본의 복잡한 암호를 해독할 수 있는 수학적 기술이 있었기 때문이다.

컴퓨터 그래픽이나 항공기제작, 반도체 칩 설계 등 현재의 기술을 뒷받침하는 기초과학으로 수학은 절대적으로 필요하다. 뿐만 아니라 경제학이나 경영학을 연구하는 데도 수학을 제대로 알지 못하고서는 진정한 학문을 할 수 없다고 한다. 최근 노벨상을 탄 경제학자들 중에는 학부에서 수학을 전공한 학자들도 많고, 경제학 박사과정에서는 아예 수학 과목을 듣기도 하며, 유명 저널에 실리는 우수 논문들은 모두 수학적 모델을 기반으로 만들어진다.

수학은 크게 순수 수학과 응용 수학으로 나뉜다.

순수 수학은 자연 현상에서 얻어진 생각들을 논리적 모순이 없는 모형으로 만들고 이론을 만드는 분야로 다른 학문에까지 영향을 미칠 수 있는 다양한 수학 원리를 찾아낼 수 있는 분야다. 수와 집합의 연산구조를 연구하는 대수학, 공간의 구조를 연구하는 기하학과 위상수학, 함수의 성질 등을 연구하는 해석학 등이 여기에 속한다.

응용 수학은 이러한 이론을 사회의 필요성에 맞게 실용적인 결과를 도출하는 분야로 수치해석학, 도식계산, 정보, 전산 등을 연구하는 분야이다. 최근 들어서는 금융 수학과 수리물리 분야가 인기를 끌고 있다.

수학에 대한 애정과 열정이 무엇보다 중요하다.

수학은 자유로운 사고력을 기르는 학문이기 때문에 이 학문을 전공하기 위해서는, 높은 추리력과 논리적 사고력을 지니고 있어야 한다. 자연현상을 주관성보다 객관성에 의해 판단할 수 있는 능력과 침착성, 끈기가 수학적인 문제를 해결해가는 과정에서 필요하다.

특히, 수학을 전공할 때 가장 중요한 것은 수학 문제 풀기를 좋아해야 한다는 것이다. 문제 풀기는 물론 단순한 계산 능력이라기보다 문제를 풀어가는 과정 그 자체라고 할 수 있다. 또한 눈에 보이는 현상보다는 본질적인 문제면 금상첨화다.

<u>수학을 공부하면 진출할 수 있는 분야가 다양해진다.</u>

유전자 연구, 일기예측, 반도체 설계, 항공기 제작 등 첨단 과학 기술은 더욱 수학적 모델에 의존하고 있으며, 이들이 요구하는 초고속 계산의 핵심도 수학이다. 첨단기술은 모두 고도의 수학적 접근과 사고방식을 요구하고 있으며, 이러한 기술 분야에서는 전공자의 참여는 점점 확대될 것으로 기대하고 있다.

선진국에서는 이미 수학 지식 자체가 고도의 지식형 정보 신산업으로 각광 받을 것으로 예측하고, 오래전부터 전자상거래, 금융, 통신, 국방, 영상산업 등에 수학자들을 참여시키고 있다. 이에 대한 한 증거로 미국의 과학 공학 분야별 인력 수급 전망을 보여주는 과학기술지표를 보면 수학, 과학자에 대한 수요가 가장 성장률이 높은 것으로 전망된다.

수학과 졸업생의 진출분야는 매우 다양하다. 우리가 쉽게 생각할 수 있는 진출분야는 우선 수학교육계, 금융계를 들 수 있다. 특히 최근 들어 금융업계 진출이 활발하다.
미분기하학의 세계적 학자인 시몬스(Simons) 전 MIT 교수는 유명한 펀드매니저이기도 하다. 20여 년 전부터 투자운용회사를 운영했고, 그 수완 덕에 회사는 많은 이익을 벌어들이는 회사라는 소문을 얻었다. 시몬스 교수는 자신이 개발한 주가예측법인 '암호해독 이용법'과 함께 일하는 50여 명의 수학박사들을 그 비결로 들었다.
교육계, 학원 경영 및 강사로 일할 수 있고, 통계 조사기관의 전문 요원이나 일반 기업체의 전산실, 통계실, 금융 및 증권 관련업체 매매대리인 및 연구원으로 활동할 수 있다. 전자업계나 경제, 행정 등 여러 분야에 진출할 수 있다.
궁극적으로는 수학이 필요로 하지 않는 분야가 없기 때문에 진출할 수 있는 분야는 무궁무진하다고 할 수 있다.

<u>Q. 수학을 잘 하는 것 같은데, 수학과로 진학하는 것이 맞을까요?</u>

A. 수학과 관련이 깊은 학과로 수학과가 대표적인 것은 맞습니다. 하지만 중·고등학교에서의 수학이 계산 능력을 필요로 한다면, 대학에서는 문제 해결 과정을 분석하는 사고능력이 필요합니다. 따라서 수학 과목의 점수가 높다고 수학과를 선택한다면 적합하지 않을 수도 있습니다. 수학을 잘하는 것이 다른 과목보다 성적이 높은 것인지, 수학적 사고를 잘한다는 것인지를 확인할 필요가 있습니다.
수학 성적이 높다고 하여 수학을 잘한다고 생각하는 것은 성급한 판단일 수 있습니다. 수학 문제를 많이 풀어보면 수학 점수는 오를 수 있으나, 이미 해결한 문제를 다른 방법으로 풀어낼 수 있는 수학적 사고력은 높지 않을 수 있기 때문입니다. <u>수학을 잘하기 위해서는 문제를 잘 푸는 것뿐만 아니라 수학적 체계를 이해하고 적용할 수 있는 논리적 사고력이 필요합니다.</u>

논리적 사고력은 체계적으로 생각하도록 도와주는 능력으로서 수학적 사고력의 기초가 됩니다. 예를 들어, 국어 과목에서 단원의 맥락과 문제의도를 파악한다거나 영어 독해에서 각 단어의 뜻과 문법 관계를 머릿속에서 재빨리 전환하는 능력을 말합니다. 따라서 단지 수리력이 높은 것인지, 수학적 또는 논리적 사고력이 발달한 것인지를 파악하는 것이 중요합니다.

수학적 사고력을 높이려면, 다양한 답이 요구되는 문제를 풀 수 있도록 시간과 기회를 갖고, 창의적인 답을 찾도록 해야 합니다. 수학적 재능이 있다면, 학원보다는 교육청이나 교육대학, 대학 등에서 운영하는 영재교육원을 추천해드립니다.

수학적 사고력이 높다면 수학자나 통계학자, 컴퓨터 프로그래머, 과학자 등 자연이나 공학 분야의 직업뿐만 아니라 경제, 경영 등 사회과학분야도 고려할 수 있습니다. 따라서 수학, 물리, 통계, 산업공학, 경제, 세무, 회계, 금융, 유통 등 다양한 학과로 진학하는 것도 고려해볼 수 있습니다.

●테마 4. 우리나라 속에서 다른 나라 찾기
(인천 차이나타운 탐방)

교과 체험의 날 세부일정	
체험주제 : 우리나라 속에서 다른 나라 찾기 (개항장의 역사와 중국 문화 탐구)	
장소 : 인천 차이나타운	
비용 : 짜장면 박물관 입장료(500원)	
시 간	일 정
08:30-	출발
08:30-10:00	차이나타운으로 이동(대중교통으로 개별 이동)
10:00-12:00	해설사와 함께하는 차이나타운 및 개항장 주변 관람
12:00-13:00	점심식사(도시락 지참)
13:00-15:00	한중 문화관 관람
15:00-	귀가

사회과 3학년	반	번호		이름		활동지

1. 일본이 인천을 개항장으로 만든 이유를 생각해보자.

2. 짜장면의 유래는?

3. 삼국지벽화거리에서 내가 가장 감명깊게 본 장면과 그 이유는?

4. 한중 문화관에서 전통 문양 탁본 뜨기를 하고 치파오를 입어본 후 사진을 찍어 보자.

●테마 5. 영어, 예술문화와의 만남

교과 체험의 날 세부일정	
체험 주제 : 영어와 예술의 만남	
장소 : 덕수궁 & 세종문화회관 '로버트 카파' 100주년 기념 사진전	
비용 : 덕수궁, '로버트 카파' 100주년 기념 사진전 입장료(4,000원)	
시 간	일 정
10:30-	지하철 시청역 2번 출구 집합
11:00-12:00	문화해설사와 함께 덕수궁 관람
12:00-13:00	외국인 인터뷰, 점심식사(도시락) 및 세종문화회관 도보 이동
13:00-14:00	세종문화회관 〈로버트 카파〉 사진전 관람, 도슨트 설명듣기
14:00-15:00	자유 관람 및 학습지에 감상평쓰기
15:00-15:30	세종문화 회관 내 잔디밭에서 휴식 및
15:30~	지하철역으로 이동, 해산

3학년 2학기		반	번호		이름	
교과통합프로젝트 - 나의 꿈을 외치다!				영어, 예술문화와의 만남		

<Mission> 오늘은 여러분의 가을을 살찌울 예술체험을 하게 됩니다. 덕수궁이나 세종
문화회관에서 일하시는 누군가를 찾아 인터뷰 해 주세요!

여러분은 장곡의 얼굴입니다. 먼저 자기소개를 하시고, 정중하게 인터뷰에 임하세요.
감사하단 말도 꼭이요!

---

1. 먼저 성함을 여쭤보세요^^ 공손히요!
2. 어떤 일을 하시는 분이신가요?
3. 어떤 과정을 통해 이 일을 하시게 되셨나요?
   (대학교 학과, 동아리 활동 경험, 인턴, 봉사활동 경험, 이 직업을 가지기 위해
   하셨던 노력들을 상세히 여쭤보세요.)
4. 우리들에게 해 주고 싶은 조언, 좋은 덕담이 있으시면요?

Job Interview

1. 성함 : _____

2. 직업 : _____

3. 직업을 얻는데 필요했던 과정들:

_____

_____

_____

_____

4. 우리들을 위한 좋은 말씀:_____

_____

_____

1. 덕수궁 도슨트 경청 후 새로 알게 된 사실을 적어주세요.

새롭게 알게 된 사실

2. 덕수궁을 보러 온 외국인 분들게 사진을 찍어드리겠다고 먼저 다가가 보면 어떨까요? 그 다음 덕수궁에서 가장 인상 깊은 장소를 여쭤보세요. 그리고 해당 장소를 배경으로 영화를 찍는다면 어떤 영화가 좋을지 인터뷰해보세요.

Best Place	Genre of Movie

1. Do you want me to take a picture of you?
2. Where is the best place in Deok-su Palace?
3. If you are a movie director, what kind of movie would you film in Deok-su Palace?
(Genre of Movie: Horror, Science Fiction 공상과학, Romance, Gangster 조폭, Fantasy판타지, Disaster재난, Comedy, Detective Story 탐정소설, Crime 범죄)

3. 로버트 카파전 관람 후 가장 인상에 남는 사진을 한 장 고르고 (사진촬영은 안되요.) 느낀점을 적어주세요.

사진 제목
느낀점

4. 이 사진전을 보고 전쟁에 대해 어떤 점을 느꼈나요? 다음 문장을 영어로 채워주세요.

War is _____ because_____.

●테마 6. 스페이스 월드에서 우주를 만지작!

교과 체험의 날 세부일정 (20명)	
체험 주제 : 스페이스 월드에서 우주를 만지작!	
장소 : 국립 과천 과학관	
소요 비용 : 6,500원 (스페이스월드:5,000원, 과학관 입장료:1,500원)	
시 간	일 정
8:30~10:00	국립 과천 과학관으로 이동하여 집합
10:00~10:30	체험 프로그램 예약(현장발권)
10:40~12:10	스페이스 월드 체험
12:30~13:30	점심식사(도시락 지참)
13:30~15:40	〈첨단기술관〉 로봇공연장, 뇌파는마술사, 미래디지털방송, 컴퓨터와의대화(HCI), 무선전력송출, 에너지수확기술, 항공기비행원리, 항공기시뮬레이터, 우주여행극장, 스페이스캠프, ISS
14:10~15:00	〈자연사관〉 대한민국 남극운석 탐사대-생명의 기원을 찾아서-스트로마톨라이트-한반도의 고생대-생물의 육상진출-중생대의 바다-화려한 지배자 공룡-백악기 아시아의 공룡낙원-사라져간 대형 포유류-신생대의 환경과 생물-제주도의 인류흔적-생동하는 지구 SOS(예약필요)-한반도의 습지생태계-상류·중류·하류에 사는 물고기-한반도의 해양생물-독도의 생태계
15:30~15:40	〈기초과학관〉 테슬라코일, 과학자가 바꾼 세상, 카오스 수차, 극성 무극성 공유결합, 고전역학자와 함께, 플라즈마의 세계, 로켓추진체, 생식과 발생, 생태계와 광합성, 지각변동과 판구조론, 지진체험 〈전통과학관〉 동서양별자리, 자격루, 대동여지도, 기리고차, 봉수대, 성덕대왕신종, 식생활 도구, 3D거북선 체험, 동서양 노젓기체험, 학익진 체험, 한옥, 신기전, 비거, 디지털 한지 체험, 디지털 한글놀이 체험
15:40~17:00	장곡중학교로 이동 후 해산

교과통합 3학년 2학기	반	번호		이름	

교과통합프로젝트 - 나의 꿈을 외치다!

1. 〈자연사관〉- 체험 1,2중 선택
(체험1) 태풍의 풍속을 느껴보고, 풍속에 따라 나타나는 현상을 설명해보자.
(체험2) 지진의 진도에 따른 세기를 느껴보고 나타나는 현상을 설명해보자.

태풍의 풍속 /지진의 진도	나타나는 현상

2. 〈첨단기술관〉을 체험하고 미래의 진로로 선택하고 싶은 직업은 어떤 과학기술이 응용된 분야인지 조사해보자.

체험내용	나타나는 현상
미래의 진로	
관련된 기술	

3. 〈자연사관〉 지질연대표를 작성세요.

과거에 살았지만 현재는 멸종된 생물 중 한 가지를 택하여 그림으로 표현하고, 특징을 서술하세요.

●테마 7. 〈제빵왕 김탁구〉 체험 및 공연 관람, 직업 탐색

교과 체험의 날 세부일정	
체험 주제 : 제빵왕 김탁구 체험하기 및 공연 관람, 직업 탐색	
장소 : 여의도 이랜드 팡팡 크루즈 및 여의도 주변	
비용 : 이랜드 팡팡 크루즈 입장 및 체험료(15,000원)	
시 간	일 정
8 : 30~	장곡 중학교 집합
8 : 30~10 : 30	여의도 이랜드 팡팡 크루즈로 이동
10 : 30~11 : 00	빵 만들기 체험 준비 및 제빵에 대한 설명 듣기
11 : 00~12 : 00	제빵 체험하기 및 제빵 직업 관련 질의 응답
12 : 00~13 : 00	공연 관람
13 : 00~13 : 30	"배우와의 만남" 공연 관련 직업에 대한 질의응답
13 : 30~14 : 20	빵 시식 및 점심식사(도시락 지참)
14 : 20~14 : 50	여의도 주변 지역 직업 탐색하기
14 : 50~16 : 50	장곡 중학교로 이동 후 해산

교과통합 3학년 2학기	반	번 호		이름		활동지
교과통합프로젝트 - 나의 꿈을 외치다!		〈제빵왕 김탁구〉 체험 및 공연 관람, 직업 탐색				

팡팡 크루즈는 빵을 직접 만들고 공연도 관람할 수 있는 체험관으로, 빵 반죽을 직접 만져보고 느끼고 자신만의 빵을 만들어 먹고 가져가는 제빵 전문 학습관입니다. 더불어 공연도 관람하고 배우와의 만남도 가질 수 있습니다

★ "제빵왕 김탁구" 체험하기
　― 제빵에 대한 설명을 들으면서 처음 알게 되었거나 인상적인 부분을 정리해 봅시다.

★ 여러분은 이제 "제빵왕 김탁구"입니다.
　직접 배운 빵 만들기 기본 순서를 정리해 봅시다.

1		
2		
3		
4		
5		
6		

활동 1 세상에 하나뿐인 나만의 빵 만들기

● 세상에 하나뿐인 나만의 빵을 만들어 보고 사진을 찍어 붙여 봅시다.

〈내가 만든 빵 1〉	◎ 누구에게 주고 싶은가요? ◎ 왜 이런 모양을 꾸몄나요?
〈내가 만든 빵 2〉	◎ 누구에게 주고 싶은가요? ◎ 왜 이런 모양을 꾸몄나요?

●직업 탐색! - 제빵과 관련된 직업은 무엇이 있을까?

여러분은 몇 가지의 직업을 알고 계신가요? 세상에는 수많은 직업이 있으며, 우리 나라에만 10,000여 가지의 직업이 있다는 사실 알고 계세요?
빵을 만드는 기술과 관련한 직업에는 어떠한 것들이 있을까요?

●제빵 관련 직업에 대해 궁금한 점에 대하여 묻고 정리해 봅시다.

1		
2		
3		

●"제빵왕 김탁구"제빵 체험 후 느낀 점을 간단하게 적어 봅시다.

활동 3	공연 관람 및 직업 탐색

● 공연 관람 후 느낀 점에 대하여 간단하게 적어 봅시다.

● "배우와의 만남" - 공연 관련 직업에 대해 궁금한 점에 대하여 묻고 정리해 봅시다.

1		
2		
3		

● "배우와의 만남" 후 사진을 찍어 남겨 봅시다.

● 직업 탐색! - 공연과 관련된 직업에는 무엇이 있을까?

  공연과 관련된 직업에는 어떠한 것들이 있을까요? 찾아서 정리해 봅시다.

_____

_____

활동 4　　　　　여의도 주변 직업 탐색

● 직업 탐색! - 여의도에는 다양한 직종이 모여 있는 곳입니다. 교과와 관련하여 어떠한 직업이 존재하는지 조사해 봅시다.

교과	건물명	관련직업
국어		
사회		
체육		
수학		
기술 가정		
과학		
영어		
음악		
기타		

●테마 8. 자동차는 어떻게 만들어질까?

교과 체험의 날 세부일정	
체험 주제 : 자동차는 어떻게 만들어 질까?	
장소 : 기아자동차 소하리 공장	
시 간	일 정
9:00~9:50	학교 등교 및 인원체크, 자동차 견학 OT
10:00~10:50	활동지 작성
11:00~12:00	점심식사(도시락 지참)
12:00~13:20	기아자동차 소하리 공장으로
13:20~13:50	인원체크
14:00~16:00	공장견학
16:00~16:30	종례 후 귀가

견학 3학년 2학기	반	번호		이름		활동지
교과통합프로젝트 - 나의 꿈을 외치다!			자동차가 어떻게 만들어지는지 알아보자!!			

1. 대한민국에서 제조하여 판매하는 자동차 회사는?

회사이름	대표 차종(2가지)

2. 나만의 자동차를 만들어 보자.
   - 차종(ex: 승용차, SUV, 쿠페 등) :
   - 색깔 :
   - 주요 특징 :
   - 간략하게 그림을 그려보자.

3. 나만의 자동차 회사를 만들어 보자.

회사이름		회사 로고	
공장위치			

●테마 9. 음악과 미술의 만남

교과 체험의 날 세부일정	
체험 주제 : 음악과 미술의 만남	
장소 : 국립국악원 & 한가람 미술관 또는 예술의 전당	
비용 : 한가람 미술관 피카소전(9,000원)	
시 간	일 정
10:00~	지하철 남부터미널역 집합
10:30~12:30	국악당 국악기 박물관 관람
12:30~13:30	점심식사(도시락 지참)
13:30~15:30	예술의 전당 리허설 관람 또는 한가람미술관 피카소전 관람
15:30~16:00	지하철역 이동, 해산

3학년 2학기	반	번호	이름	활동지
교과통합프로젝트 - 나의 꿈을 외치다!	음악과 미술			

1. 국악기 박물관에서 본 악기들

기억에 남는 악기	이유

2. 피카소는 다른 사람들과 같은 것을 보아도 다르게 생각하는 사람이었어요. 그렇기 때문에 평생 동안 수많은 시도와 다양한 예술작품을 남길 수 있었겠지요.

여러분도 피카소처럼 같은 것을 보아도 다르게 생각해 보아요.

아래 동그라미를 여러분의 상상력과 창의력으로 자유롭게 채워보세요.

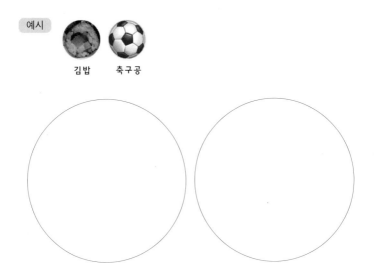

예시

김밥　축구공

3. 아래 전시장에 위치가 표시된 곳에 있는 작품들을 떠올려서 그려보세요.

4. 공연 리허설을 관람하고 소감을 써 봅시다.

장소 :	연주단체 :	곡명 :
느낀 점 :		

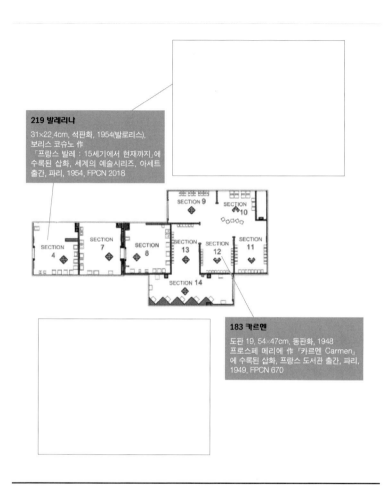

219 발레리나

31×22,4cm, 석판화, 1954(발로리스),
보리스 코슈노 作
「프랑스 발레 : 15세기에서 현재까지」에
수록된 삽화, 세계의 예술시리즈, 아세트
출간, 파리, 1954, FPCN 2018

183 카르멘

도판 19, 54×47cm, 동판화, 1948
프로스페 메리에 作 『카르멘 Carmen』
에 수록된 삽화, 프랑스 도서관 출간, 파리,
1949, FPCN 670

●테마 10. 미래의 금메달을 꿈꾸는 사람들

교과 체험의 날 세부일정	
체험 주제 : 전국체전 관람(기계체조 경기)	
장소 : 인천 남동체육관	
시 간	일 정
10:30~	인천 남동체육관 정문 집합(전국체전 역사 조사하기)
11:00~12:00	여자 고등부 기계체조 단체 경기 관람
12:00~13:00	여자 고등부 기계체조 개인 경기 관람(선수들의 경기 나름대로 채점해 보기)
13:00~14:00	점심식사(도시락 지참)
14:00~15:00	여자 일반부 기계체조 단체 경기 관람
15:00~15:30	활동지 작성
15:30~	해산

3학년 2학기	반	번호		이름		활동지
교과통합프로젝트 - 나의 꿈을 외치다!		전국체전 - 기계체조경기 관람				

1. 전국체전의 역사에 대하여 알아보기

　가. 전국체전은 언제 시작되었는가?

　나. 현재 전국체전의 종목은 몇 개 인가?

2. 기계체조 경기 종목에는 무엇이 있는가?

3. 기계체조 경기의 개인전과 단체전의 채점 방법은 어떻게 다른가?

4. 기계체조 주요 경기규칙에 대하여 조사해 보자.

※ 기계체조 분야 (　　　　) 선수 이름 (　　　　)	
가. 언제 처음 기계체조를 시작했고 그 계기는 무엇입니까? 나. 기계체조를 하면서 가장 힘들었던 때는 언제인가요? 다. 기계체조를 하면서 가장 보람있던 때는 언제인가요? 라. 기계체조 선수들은 대부분 어떻게 진로를 찾아가나요?	인증샷 붙이기

(4) 프로젝트 수업 사례

프로젝트 수업은 일반적으로 어떤 주제나 과제를 정해서 일정 기간 동안 그것을 수행하는 수업을 말한다. 교과 통합 프로젝트인 경우는 여러 교과가 협력하여 한 가지 주제나 과제를 수행하지만 여기서 말하는 프로젝트 수업은 한 과목에서 진행되는 것을 의미한다.

프로젝트 수업은 교사에 따라 과목에 따라 서로 다른 다양한 이유와 목적이 있기에 기획이 되고 진행이 된다. 그렇지만 서로 다른 이유라 할지라도 공통 분모로 가지고 있는 것은 학습 내용을 교과서로만 학생들이 만날 때 성취 기준에 도달하기가 어려운 경우가 있다. 학습 내용의 성취 기준들이 인지적 영역인 경우에는 교과서나 그것을 보완하는 텍스트 정도만으로 도달할 수 있다. 그러나 역량을 요구하는 성취 기준인 경우에는 인지적 지식에 체험을 통해 습득되어야 할 기능을 포함하기도 한다. 특히 정의적인 영역의 경우는 교과서만 가지고서는 성취 기준에 도달하기가 매우 어렵다. 이런 경우에 교사는 교과서만으로 할 수 없는 다양한 활동을 포함한 과제와 과제 수행을 위한 여러 단계의 활동을 제시하고 일정 기간 동안 학생들이 프로젝트를 수행하며 체험을 통해 성취 기준을 도달할 수 있도록 기획한다. 그러므로 프로젝트 수업은 하나의 과제를 시작부터 끝까지 학생들이 과정을 하나 하나 거치며 끝에 도달했을 때 완결되는 수업이다. 이런 프로젝트 수업을 통해 학생들은 일의 기획부터 시작하여 진행 과정을 거쳐 결과물을 생산하며, 이런 경험이 어떤 일을 스스로 만들어서 할 수 있는 역량을 키우게 한다.

다음에 제시하는 프로젝트 수업은 1학년 범교과 주제 통합 학습인 '아낌없이 주고받는 너와 나' 속에 하나의 과정으로 들어있는 1학년 도덕과 프로젝트 수업인 '지역사회 도움주기 프로젝트'와 영어과 프로젝트 수업인 '아낌없이 주는 나무'와 2학년 국어과 영화 만들기 프로젝트 수업인 '열 다섯, 영화를 만나다'의 사례이다.

1) 아름다운 세상을 위한 도덕 수업
— 지역사회 도움 주기 프로젝트

● 프로젝트 수업이 만들어지게 된 동기

도덕 교사로서 도덕 수업의 청사진을 그리는 작업과 '과연 지금 나의 수업은 얼마나 학생들을 변화시키고 있는 것인가?'를 고민하던 중, 우연히 한 영화를 보게 되었다.

> 중학교 1학년인 트레버의 사회 선생님은 첫 수업시간에 1년 동안 고민해 보고 실천하라면서 '세상을 바꿀 수 있는 아이디어를 생각하고, 실천으로 옮기라'는 숙제를 내주었다. 트레버가 생각한 프로젝트는 **자신이 세 사람에게 도움을 주되, 그들에게도 세 사람을 도와주라고 말하는 것**이다. (pay it forward) 1명이 시작한 도움은 1단계에서 3명에게, 그 3명이 다시 3명에게 도움을 주는 2단계에서는 9명, 3단계는 27명이다. 이런 방식으로 진행하면 10단계에 59049명, 20단계에 대략 34억 명, 21단계에 대략 100억 명 이상에게 도움을 줄 수 있다. 전 세계 인구를 대략 70억 명으로 잡는다면 21단계에 이르러 세상을 바꿀 수도 있게 된다!
>
> — 영화 '아름다운 세상을 위하여' 中

아무런 대가 없이 누군가를 도와준다는 것은 우리에게는 낯선 일이다. 이 때문에 주변의 도움이 필요한 사람들을 그냥 무심코 지나쳐 버리고 만다. 그리고 '굳이 내가 아니어도 누군가 도와주겠지.'라고 생각한다. 특히나 무조건적으로 받는 것에만 익숙하고 주는 것에는 서툰 학생들은 자발적으로 대가 없이 타인을 돕는 행위를 해본 적이 드물다. 또한 교실 수업은 그것이 가진 시간적, 공간적 한계로 인해 학생들에게 정의적, 행동적 변화를 주기에는 한계가 있다. 그래서 '내'가 사는 지역에 대해 이해하면서 동시에 부정을 긍정으로 바꾸는 경험을 통해 우리 학생들 모두를 세상을 아름답게 만드는 주역으로 만들고 싶었다. 그래서 최종적으로 탄생한 것이 지역사회와 연계된 6차시의 프로젝트 수업이다.

---

1. **주제 : 아름다운 세상을 위하여 '지역사회 도움주기 프로젝트'**

2. **차시별 프로젝트 진행 내용**
   - 1차시 : 프로젝트 안내 및 계획서 작성 알림
   - 2차시 : 개인별 계획서 작성
   - 3차시 : 주제별 모둠 조직 및 모둠별 협의회 (1)
   - 4차시 : 모둠별 협의회 (2)
   - 5차시 : 모둠별 프로젝트 발표회
   - 6차시 : 개인별 프로젝트 평가서 작성 및 보고서 작성

● 프로젝트 진행 순서

1) 기획 의도 안내 및 개인별 계획서 작성

학생들에게는 막막한 사막을 걸어가는 것과 같은 '지역사회 도움주기 프로젝트'는 기반을 충실히 다지는 철저한 기획이 있어야

만 성공할 수 있다. 먼저 첫 번째 시간에는 이 프로젝트의 의의 및 우리 주변에서 실제로 이루어지고 있는 '지역사회 도움주기' 활동 등을 소개한다. 그리고 프로젝트 평가 시기와 평가 기준을 자세히 안내한다. 우리 주변에서 실제로 이루어지고 있는 활동을 소개받은 학생들은 지역사회와 연계된 구체적이고 실제적인 프로젝트를 기획할 수 있다. 다음은 학생들에게 제시된 예시 중에 하나이다.

♡ 우리 주변에서 벌어지고 있는 '지역사회 도움주기' 프로젝트
(A) 중학생이 대형마트에 공정무역 '훈수'

(2011-05-30)

지난 해 말, 광주 광산구의 한 대형마트에 공정무역 초콜릿이 입점했다. 전국적으로 사례가 없는 것도 아닌데 '무슨 대단한 일이냐?'할 수 있다. 하지만 입점 사연을 들여다 보면 '대견한' 구석이 있다. 광주지역 한 중학생이 이를 건의해 성사됐기 때문이다. 평소 제3세계 빈곤 문제 등에 관심이 많았던 이 양은 이런 현실을 개선할 수 있는 방안이 무엇인지를 고민했다. 그러다가 이 양은 공정무역 초콜릿의 대형마트 입점을 성사시켜보기로 했다. 같은 반 다른 친구와 함께 광주지역 대형 마트 두 곳을 목표로 삼았다. 공정무역의 취지를 설명하고 매장 내 초콜릿 입점을 제안했다. 제안서를 받은 마트 두 곳 중 한 곳이 이 양의 뜻에 동의하여 마트 내 공정무역 초콜릿 판매를 시작했다.

(B) 장곡중학교 국어 선생님 박현숙 선생님 블로그 본문

(2012-04-05)

2학년 학생들이 7단원을 배운 후 독자 투고문을 썼다. 요즘 문제가 되고 있는 학교 폭력 대책에 대한 독자 투고문이 나와서 시흥신문에 투고했더니 활자화 되었다.

(학교폭력의 대책을 보며 / 장곡중학교 2학년 2반 신○○)

요즘 교육부에서는 학교 폭력을 없앤다고 체육 시간을 늘리고, 체육관련 동아리에 가입하게 하고 있다. 이런 조처에 대한 나의 생각은 '그런 정책을 편다고 해서 학교 폭력은 결코 줄어들지 않는다.'이다. 운동을 하면 학교 폭력이 줄어든다면 학교 폭력을 일으키는 학생들은 모두가 운동을 싫어하는 여학생이라는 이상한 결론에 이를 수도 있겠다. (...) 정말로 학교 폭력을 없애려면 그런 정책들보다 학교 폭력을 일으키는 원인인 '잘못된 교육'을 바꿔야 한다고 생각한다.

그런 다음 학생들에게 현 지역사회에 존재하는 여러 가지 문제와 그것을 해결할 만한 프로젝트를 개인별로 계획해 보도록 한다(개인별 계획서 작성). 이때 교과서 관련 단원, 프로젝트 선정 이유, 프로젝트 활동 계획, 이 프로젝트가 지역사회에 도움을 줄 수 있는 면 등 세부적인 사항까지 기획하도록 계획서 양식을 만들어야 한다.

2) 반별 프로젝트 주제 선정 및 모둠 협의회

학생들이 작성한 프로젝트 개인별 계획서를 수합한 다음, 반별로 양질의 계획서를 뽑아내어 주제를 추린다(4명 기준 8개 모둠). 이 프로젝트를 개인별이 아닌 모둠별로 진행하는 이유는 양질의 계획서 아래 프로젝트를 같이 수행하는 과정에서 협동심과 의사소통 능력, 문제해결 능력 등을 증진시킬 수 있기 때문이다. 4명 정도의 모둠이 좋은 이유는 한 명은 프로젝트 진행, 한 명은 자료 조사, 한 명은 자료 정리, 한 명은 발표 등 역할 분담이 가장 수월하기 때문이다. 이렇게 주제를 추리고 나면 칠판에 8개의 주제를 적고 학생들이 참여하고 싶은 프로젝트를 스스로 선택하게 한다. 다음은 한 반의 주제를 추린 표이다.

1모둠	2모둠	3모둠	4모둠	5모둠	6모둠	7모둠	8모둠
거리 쓰레기 줄이기	외국인 차별 줄이기	불법 주차 문제	안전한 먹거리, 마트 제대로 알기	갯골 축제 제안서	담배 없는 마을	사회적 약자 (노인) 돕기	기부 문화 활성화

이렇게 모둠 구성이 다 끝나면 그때부터는 프로젝트 세부 기획을 점검하고 역할을 분담하는 등 모둠별로 협의회를 시작한다. 이때 교사가 할 일은 두 가지이다. 첫째, 학생들의 프로젝트를 점검하여 위험성, 보완해야 할 점, 수정해야 할 점 등을 지속적으로 피드백해야 한다.

예를 들면, 마트에서 먹거리 조사를 하는 모둠의 경우는 반드시 마트 측에 어떤 활동이고 어떻게 진행될 것인지에 대해 사전 양해를 구해야 한다는 점을 보완해 주었다. 그리고 갯골 축제 제안서 모둠에게는 실제로 갯골 축제에 참여하여 봉사 활동을 진행해보고, 그러면서 문제점을 찾아보라는 조언을 해주었다. 그리고 담배 없는 마을 모둠의 경우는 포스터는 아무 데나 부착하는 것이 아니라 허가받을 수 있는 장소에서 허가를 받고 부착해야 불법 포스터가 되지 않는다는 점 등을 알려주었다.

둘째, 모둠별 발표 자료 양식을 알려주어 발표 내용이 부실해지지 않도록 해야 한다. 발표 자료에 관련 단원, 모둠원별 수행 역할, 활동 기간, 실제 활동한 내용(활동 사진 반드시 첨부), 활동 결과 지역사회에 나타난 변화 등을 넣어서 많은 학생들이 발표를 통해 그 모둠의 프로젝트 내용을 파악할 수 있도록 한 것이다.

그리고 학생들은 방과 후 지역사회로 나가 여러 곳에서 각자의 프로젝트를 실행했다. 이때 실제로 프로젝트를 진행하고 발표 자료를 작성하는 데 약 2~3주의 기간을 주었다.

3) 모둠별 프로젝트 발표회 및 보고서 작성

실행 기간(2～3주)이 지나고 나서 반별로 모둠별 프로젝트를 발표하도록 한다. 이때 개인별로 배부된 평가서를 작성하고 발표하는 시간을 통해 학생들에게 피드백을 주었다. 발표를 할 때는 모든 모둠 구성원이 나와서 발표하는 것을 원칙으로 했고, 발표 양식은 프레젠테이션이나 UCC, 하드보드지 등 다양한 양식을 사용 가능하도록 했다. 개인별 평가서에는 먼저 '본인이 생각하는 프로젝트 평가 기준'을 3가지 적어보도록 해서 학생들이 기분 내키는 대로 평가하지 않고 적절한 기준에 맞추어 평가할 수 있도록 했다. 그리고 모든 모둠에 대해서 '배울 점, 잘된 점' 및 '우리가 이 프로젝트를 진행했다면?'을 생각해보고 별점까지 주도록 해서 활발한 평가회가 이루어질 수 있도록 했다. 실제로 8개 모둠이 발표를 하면 프로젝트를 제대로 수행하지 않아 발표 내용이 부실해지기도 하고, 아예 프로젝트 실행이 안 되기도 한다. 하지만 대부분의 학생들은 자신들의 선택한 프로젝트에 대해서 책임감을 갖게 되고, 실제로 대가 없는 선행으로 지역사회에 도움을 주었다는 것에 대해 상당한 자부심을 느끼게 된다. 그리고 잘한 모둠의 발표를 보면서 자극을 받거나, 프로젝트 수행 이후에도 앞으로 이러한 활동을 이어서 해보고 싶다고 한 학생들도 여럿 있었다.

외국인 차별 문제	외국인 차별 문제	외국인 차별 문제
(외국인 노동자 인터뷰)	(주민 설문조사)	(캠페인 활동)

갯골축제 활성화 방안	시흥시장님께 보낸 편지	마트 비교 조사표
(청와대 신문고 건의)		(안전한 먹거리 탐방)

담배 없는 마을	담배 없는 마을	껌 없는 마을
(포스터 게시)	(퍼포먼스)	(활동 사진)

불법 주차 문제 (불법 주차 통계표 게시)	불법 주차 문제 (불법 주차 현장 조사)	불법 주차 문제 (불법 주차 현장 조사)

　발표회 후, 마지막 시간에는 스스로 개인별 보고서를 작성함으로써 모둠의 프로젝트를 정리하는 시간을 가진다. 평가서나 보고서를 개별로 작성하게 한 이유는 의욕 없이 시키는 것만 한 학생이나 아무것도 하지 않은 무임승차자를 가려내기 위해서이다. 아무리 모둠의 프로젝트가 훌륭했어도 개인별 보고서를 읽어보면 자신이 몇 모둠인지, 어떤 주제로 했던 것인지도 모르는 학생들을 가려낼 수 있다. 개인별 보고서에는 실제 활동한 내용, 지역사회에 나타난 변화, 잘된 점 및 수정하고 싶은 점, 모둠원별 역할 평가, 활동 후 깨닫게 된 점 등이 포함된다. 다음은 학생들이 적은 개인별 보고서의 일부이다.

주제	프로젝트 후 지역 사회에 나타난 변화	잘 된 점 및 수정하고 싶은 점 (모둠평가)	잘된 점 및 새롭게 깨닫게 된 점 (자기 평가)
안전한 먹거리, 마트 제대로 알기	지역사회 주민들이 어느 마트 채소가 더 나은지에 대해 잘 알게 되었다.	모둠원 모두가 자신의 역할에 충실하였고, 발표 자료를 모두가 협력하여 만들어 냈다.	마트 채소의 위생 상태를 보고 양심적으로 소비자에게 팔아야 하는 것이 아닌가 하고 생각도 해보고, 여러 가지 깨닫게 된 점이 있다.
환경과 공존하는 생활(환경친화적 취미 활성화)	서명운동으로 우리가 기획한 프로젝트를 알리며, 틀에 박힌 전자 취미에 대해 다시 한 번 생각하는 계기를 만들었다.	직접 서명을 다니며 프로그램 소개도 하고 서명을 받았고, 민원을 넣었다. 다음에는 조금 더 사람들이 많이 모인 장소에 가서 많은 서명과 의견을 들어보고 싶다.	과정이 힘들었지만 민원의 결과는 잘 나왔으면 하는 바램을 가져본다. 시흥시 사시는 많은 분들이 시흥 지역 발전에 관심을 갖고 참여하고, 민원을 통해 많은 문제 해결을 위해 힘쓰고 있다는 것을 알게 되었다.
장곡동-장현동-능곡동을 거치는 자전거, 보행도로 만들기	우리의 건의에 대해 시흥시청은 계획은 있으나 정확한 날짜는 미정이라 하여 나중에는 우리의 건의가 현실화될 수 있을 것 같다.	가장 잘된 점은 주제가 좋았다. 장현동에 거주하면서 정말 불편한 점을 해결하기 위하여 주제를 잡았기에 실행이 되지 않아도 의미가 있다고 생각한다. 다만 건의 계획이 구체적으로 언제까지, 어떻게, 어디서부터 어디까지 만드는지 등 구체적이지 못한 점을 수정하고 싶다.	주제 정하는 것은 '내가 어떻게 해야 특별한 주제가 되지?'가 아닌 '어떻게 하면 정말 필요한 주제가 될까?'하는 생각으로 주제를 잡았고, 그 주제가 정말 주민이라면 공감할만한 주제여서 좋았다. 이번 도덕 프로젝트를 통해서 나뿐만 아니라 거의 대부분 친구들이 우리 사회에 이런 문제가 있고, 우리가 이런 문제를 해결할 수도 있다는 깨달음을 얻었을 것 같다.

● 프로젝트를 마치며

모둠끼리의 격차가 많이 벌어지는 경우는 어떻게 해야 하는가?
통합적 도덕성을 어떤 방법으로 평가할 수 있을까?

배움 중심의 수업과 평가의 연계를 어떻게 이룰 것인가?

목표에 도달하기 위해 교사가 어디까지 자극해야 하는가?

배움에 대해 아무런 의욕이 없는 학생들의 동기 유발은 어떻게 이루어져야 하는가?

이러한 질문은 차시마다 수업을 디자인할 때 끊임없이 머릿속에서 교사를 괴롭게 만드는 질문들 중 일부이다. 그러나 프로젝트를 수업을 끝낼 때마다 느끼는 것은 이 프로젝트 수업이야 말로 위 질문에 대한 해답 중 하나가 될 수 있다는 것을 깨닫게 되었다.

『감옥으로부터의 사색』에 나오는 '함께 맞는 비'라는 대목에서 신영복 교수는 "남을 돕는다는 것은 그 스스로 도우는 일을 도울 수 있음에 불과한지도 모릅니다. 돕는다는 것은 우산을 들어주는 것이 아니라 함께 비를 맞으며 함께 걸어가는 공감과 연대의 확인이라 생각됩니다."라고 썼다. 이 글이 이 프로젝트에 대한 도덕 교사의 수업 의도를 가장 잘 설명한 부분이 아닌가 한다.

나와 타인의 마음을 움직이기 위해서는 공감이 필요하다. 사람들에게 자기가 쓰고 있는 우산을 씌워주는 것이 아니라 우산을 벗고 나와 상대방의 고통을 공감하며 그 고통을 줄일 수 있는 방법을 적극적으로 제안할 줄 아는 '마음을 움직인 사람'이 바로 모든 교사가 원하는 학생들의 미래일 것이다. 마음을 움직이면 개인이 바뀔 수 있고, 개인이 움직이면 아름다운 세상이 더 가까이 다가온다.

'아낌없이 주고받는 너와 나'
지역사회 도움주기 프로젝트 개인별 계획서

학번: (   ), 이름: (   )

1. 내용

1) 나의 프로젝트 주제

_____

2) 관련 단원

― 대단원 : _____

― 중단원 : _____

― 소단원 : _____

3) 프로젝트 선정 이유 (3줄 이상)

_____

_____

_____

4) 프로젝트 활동 계획

― 활동 기간 : _____

― 활동 장소 : _____

― 활동 방법 (구체적으로 작성할 것. 3줄 이상)

_____

_____

_____

_____

5) 이 프로젝트가 우리 지역사회에 도움을 줄 수 있는 면 (3줄 이상)

_____

_____

_____

_____

'아낌없이 주고받는 너와 나'
지역사회 도움주기 프로젝트 모둠별 발표 자료 양식
(이 양식을 그대로 내는 것이 아니라, 발표 자료 안에 이 항목이 들어가면 됩니다.)

1. 모둠구성원 (학번, 이름) / 모둠장

_____

_____

2. 우리 모둠 프로젝트 주제

_____

3. 관련 단원

— 대단원 : _____

— 중단원 : _____

— 소단원 : _____

4. 모둠원 별 수행역할 (한 명도 빼놓지 말고 기록할 것)

_____

_____

_____

5. 프로젝트 활동

1) 활동 기간

_____

2) 활동 장소

_____

3) 실제 활동한 내용 (이때 활동 사진을 반드시 넣을 것)

_____

_____

4) 활동 결과 지역사회에 나타난 변화

_____

_____

_____

'아낌없이 주고받는 너와 나'
지역사회 도움주기 프로젝트 개인별 평가서 및 보고서

1학년 (　)반 (　)번　모둠: (　　　)　이름: (　　　)

♡ 모둠별 프로젝트 활동 보고가 끝난 후, 상호 평가를 해봅시다.
개인별 평가서 및 보고서도 수행평가에 반영됩니다.
따뜻하고 공정한 평가 기대합니다. ♡

〈개인별 평가서〉

1. 우리가 실천한 프로젝트를 평가하는 평가 기준은 무엇이 되어야 한다고 생각합니까?
   (3가지)

①

②

③

2. 위에 쓴 평가 기준을 적용하여 다른 모둠 프로젝트를 평가해봅시다. (본인 모둠은 제
   외합니다!)

항목 모둠	배울 점, 잘된 점	우리가 이 프로젝트를 진행했다면? (주제 수정, 활동내용 추가 등)	별점 (5개 만점)
1모둠			
2모둠			
3모둠			
4모둠			
5모둠			
6모둠			
7모둠			

※ 너무 못해서 혹은 잘해서 배울 점이나 지적할 점이 없다해도 '없음'이라는 답은 빈 칸으로 간주해 채점됩니다!

〈개인별 보고서〉
1. 우리 모둠 프로젝트 주제
— 주제 : _____

2. 우리 모둠 프로젝트 활동 보고 및 평가
1) 활동 기간
_____

2) 활동 장소
_____

3) 실제 활동한 내용
_____
_____
_____

4) 프로젝트 활동 결과 지역사회에 나타난 변화 (혹은 변화 가능성)
_____
_____

5) 모둠 활동에서 잘된 점
_____
_____

6) 모둠 활동에서 아쉬웠거나 수정하고 싶은 점
_____
_____

7) 모둠원별 역할 평가 (자신을 포함합니다!)

모둠원 이름	실제 수행한 역할	역할 수행에 대한 평가
①		
②		
③		
④		
⑤		

3. 자기활동 평가
1) 프로젝트 활동시 잘한 점

_____

_____

2) 프로젝트 활동시 부족했던 점

_____

_____

3) 프로젝트 활동을 통해 새롭게 깨닫게 된 점

_____

_____

(2) '아낌 없이 주고 받는 너와 나' 영어 프로젝트 수업
— 아낌없이 주는 나무

● 프로젝트 수업이 만들어지게 된 동기

자연을 자세히 관찰하면서 자연에 대한 이해를 넓혀가고 자연이 주는 혜택에 다시금 감사하는 마음을 가질 수 있도록 기획된 이 프로젝트는 먼저 국어과에서 제안되었다. 국어과에서 학교 화단의 꽃이나 나무를 하나 지정하여 관계를 맺고 이름을 지어주고 그들이 어떻게 자라는지 관찰하면서 그러한 경험들을 한 편의 시로 표현하는 일련의 국어과 교육과정을 알게 되면서 다른 교과들도 함께 통합하여 그 경험의 깊이를 더 확장시키는 것이 어떨까 하는 논의를 하게 되었다. 그러면서 영어과에서는 자연과 인간의 관계를 그려낸, 『아낌없이 주는 나무』(The Giving Tree) 원서를 함께 읽으며 나무와 꽃에 관련된 어휘를 배우고, 다양한 동사와 문법적인 구문을 함께 배우면서, 무엇보다 글 속의 소년과 나무의 인격적인 측면을 함께 고민해보는 시간을 갖게 하고 싶었다. 그리고 나서 독후 활동으로 자신의 일상에서 가장 감사하다고 생각하는 사람에게 영어로 감사 카드를 만들어서 보내고, 특별 이벤트로 이 원서의 전문을 하룻밤에 걸쳐 외우는 프로젝트를 기획하게 되었다.

● 프로젝트 진행 순서

1) 꽃과 나무에 관련된 어휘 배우기(1차시)

실제 아이들이 화단을 관찰하면서 보게 될 꽃과 나무에 관련된 어휘들을 배우면 이제까지 단어장 위주로 암기했던 방식을 벗어나 실제 삶 속에서 영어 단어를 접하게 되고, 체험과 함께 단어를 떠올리면서 좀 더 적극적으로 단어를 외울 수 있을 것이다. 또한 그림 속 몇몇 단어들은 함께 읽을 원서의 주된 어휘였기 때문에 이 활동은 사전 독해 활동이 되었다. 또한 아래 두 그림은 크게 출력하여 1학기 동안 모든 교실 게시판에 게시해두어 지속적으로 아이들에게 영어 단어가 노출될 수 있도록 하였다.

0. Have you seen the flowerbeds in school? So, what did you see?

1. Let's learn some parts of the flower in English.

Parts of the flower

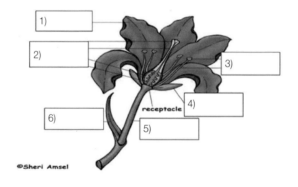

©Sheri Amsel

leaf [   ] / stem [   ] / pistil [   ] / stamen [   ] / petal [   ] / sepal [   ]

2. Let's learn some parts of the tree in English

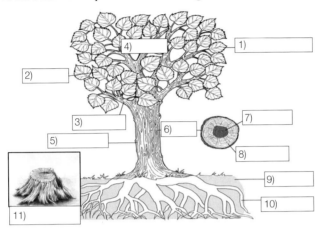

4)   1)

2)

3)   6)   7)

5)   8)

9)

10)

11)

twig / branch / root / annual ring / bark / pith / leaf(leaves) / trunk / crown / soil / stump

[   ] / [   ] / [   ] / [   ] / [   ] / [   ] / [   ] / [   ] / [   ] / [   ] / [   ] / [   ]

3. What can we do with trees or get from trees?

1) We can **climb up** the trees.(나무 오르기를 할 수 있다.)	climb up - v. 오르다
2) We can **eat fruits** from the trees.(과일을 따먹을 수 있다.)	fruit - n. 과일
3)	
4)	
5)	
6)	

2) 소년과 나무의 성격 생각해보기(5차시)

자신의 꿈을 이루기 위해 무엇이든지 요구하는 소년과 소년을 위해서라면 무엇이든지 아낌없이 주는 나무의 이야기를 통해 인간과 자연의 관계를 생각해본 후, 두 주인공의 성격을 영어 단어를 통해 확인하고, 그렇게 생각한 이유를 본문에서 찾아보는 활동을 기획하였다.

First Graders' English Worksheet #18   Number&Name :

● Fill in the blanks with proper words from the story

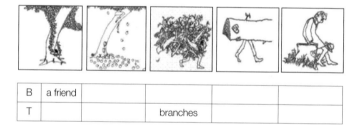

B	a friend			
T		branches		

● Which words are good to describe the tree and the boy?

selfish, kind, frank, generous, caring
loyal, helpful, devoted, immature, realistic

the boy	the tree
(clue-in korea)	(clue-in korea)
1.	1.
2.	2.
3.	3.

- Why don't you describe yourself with those words and explain why?

(boy)

(tree)

3) Thank You Card 만들기

*The Giving Tree*에서 나무는 소년에게 무엇이든 아낌없이 주지만 소년은 단 한 번도 나무에게 감사의 표시를 하지 않는다. 우리 일상에서 우리가 당연한 존재라 여기고 있는 사람들인 친구, 부모님, 선생님에게 받기만 하고 있는 것은 아닌지 생각해보고 마음은 있지만 표현을 못했던 주위 사람들에게 마음을 전하는 Thank You 카드를 만들어 보도록 하였다. 영어 보조 교사의 도움을 받아 카드를 만드는 것에서부터 작성하는 것까지 영어로 진행하였으며 카드에 들어갈 주요 구문도 영어로 먼저 배우고 자신의 가장 먼저 마음에 드는 것을 선정하여 작성하도록 하였다.

- Why did they give to you? or For what do you thank them?

- Which sentence is best for you **P**arents, **F**riends, or **T**eachers?

1)	Thank you for being my true friend.	F
2)	I will try my best for a bright future.	
3)	It's a blessing to have you in my life.	P, F, T
4)	I enjoy your class very much.	
5)	Thank you for your time, effort, love and care.	

6)	I learned a lot and you have really helped me.	
7)	Thank you for being with me when I really needed you.	
8)	Thanks for understanding me when I am in trouble.	
9)	Thank you for hugs, smiles, inside jokes, and memories.	
10)	From very early on you tought me the importance of family, trust and love.	

4) 1박2일 영어 프로젝트 : Memorize *The Giving Tree*
― 밤샘 영어 원서 외우기

*The Giving Tree*를 아이들과 함께 읽으면서 이 책을 다 외우면 아이들에게 많은 도움이 될 수 있다. 영어 주요 구문을 암기하는 것은 영어 실력 향상에 많은 도움이 될 뿐만 아니라 원서 전체를 외운다는 것은 그 맥락과 함께 외우는 것이기 때문에 실제 영어를 사용하는 데 매우 효과적인 방법이기 때문이다. 중학교 1학년 학생들에게 다소 도전적인 과제일 수 있으나 수업 시간에 전체 내용을 다뤘기 때문에 가능할 것이고 무엇보다 친구들과 함께한다는 것이 아이들에게 충분한 동기부여가 될 수 있을 것이다.

1학년 전체 학생을 대상으로 하여 신청서를 받았으며 50여 명 이상의 신청자들 중 장소와 운영 · 관리를 생각하여 32명의 학생으로 한정하여 프로그램을 운영하였다.

우선 금요일 방과 후에 함께 모여 모둠별로 전체 내용을 해석하도록 하였다. 사전을 찾아가며 그동안 잊어 버렸던 단어와 구문을 다시 한 번 정리하면서 전체 내용을 이해하는 시간을 가졌다. 이후 학교에서 지원해준 저녁을 함께 먹고, 본격적으로 원서 전문을 외우기 시작했다. 처음에는 교사가 상정한 목표 단락을 주고 그 단락을 모두 외운 학생들만 각 담당 교사에게 점검을 받도록 하였으나 각각의 실력에 따라 그 외우는 정도도 다르다는 것을 인정하고 자신이 목표한 바를 정해 외운 친구들은 누구나 담당 교사에게 와서 점검을 받도록 하였다. 밤 12시가 넘어가면서부터 피곤해하는 아이들, 지쳐가는 아이들이 있었지만, 가끔은 눈을 붙이기도 하고, 친구들과 수다를 떨기도 하고, 친구들과 교내 순찰을 하면서 잠을 쫓는 등 가지각색으로 하룻밤을 지새우며 원서를 암기해 나갔다. 그렇게 밤을 새운 아침, 아이들은 부시시한 얼굴이지만 아침 일찍 찾아오신 교장 선생님께 칭찬과 격려의 말씀을 듣고 정리하는 시간을 가졌다.

혼자서 밤새워 외우라고 했다면 누구도 하지 못했을 것이다. 아니 안 했을 것이다. 하지만 친구들과 함께하니까 서로 하겠다고 나섰다. 그리고 서로 체크하고 이야기하고 경쟁 아닌 경쟁을 하면서 아이들이 밤새워 영어 문장을 외워나갔다. 영어에 소질이 있는 친구들은 동 트기 전 이미 다 외우기도 했지만 동이 틀 때까지 원서를 붙잡고 외웠으나 시간이 부족해 못 외운 아이들도 있었다. 그 결과 전체 참석자 32명 중 11명이 전문을 모두 외웠고 나머지 아이들도 반 이상은 모두 외웠다. 영어 교사는 영어도 재미있게 공부할 수 있다는 것을 아이들에게 알려주고 싶었고, 아이들은 함께하면 할 수 있다는 것을 경험했다. 밤새 발음과 구문을 체크해주며 몸은 비록 피곤했지만 아이들이 한 문장 한 문장 외워나가는 모습을 보면서 기획한 교사뿐만 아니라 함께했던 모든 교사들도 행복했다.

　무엇보다 이 프로젝트는 학교의 적극적인 지원이 있었기에 가능했다. 장소를 기꺼이 제공해준 도서관 사서 선생님, 그리고 응원하고 직접 아이들과 함께했던 많은 선생님들이 있었기에 가능했던 수업이다.

3) 단편 영화 만들기에서 영화제까지 국어과 영화 제작 프로젝트 - 열 다섯, 영화로 세상을 만나다

● 프로젝트 수업을 만든 동기

수업을 설계하고 고민할 때 중심에 두는 것 중 하나가 '아이들의 삶'이다. 그러다보니 교육과정을 재구성하는 것뿐만 아니라 교과 간의 연결 고리를 찾아 통합하는 교과 통합 프로젝트 수업을 진행하게 된다.

국어과 2학년 2학기에 '방송에서 쓰는 말과 표현'이라는 단원이 있다. 2007 개정 교육과정에서 '드라마의 인물의 되어 반언어적 · 비언어적 표현을 효과적으로 사용한다.'는 것이 이 단원의 교육과정 내용이다. 교육과정 속에 아이들의 삶을 녹여냈으면 좋겠다는 생각을 하던 차에 드라마가 아닌 단편 영화를 만들면 좋겠다는 생각을 하게 되었고, 이렇게 만든 영화를 아이들 손으로 영화제를 만들어 상영한다면 아이들이 얻게 될 자신감과 성취감은 이루 말할 수 없을 만큼 클 것이라는 생각에 이르게 되었다.

● 프로젝트 진행 순서

1) 영화로 세상을 만나기 위한 준비, 하나

영화를 만들라고 하면 아이들의 이야기는 어느새 '남들도 다 아는 뻔한 이야기나 진정성 없는 이야기, 괴담류, 막장'으로 가는 경우가 많다. 그래서 예전과는 다르게 보다 더 친절한 활동지가 필요했다. 더군다나 영화제 상영까지 목표로 한 프로젝트 수업인 만큼 교사가 일일이 얘기하지 않아도, 활동지만으로도 아이들이 스스로 읽고 느끼고 만들 수 있게끔 친절한 활동지가 필요했다.

또한 아이들에게 어떤 작품을 예시 작품으로 보여주는지도 관건이었다. 아이들은 예시 작품을 통해 자신들이 만들 작품에 대한 기준선을 정하기 때문이다. 그렇게 하여 이 프로젝트 수업은 다음과 같이 총 10차시(촬영 마무리 및 편집 시간은 제외)로 계획되었다.

● 프로젝트 진행 개요

---

1. 주제 : 자유

2. 차시별 프로젝트 진행 내용
　— 1차시 : 아이템 정하기
　— 2차시 : 예시작 보고 아이템 수정하기
　— 3차시 : 수정한 아이템을 바탕으로 개인 시놉시스 쓰기(수행평가)
　— 4차시 : 개인 시놉시스를 가지고 모둠에서 만들 영화의 시놉시스 쓰기
　— 5차시 : 시놉시스를 바탕으로 시나리오에 들어갈 씬 구분하기
　— 6차시 : 씬 구분표를 참고하여 시나리오 쓰기
　— 7차시~10차시 : 모둠별 역할 나누고 촬영하기

※ 촬영 마무리 및 편집은 모둠별로 각자 실시함

---

2) 영화로 세상을 만나기 위한 준비, 둘

처음 아이템을 정할 때만 해도 아이들이 만날 세상은 무척 다양했다. 하지만 영화로 만들어야한다는 현실감 앞에 아이들이 표현해 낼 세상은 점점 좁아질 수밖에 없었다. 급기야 아이들의 이야

기는 학교 폭력, 인터넷·게임 중독 등 그야말로 자신들의 아픈 세상으로 좁혀졌다. 그래서 아이들이 좀 더 다양한 세상과 만날 수 있도록 하기 위해 제대로 된 단편영화를 예시 작품으로 보여주었다. 전문가의 작품은 예시작으로 효과가 없다. 물론 주제 면에서 배울 점이 있겠지만 아이들이 전문가의 작품을 보면서 만들어보고 싶다는 도전 의식을 갖기는 쉽지 않다. 아이들이 보다 넓은 세상을 만나고 또한 그 세상을 그려보고 싶게 만들기 위해서 감독 학생들의 동의를 얻어 예술고등학교 학생들의 작품을 예시 작품으로 보여주었다. 아이들이 영화로 표현하고 싶은 세상 중 몇 가지만 소개하면 다음과 같다.

1. 무엇이든지 잘하는 형과 그와는 반대인 동생이 있다. 동생은 어렸을 적부터 형과 비교를 당하고 부모님은 늘 형만 인정하고 사랑하는 것처럼 여긴다. 결국 동생은 부모님 곁을 떠날 결심을 하지만 친구로부터 위로를 받는다.
2. 예전부터 자신 때문에 부모님께서 많이 싸우셨고, 결국에는 자신을 탓하며 집을 나간 엄마. 그 이후로 이성에 대한 콤플렉스를 갖게 된 남자 아이가 있다. 반면 가족이지만 남보다 못한 아빠와 남동생이 있는 여자 아이가 있다. 이성에 대한 콤플렉스를 가지고 있는 두 남녀가 학기초 짝이 된 후 서로의 아픔을 이해하고 가까워지는 과정을 이야기한다.
3. 어렸을 적 범죄 현장을 목격, 용감하게 신고하여 다른 사람들로부터 칭찬을 받은 경험이 있는 아이. 그 이후로 의협심이 생기지만 그것이 과하여 큰 오해가 발생하고 결국 정말 도와줘야하는 상황에서 외면을 함으로써 심리적 갈등을 겪게 된다.
4. 한 학생의 시선으로 그 학생의 일과를 따라간다. 학업에 관심이 없던 학생이 영화 만들기 수업을 계기로 학업에 관심을 갖고 자신의 꿈까지 찾게 된다.
5. 쇼핑 중독에 빠진 여학생. 결국 친구의 지갑에까지 손을 대게 되고, 쇼핑의 늪에 점점 더 빠져드는 상황을 그린다.
6. 통일 후, 한 교실에서 남한의 학생과 북한의 학생이 함께 생활하면서 겪게 되는 갈등과 그 해결 과정을 그린다.

3) 영화로 세상을 만나기 위한 준비, 셋

영화 만들기 프로젝트를 수행하면서 다시 한 번 더 느낀 것은 '아이들은 정말 자신의 세상을 이야기하는 데 진지하다'라는 것이다. 아이템을 정하고, 시놉시스를 쓰고, 시나리오를 작성하는 순간에도 아이들은 무척 진지했다. 이 진지함은 시나리오를 바탕으로 촬영이 시작되면서 그 절정을 이루었다.

한 컷을 완성하기 위해 다른 각도에서 세 번 이상의 촬영을 하는 것은 물론, 영화 완성도를 위해 인물을 캐스팅하는 데에도 심혈을 기울이는 모습이 인상적이었다. 뿐만 아니라 각자의 자리에서 자신의 역할을 소화하려고 노력하는 모습이 전문가 못지않게 진지했다.

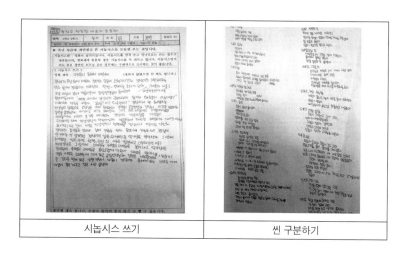

| 시놉시스 쓰기 | 씬 구분하기 |

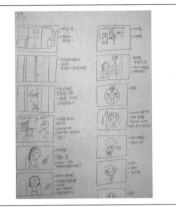

시나리오 쓰기	콘티 짜기

촬영 협의를 하는 모습	대본 연습을 하는 모습

촬영

열심히 촬영 중인 아이들

● 열다섯, 영화로 세상을 만나다!

국어 시간 10차시 이후 모둠별로 부족분에 대한 촬영 및 편집이 이루어졌다. 중학교 2학년, 열다섯의 나이에 아이들은 자신이 만든 단편영화 한 편씩을 가지게 되었고, 이에 대한 아이들의 자부심은 예상보다 훨씬 컸다. 그렇기 때문에 영화제에 대한 아이들의 높은 기대감은 어쩌면 당연한 것인지도 모른다.

1) 영화제를 위한 준비, 하나

자원자를 중심으로 영화제준비위원회(이하 영화준비위)를 구성하였다. 영화준비위 아이들과 가장 먼저 진행한 일은 영화제 주제 정하기. 아이들의 의견을 모으고 협의를 거친 결과 결정된 영화제 주제가 바로 '열다섯, 영화로 세상을 만나다'였다. 협의라고 할 것도 없이 만장일치로 결정된 주제이다. 대여한 장소가 좁아서 2학년 전체(10개 반) 학생들을 수용할 수 없었기 때문에 영화제는 오전팀, 오후 팀으로 나누어 5개 반씩 진행하기로 했다. 이에 따라 아이들이 완성한 영화 중 오전, 오후 팀에서 상영할 영화를 각각 선정하고, 최고작품상 또한 각각 시상하기로 했다.

〈영화제 계획서 중 '운영계획'〉

3	운영 계획

가. 행사명 : 제1회 장곡영화제

나. 일시 및 장소

　① 일시 : 2013년 12월 26일(목)

　　　　　오전 9 : 00 ~ 12 : 00 / 오후 13 : 00 ~ 16 : 00

　② 장소 : 시흥 시청 글로벌센터

다. 주제 : 열다섯, 영화로 세상을 만나다

라. 참석 대상 : 2학년 전체

마. 운영 방법

① 관객석이 협소한 관계로 5개 반씩 나누어 오전과 오후로 진행.

② 시흥 시청과 학교 간 이동은 구보로 한다. 오전팀은 8 : 20까지 시흥 시청
　으로 등교하고, 오후팀은 16 : 00에 시청에서 귀가.

③ 완성된 영화 중 대표작 10편을 선정하고, 이를 다섯 편씩 나누어 오전과
　오후에 각각 상영. 이 때 선정된 영화는 최고작품상 후보작이 됨.

④ 최고작품상 2팀(오전팀, 오후팀 각각 1팀)에 대해 트로피 시상. 최고작품상
　후보작이 5편정도 나올 경우 2팀 시상.

⑤ 세부 계획

오전팀		오후팀	
~ 9:20	입장 완료	~ 13:00	입장 완료
~ 9:30	출석 확인 및 관람 태도 교육	~ 13:10	출석 확인 및 관람 태도 교육
9:30 ~ 9:50	오프닝 공연	13:10 ~ 13:30	오프닝 공연
9:50 ~ 10:50	영화 상영(5편)	13:30 ~ 14:30	영화 상영(5편)
10:50 ~ 11:00	질문지 작성하기	14:30 ~ 14:40	질문지 작성하기
11:00 ~ 11:30	영화인과의 만남 및 심사위원 심사평	14:40 ~ 15:10	영화인과의 만남 및 심사위원 심사평
11:30 ~ 11:50	축하 공연	15:10 ~ 15:30	축하 공연
11:50 ~ 12:00	시상식	15:30 ~ 15:40	시상식
		15:40 ~ 16:00	공연장 정리 및 귀가

2) 영화제를 위한 준비, 둘

공교롭게도 기말고사를 치르고 일주일 뒤 영화제가 예정되었다. 영화제를 준비할 시간이 많지 않음에 아쉬워하면서도 아이들은, 자신들이 만든 영화를 자신들이 만든 영화제에 올린다는 생각에 그 어느 때보다도 가슴이 벅차오른다고 했다.

기말고사가 끝나자마자 아이들은 미술 시간을 이용하여 자신들의 영화제 포스터를 그리기 시작했다. 아이들은 성적과 전혀 상관없는 포스터 그리기 활동을 신중하게 계획하고 또한 열정적으로 그려나갔다.

〈아이들이 그린 영화제 포스터 중에서〉

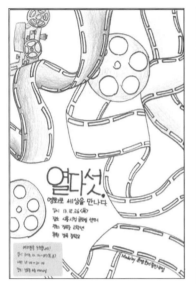

3) 영화제, 그 막이 열리다

짧은 기간이었지만 아이들의 열정적인 도전과 진지한 몰입이 만들어낸 영화가 드디어 영화제라는 무대에 오르게 되었다. 자신의 시나리오가 영화가 되고, 자신이 찍은 영화가, 자신이 연기한 영화가 상영되는 과정에서 아이들은 무한한 성취감과 자신감을 느낄 수 있었다. 뿐만 아니라 영화를 통해 만난 세상 속에서 아이들은 또 다른 고민을 하고, 한 번 더 아파하고, 그만큼 더 성숙해져 갔다.

영화를 상영하고 있는 아이들 모습

영화 감독과의 대화

청중 질의 응답

최고작품상 수상팀

　단편영화를 만드는 내내, 영화제를 진행하는 내내 아이들의 얼굴에는 진지함과 함께 미소가 끊이지 않았다. 엄청난 몰입으로 아이들은 각자의 역할을 수행했고 결국 자신들만의 영화를 만들어 냈다. 선생님과 아이들이 영화를 보며 함께 웃고, 즐기는 시간 속에서 느낀 일체감은 그 어느 때보다도 강했다.

　영화를 만들면서 한층 성장하고, 영화제를 통해 또 한층 성장하는 아이들을 보는 즐거움은 이루 말할 수가 없었다. 아이들은 영화를 만들면서 자신의 아픔과 친구의 고민을 이야기했고, 자신의 삶을 드러내고 친구의 삶을 표현하면서 세상 속으로 한 걸음 더 나아갔다.

● 활동지

국어 2학년 1학기	반	번호	이름	활동지41
대단원 : 6. 방송에서 쓰는 말과 표현		주제 : 단편 영화 만들기 - 아이템 정하기		

※ 지금부터 여러분은 영화라는 것을 만들 예정입니다. 여러분 인생에 단 한 번일 수 있는 영화 만들기. 잘 만들 이유 있지요?

영화는 다음과 같은 순서로 만들어집니다. 간단해 보이지요? 그러나 이 간단해 보이는 순서 뒤에 숨은 엄청난 일들이 있습니다. 각오하고 시작합시다.

---

① 아이템   ② 시놉시스   ③ 시나리오 쓰기   ④ 스텝 정하기   ⑤ 찍기
⑥ 편집하기

오늘은 가장 처음 단계인 아이템 정하기입니다. 아이템은 어떤 사람이 등장해서 어떤 일이 벌어질 것인지를 정하는 것입니다.

재미없는 영화를 만들려면!
① 뻔한 이야기를 만든다.
② 진정성 없이 이야기를 만든다.
③ 남들도 다 아는 이야기를 만든다.
④ 남의 이야기를 베낀다.
⑤ 괴담류의 이야기를 만든다.
⑥ 막장 이야기로 만든다.

이렇게 만들면 단언컨대, 영화 망합니다. 이런 영화는 볼 가치도 없겠죠? 가치 없는 것을 친구들과 싸워가며 힘들게 했다면? 바! 보!
자, 그럼 아이템을 정해봅시다.

● 아이템의 예
① 이혼한 가정의 15세 정도의 소녀가 아빠를 만나기로 한 날 초경이 시작된다.
② 6세 소녀가 있다. 이 소녀의 엄마는 1달째 입원 중이다. 입원하기 전 엄마는 6세 소녀에게 어린 동생을 잘 보라고 부탁을 했다.
③ 17세 소년이 있다. 소년의 아빠는 화가이다. 아빠는 소년이 유명한 화가가 되기를 바란다. 그러나 소년은 자신이 아빠만큼 소질이 없음을 안다.
④ 이혼한 아빠와 사는 13세 소년이 있다. 이 소년은 파워레인저만 보면서 자신이 파워레인저라고 생각한다.
〈우리 모둠의 아이템을 만들어 봅시다.〉 뒷면에 아이템을 씁니다.

국어 2학년 1학기	반	번호	이름	활동지42
대단원 : 6. 방송에서 쓰는 말과 표현	주제 : 단편 영화 만들기 - 다른 사람의 영화 엿보기			

※ 지난 시간에 모둠에서 아이템을 정했습니다. 이번 시간에는 다른 사람이 만든 영화를 엿볼 것입니다. 영화와 함께 이 영화를 만들기 전 어떤 아이템에서 시작했는지도 여러분께 안내를 할 것입니다. 다른 사람의 아이템이 영화가 된 것을 보고 여러분의 아이템을 더욱 풍부하게 만들어 봅시다.

영화 〈처음의 날〉
아이템 : 개인적인 경험에서 아이템을 얻음
 계단을 올라오는데 창문 밖에 서 있는 아빠 모습을 보았다. 여기에서 시작해서 소녀의 성장과 가족에 대한 이해를 표현하려고 하였다.
이 영화에서 가지고 오고 싶은 부분 :

영화 〈아름다운 그림〉
아이템 : 인터넷 기사를 보고 아이템을 얻음

모의고사 100등 안에 든 학생이 1등 만을 원하는 엄마의 압박 때문에 어머니를 살인한 것을 보았다. 이 기사를 보고 부모님의 억압에 초점을 두고 그것을 더 확실하게 시각적으로 보여주기 위해 그림이라는 소재를 사용하여 표현했다.

이 영화에서 가지고 오고 싶은 부분 :

영화 〈빛을 듣다〉
아이템 : 개인적인 경험에서 아이템을 얻음

어릴 적 키우던 강아지가 매번 집을 나가려고 해서 막았던 경험에서 시작해서 두려움에 대한 극복과 극복을 통한 성장을 나타내고 싶었다.

이 영화에서 가지고 오고 싶은 부분 :

영화 〈아무도 모른다〉
아이템 : 신문 기사를 보고 아이템을 얻음

외고 학생들이 시험지를 훔친 기사를 보고 성적을 올리려는데 급급하여 양심의 몰락까지 가는 것을 표현하고 싶었다.
이 영화에서 가지고 오고 싶은 부분 :

※ 〈우리 모둠 아이템 수정하기〉 뒷면에 - 다음 차시 시놉시스는 수행평가임

국어 2학년 1학기	반	번호		이름		활동지43
대단원 : 6. 방송에서 쓰는 말과 표현			주제 : 단편 영화 만들기 - 시놉시스 쓰기			

※ 이번 시간은 시놉시스를 쓸 것입니다. 지난 시간에 모둠 활동으로 수정한 아이템을 시놉시스로 쓰는 것입니다. 수행평가이며, 개인별 활동입니다.

시놉시스란 : 영화의 줄거리입니다. 시놉시스를 먼저 쓰고 시나리오는 쓰는 경우가 대부분이며, 영화제에 출품할 경우 시놉시스를 꼭 내라고 합니다. 시놉시스일지라도 중요 장면인 오프닝 같은 경우에는 구체적으로 묘사하는 것이 좋습니다.

〈시놉시스 쓰기〉
영화 제목 :   (정하지 않았으면 안 써도 됩니다.)
여러분이 만들 영화의 시놉시스를 자료를 참고하여 써 봅시다.

※ 뒷면에 계속 씁니다. 분량이 많아야 좋지 않은 것 뺄 수 있습니다.

※ 이번 시간은 시나리오를 쓰기 전 씬을 구분하는 활동입니다. 지난 시간에 썼던 시놉시스를 바탕으로 시나리오에 들어갈 씬을 구분하는 활동을 해 봅시다.

> 씬 구분표란 : 시나리오를 쓰기 전 시나리오의 흐름을 알 수 있도록 대략적으로 영화의 흐름을 표시해 놓은 것.

1. 시놉시스를 처음 - 중간 - 끝으로 나눕니다.
2. 처음은 영화의 배경과 주요 인물이 등장합니다. 그리고 영화를 마지막까지 끌고갈 시작 사건이 일어납니다. 시작 사건이란 주인공이 해결해야 할 문제입니다.

   예 : 혜미는 엄마 아빠와의 이혼으로 아빠와 어색한 사이다.
3. 중간은 시작 사건에 의해 일어나는 전개 과정을 씁니다. 보통 앞 부분에는 시작 사건에 대한 주인공의 반응을 주로 다루고, 시작 사건의 해결하는 도중 중간 사건이 등장하며 중간 사건을 계기로 후반에 다른 전개가 펼쳐집니다. 그리고 끝을 향한 결정적 계기가 나타납니다.

   예 : 아빠와 만난 가게에서 초경을 맞습니다. 해결을 하려고 안절부절하지만 아빠 때문에 실패합니다. 계속 당황하는 혜미에게 아빠가 장미와 생리대를 내밉니다. 아빠에게 성질을 부립니다.
4. 마지막은 결정적 계기를 통한 클라이막스와 클라이막스가 끝나면 영화 엔딩 자막이 오릅니다.

   예 : 성질을 부리고 집으로 올라가는 도중 창 밖으로 아빠를 봅니다. 유난히 작아보입니다. 아빠와 어색하지 않았던 옛날을 회상합니다. 엔딩.

국어 2학년 1학기	반	번호		이름		활동지46
대단원 : 6. 방송에서 쓰는 말과 표현			주제 : 단편 영화 만들기 - 시나리오 쓰기			

※ 이번 시간은 시나리오를 쓰는 활동입니다. 지난 시간에 썼던 씬 구분표를 바탕으로
시나리오를 써 봅시다.

시나리오란 : 영화의 설계도입니다. 기본적으로 시나리오를 통해서 영화에 대한 정
보를 얻을 수 있도록 만들어야 합니다. 시간, 장소, 등장 인물, 인물의 관계, 동선, 대
사, 동작, 사건 등이 파악될 수 있도록 만들어야 합니다.

〈시나리오를 만들 때 유의사항〉
① 감정을 직접적으로 이야기 하지 않는다.
　　떠나간 연인을 보며 슬퍼한다. 삑! ⇒ 멀어져 가는 연인을 보며 고개를 떨군다.
② 신(장면)은 시간이나 장소가 바뀔 때 나눈다.
　　같은 학교 장면이라도 오전과 오후의 이야기일 때 신을 나눈다.
　　같은 시간대라도 교실에서 화장실로처럼 장소가 바뀌면 나눈다.
③ 시나리오의 문장은 짧게 쓰는 게 좋다. 즉 한 문장에는 하나의 정보만 넣는다.
　　혜미가 길을 걷다가 돌을 보고 그것을 주웠더니 민수의 이름이 적혀 있었다. 삑!
　　⇒ 혜미가 길을 걷고 있다. 혜미는 바닥에 떨어진 돌을 본다. 그것을 주워든 혜미.
　　　돌에는 민수의 이름이 적혀 있다.
④ 영화는 결국 눈으로 보는 것이다. 그러므로 대사보다는 시각적 이미지로 보여주
　　어야 한다. 사건의 정리를 대화로 다 푸는 것은 망할 징조이다. 또한 상황에 대해
　　말로 설명하는 것도 지루한 영화를 만드는 지름길이다. 말로 설명하거나 대사로
　　알리지 말고, 눈으로 보여주는 상징성을 최대한 이용해야 한다.

처음의 날의 경우 혜미가 마지막 부분에서 손가락으로 아빠의 키를 재는 장면, 이 장
면에 '아빠가 작아 보인다'라는 대사를 넣었다면 영화의 감동은 확 줄었을 것이다.
아빠가 작아 보이는 상징적인 장면을 시각화시켜서 영화의 감동과 여운을 주었다.

자, 그럼 씬 구분표를 보며 시나리오를 써 보자. (시나리오 '처음의 날 참고)
〈약이 되는 잔소리〉
- 모든 초고는 쓰레기다.
- 대충 빨리 쓰고 많이 다듬어라.
- 리뷰(다른 사람에게 보여주고 피드백 받는 것)가 많으면 많을수록 훌륭해진다.
- 땅을 밟고 찍어라. 고작해야 너희들은 학생들이다. 돈이 없다. 그렇다면 돈 안 드는
상상력을 최대한 이용해야 한다.
- 상투적인 표현은 망한다. 눈을 뜨면서 시작된다. 세수하고 거울 본다. 등
- 이야기만 가지고서는 이야기가 안 된다. 시나리오는 디테일이 생명이다.

- 대사 한 마디도 없는 영화도 있다.
- 장면전환(트랜지션)을 멋지게 하라. '아무도 모른다'에서 다시 시험지를 훔치는 장면 검은 곳이 열리면 시험지를 넣은 장을 열고 있는 장면이 좋은 트랜지션의 예이다.
- 만들다 보면 자기도 모르게 장편을 만들고 싶어진다. 장편은 100분 동안 억지로 봐야할 쓰레기다. 짧고 강하게 만들어라.

국어 2학년 1학기	반	번호		이름		활동지47
대단원 : 6. 방송에서 쓰는 말과 표현			주제 : 단편 영화 만들기 - 역할 정하기			

※ 역할 정하기

① 우리 모둠원 이름 :

② 역할 정하기
감독 : 영화는 감독의 작품이라 해도 과언이 아니다. 감독이 편집을 하는 것이 가장 좋다.
프로듀서 : 영화의 외적인 부분을 전부 책임지는 사람. 상업 영화에서는 프로듀서가 영화의 실질적인 주인이라고 한다.
촬영감독 : 촬영과 조명을 담당하는 사람이다. 창의적인 시각, 좋은 장면을 위해서는 쓰레기통에도 들어갈 수 있는 열정적인 사람이면 최고다.
배우 : 어른은 주변에서 어른으로 캐스팅, 아이도 주변에서 캐스팅, 강아지, 고양이도 캐스팅!
③ 장소 협찬 : 씬에 들어가는 장소는 반드시 협찬 받아야 함.

④ 우리 모둠원의 역할 적기 :

<〈촬영할 때 유의 사항〉
- 콘티를 작성하면 좋다. '처음의 날' 콘티 참조
- 앵글 사이즈 용어를 알고 찍으면 좋다.
① 익스트림 클로즈업 : 작은 물건이나 얼굴의 일부만 보이게 찍는 것. 아름다운 그
림에서 엄마의 입만, 눈만 찍은 것
② 클로즈업 : 얼굴만 나오게 찍은 것
③ 바스트숏 : 가슴까지 나오게 찍은 것
④ 웨스트숏 : 허리까지
⑤ 니숏 : 무릎까지
⑥ 풀숏 : 얼굴에서 발까지
⑦ 미디엄숏 : 풀숏과 풀로즈업 중간
⑧ 롱숏 : 사람이 화면의 일부가 되도록 찍는 것. 아름다운 그림에서 아빠와 아들이
들판에서 그림 그리는 장면
⑨ 익스트림 롱숏 : 아주 멀리서 사람이 조그맣게 나오도록 찍는 것

국어 2학년 1학기	반	번호		이름		활동지48
대단원 : 6. 방송에서 쓰는 말과 표현			주제 : 단편 영화 만들기 - 편집하기			

※ 편집, 제 2의 창조

〈편집 전 잔소리〉
— 여기 저기 다니다가 좋은 장면이 있으면 담아두어라. 물 떨어지는 장면, 비 오는
장면, 아파트 베란다에서 보이는 해질 녘 풍경 등. 이것들이 내 영화의 어느 장면
에 갑자기 쓰였을 때 의도하지 않았던 효과를 줄 수 있다.

〈편집 중 잔소리〉
① 영화는 너의 것이 아니다. 우리 모두의 것이다. 시험이 끝나면 바로 편집하라. 그
렇지 않으면 우리 모둠 영화를 못 보는 경우가 생긴다. 그럴 경우 친구들에게 사
망 선고 받는 날임을 명심하여라.
② 영화가 완성되어 상영이 되기 전까지는 파일을 버리지 말아라. 다시 찍자고 했을
때 친구들은 옆에 없다.
③ 파일을 백업해 두지 않으면 엉엉 울 수 있다.
④ 미리보기를 불러와서 편집한 후 끝난 줄 알고 파일을 지우고 옮기면 본인 머리를
다 뽑게 되는 수가 있다.

— 영화를 위해 사용할 모든 파일은 영화 제목으로 된 한 폴더에 다 복사해 저장한 후 그 폴더의 파일을 프로그램으로 불러와 편집한다.
— 폴더 속에 폴더를 만들어 미리 영상. 음악, 사진, 타이틀 등으로 나눠 놓을 수 있다. 그러나 일단 편집 프로그램에 파일을 불러 온 뒤에는 절대로 파일 위치를 바꾸지 말아라. 최종 마스터 영상을 뽑고 더 이상 죽어도! 수정하지 않겠다고 결심할 때까지.
— 영화 이름 폴더 속의 파일들은 이동시키거나 삭제하지 않는다고 편집하기 전에 손을 들어 맹세하라.
  여기서 잠깐! 마스터 파일이 뭐냐? 편집이 끝난 후 가장 화질이 좋은 파일을 말한다. 마스터 파일은 여러 외장 하드에 저장해라.
⑤ 나의 편집 기술이 모자라다고 느낄 땐, 과감히 주변의 도움을 요청하라. 그가 편집을 하는 동안 그의 노예가 될지언정 못하는 편집을 혼자 한다고 낑낑대다간 영화 말아 먹는다.

〈편집 후 잔소리〉
— 제출 기간 내에 제출하라. 그렇지 않으면 열심히 편집해 놓고 상영 못하는 경우가 생긴다. 아마 그렇게 되면 친구들이 가만 두지 않을 것이다.

(5) 독서와 연계한 수업 사례

아이들의 배움과 성장을 지향하는 학교 안에서 독서 교육은 늘 강조되기 마련이다. 하지만 학생생활기록부에 '독서활동' 기록란이 생기면서 또다른 부담으로 작용하는 것도 사실이다. 많은 학교들은 아이들이 스스로 읽지 않는다고 나무라면서 의무적으로 독서 행사를 진행하거나, 교과 내용 밖의 수행평가로 독서 교육의 역할을 해치우는 식이 허다하다.

책을 많이 읽은 아이들은 그렇지 않은 아이들에 비해 기본적인 어휘력이 좋고, 생각하는 힘이 있으며, 자기의 생각을 표현하는 능력이 뛰어나다. 그래서 아이들이 스스로 탐구하고 문제를 해결해가는 수업, 아이들의 배움이 교과서 밖으로 다양하게 연결되면서 좀더 질 높은 배움을 이루는 수업, 깊이 있는 배움을 고민하는 수업을 위해서 모든 교사들이 함께 학교 교육과정을 들여다보면서 독서 교육의 중요성을 절감하게 되는 것은 당연한 일이다. 그렇기 때문에 독서 교육을 형식적으로 하거나, '책은 읽으면 좋으니까 읽어라.' 하는 식의 당위론이 아니라 왜 독서를 해야 하는지에 대한 독서 의식이 학교 철학 속에서 공감되고, 교사들이 다 같이 공유하면서 학교 교육과정 전반에 걸쳐 펼쳐져야 한다. 그래야 아침 독서 시간 운영, 독서 협력 수업, 창체 시간에 독서 시간 운영 등의 프로그램이 의미 있게 진행된다.

시흥시에서 혁신교육지구 내 23개 학교들에게 독서지도사를 배치해 주었는데, 장곡중학교 역시도 혁신교육지구 학교이므로 독서지도사가 배치되었다. 그렇게 시에서 독서 교육의 활성화를 지원했기 때문에 독서 교육의 필요성을 전체 교사가 공감한 상태에서 학교 교육과정으로 독서 활동을 의미있게 구성할 수 있었고 다양한 독서 교육이 시도되고 있다.

독서 교육의 궁극적 목표는 아이들이 독서를 즐기는 평생 독자로 성장시키는 것이다. 또한 그것과 더불어 자신과 타인을 이해하고 배려하는 마음을 키워 그것이 지역을 인간적인 공동체로 만드는 바탕이 될 수 있는 문화까지 연결시킬 때 독서 교육의 큰 줄기가 완성된다. 이런 거대한 목표를 실천으로 가져가는 것은 결국 수업에서 이루어지는 독서 교육이다. 독서 교육이 또다른 일거리로 교사에게 다가오거나 주어지면 대충 해치워야 하는 숙제가 아니라 아이들의 삶 속에 저절로 스며들고 녹아들어가 융화되어야 하는 것이기 때문에 더더욱 교과에서 이루어지는 독서 교육이 의미가 있다. 그래서 그동안 이루어졌던 교과와 연계한 독서 수업의 기획 과정과 사례를 소개하고자 한다. 이 사례는 독서지도사의 도움을 받아 수업을 설계하고 코티칭으로 이루어졌다. 독서지도사가 없는 많은 학교에서는 사서교사와 함께 이런 수업을 설계하고 진행할 수 있다.

1) 독서지도사와 함께 하는 교과 수업 디자인 과정

교과가 다른 그 어떤 매개와 함께 수업이 이루어지려면 본인의 교과 교육과정에 그런 설계가 필요한 교육 내용이 있는지 세심하게 살펴보아야 한다. 그런데 혼자 보면 잘 보이지 않거니와 결국 같은 교과가 같은 학년을 가르쳐야 하기 때문에 교과협의회에서 함께 교과서 분석을 해야 한다.

교과서 분석을 통해 독서와 연계가 필요한 단원이나 교육 내용이 발견되면 독서지도사와 사전 협의를 한다. 협의회에서는 교과의 성취 기준에 맞는 수업을 설계하고, 수업에 사용될 텍스트를 정한다. 텍스트가 정해지면 수업에 사용할 활동지를 협력해서 제작하고, '코티칭'(co-teaching)이 될 수 있도록 수업에서의 역할을 나눈다. 이때 독서지도사의 가장 큰 역할은 수업에 사용될 가장 좋은 텍스트를 도서실에서 찾아 읽기 자료로 만들어 제공해주는 것이다.

그런 후 사전에 기획한 대로 서로의 역할을 하며 수업을 진행한다. 다음은 독서지도사와 협력하여 수업을 기획하고 진행하는 절차를 간단하게 표로 정리한 것이다.

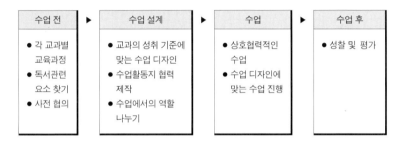

2) 독서와 연계한 교과 수업

● 수학

어릴 적 즐기던 수수께끼를 재미로 생각하는 사람이 대부분 이겠지만, 수학적인 눈을 가지고 보면 분명히 수학 문제라 생각하는 사람도 있다. 수학을 재미로 느끼느냐, 성적을 올리기 위한 문제풀이로 느끼느냐는 수학을 공부하는 의미에서 큰 차이가 있을 것이다. 수학을 독서와 연계한 이유도 그런 데 있다. 책을 읽다 보면 책 속에도 수학이 들어있는데 그것이 수학 교사의 눈에만 보인다는 것이다. 그래서 아이들에게 책 속에 들어있는 수학을 만나게 하고 싶었고, 이런 활동을 통해 독서에 흥미를 느낌과 동시에 책 뿐만 아니라 눈을 들어 세상을 보면 이 세상도 온통 수학으로 덮여 있다는 것을 깨닫게 하고 싶어 이런 수업을 기획하였다. 특히 독서 활동이 수학과 연계가 될 때 교과 지식에 대한 이해가 실생활과 직접 연결이 되면서 수학에 대한 흥미가 높아지고 혼자서도 수학을 공부하고 싶은 마음이 생겨난다.

1, 2, 3학년 전체 학년을 대상으로 하였으며, 단원마다 학습 마무리에 독서와 연계한 활동으로 진행하였고, 평가까지 연결하였다.

첫 번째 일차방정식 활동은 동화책을 읽고 내용 중에 일차방정식으로 만들 수 있는 부분을 추출하여 방정식을 만드는 것이다. 1학년 학생들이 중학생이 되어 수학을 만나면서 가장 어려워하는 부분이 미지수인 X와 Y의 개념이다. 어려워하는 개념을 동화책 내용을 통해 이해하고 이것을 바탕으로 앞으로 수학에서 만나는 미지수를 친숙하게 생각하게 된다.

두 번째 함수와 그래프 활동은 학생들이 함수를 실생활과 연결 지어 생각하지 못하고 수학책 속에 존재하는 골치 아픈 문제라는 인식에서 벗어나게 하려고 기획이 되었다. 실제로 함수와 그래프는 우리가 흔히 대중매체에서 자주 접하는 도구이며, 이 도구를 해석하는 능력은 살아가며 어떤 일을 해석하거나 앞으로 다가올 일에 대한 준비가 필요할 때 참으로 쓸모 있는 역량임을 깨닫게 하기 위함이다.

세 번째 활동은 학생들이 수업 시간에 수학과 관련한 다양한 도서를 직접 만져보고 훑어보는 활동을 하며, 독서 활동을 문학 읽기에만 치우치지 않도록, 수학에 관련된 도서도 읽을 수 있도록 유도하는 활동이다. 이런 활동을 통해 학생들은 수학에 관련된 책과 직접 접하게 되고, 그런 경험이 언젠가는 책을 집어 읽도록 할 것이다.

수업안 1 독서수업지도계획(안) 및 활동

학년	1학년 전체	차시	2차시
주제	문자와 식	수업일시	2013. 5. 10. 각 교실
자료	활동지, 읽기 자료, 동화책 (32권)		
목표	일차방정식의 활용을 바르게 이해했는지 확인한다.		

	수업 내용	준비물
열기 (10분)	1. 일차방정식에서 문제를 만들어 보도록 한다. (모둠활동) ─ 교과 교사가 문제를 만드는 방법을 안내한다. - 공유한다.	교과서
펼치기 (30분)	1. 읽기 목적을 확인한다. ─ 독서지도교사사가 독서의 목적이 무엇인지 설명하고 읽기 방법을 안내한다. 2. 읽기자료를 임의대로 정해주고 아이들이 단서를 찾아가며 책을 읽도록 한다. (개별활동) 3. 2번의 힌트를 통해서 어떤 문제를 만들 것인지 계획을 세운다. (개별활동)	활동지 동화책 교과서
닫기 (10분)	다음 시간 수업 내용 공지	

주제	내가 만드는 일차방정식		관련단원	문자와 식
학년	반	번호	이름	

1. 다음 일차 방정식을 문장제 문제로 만들어 보세요.

$$50 - X = 21$$

구하는 것이 무엇인가	x =
나머지 숫자를 어떤 조건으로 놓을까	50 : 21 :
문장으로 만들어 볼까	

2. 읽기자료를 읽고 그 속에서 일차방정식 활용 문제를 만들 수 있는 단서를 찾아보며 어떤 문제를 만들 수 있는지 생각해 보세요.

도서명	
어떤 장면을 문제로 만들까	
무엇을 X로 놓을까	
어떤 조건이 필요할까	

3. 2를 바탕으로 일차방정식 문제를 만들고 풀어보세요.

주제	내가 만드는 일차방정식		관련단원	문자와 식
1학년	반	번호	이름	

예시1. 시흥시청에서 장곡중학교까지 왕복하는 데 갈 때는 시속 6km로 달려가고, 올 때는 시속 3km로 걸어서 총 1시간 15분이 걸렸다. 장곡중학교에서 시흥시청까지의 거리를 구하여라.

예시2. 장곡중학교의 금년 남학생 수와 여학생 수는 작년에 비하여 남학생은 10% 증가했고, 여학생은 5%가 감소했다. 작년에 전체 학생 수가 920명인데 비하여 금년에는 작년보다 29명이 늘었다고 할 때, 작년 남학생 수를 구하여라.

예시3. 12%의 소금물 100 g에 물을 더 넣어 10 %의 소금물을 만들려고 한다. 이 때 물을 몇 g 더 넣어야 하는지 구하여라.

예시4. 강당에 있는 긴 의자에 3명씩 앉으면 학생이 10명 남고, 4명씩 앉으면 남는 학생 없이 완전히 빈 의자만 6개가 남는다. 이때 학생 수와 의자 수를 각각 구하여라.

예시5. 예쁜 수련 꽃다발의 $\frac{1}{3}$은 바람에게, $\frac{1}{5}$은 태양에게, $\frac{1}{6}$은 달에게, $\frac{1}{4}$은 별에게 그리고 남은 여섯 송이는 나의 선생님께 바치련다. 수련 꽃은 모두 몇 송이일까?

예시6. 비밀의 수에 3을 곱한 다음 4를 더한다. 다시 그 수에서 비밀의 수를 뺀 후 6을 더하니 20이 되었을 때, 비밀의 수를 구하여라.

문제 : 읽기자료를 읽고 위 예시문제 6개 중 한 가지 유형을 선택하여 일차방정식 활용 문제를
만들고, 식을 세워 풀어라.

도서명	
문제로 만들 장면 또는 내용	
무엇을 x로 놓을까?	
어떤 조건이 필요할까?	
활용문제 만들기	
식 세우고 풀기	

평 가 항 목	채점 기준	배점	점 수
1. 미지수 x와 조건을 만들었는가?	5항목 만족	10	
2. 제시된 예시를 사용하여 문제를 만들었는가?	4항목 만족	9	
3. 조건을 반영하여 문제를 타당하게 만들었는가?	3항목 만족	8	
4. 문제를 식으로 맞게 표현하였는가?	2항목 만족	7	
5. 풀이과정과 답이 옳은가?	1항목 만족	6	
	1항목 미만	5	

독서수업지도계획(안) 및 활동

학년	1학년	차시	3차시
주제	함수	교육일시	2013. 6.20 ~
자료	활동지, 읽기 자료		
목표	다양한 함수 표현과 분석활동을 통해 함수의 유용성을 깨달을 수 있다.		

	수업 내용	준비물
열기 (5분)	1. 수업 내용 소개 2. 읽기 자료 및 활동지 배부	활동지 읽기 자료

펼치기
(30분)
	1. 읽기 자료1을 읽으면서 자신의 일일 기초대사량을 다양한 함수
	  표현방법으로 나타내보기
	  ●독서지도사 - 읽기자료 읽기 안내
	  ●교과교사 - 밑줄 그은 부분을 함수식과 그래프로 표현하기 안내
	2. 읽기자료 2를 읽고 함수 그래프를 해석하는 방법에 대해 생각해
	  봅시다.
	  ●독서지도사 - 읽기자료 안내, 그래프 해석 방법 및 중요성 이야
	    기 나누기	

닫기 (10분)	3. 친구들과 공유하며 소감 나누기	

활 동 지

주제	다양한 함수 표현 방법과 유용성 알기	관련단원	함수
학년	반	번호	이름

1. 읽기 자료 1을 읽고 다양한 함수 표현 방법에 대해 정리해 봅시다.

1-1. 나의 기초대사량을 구하기 위해 필요한 부분에 밑줄을 그으면서 읽어 보세요.

1-2. 밑줄 그은 부분을 함수식과 그래프로 나타내 보세요.

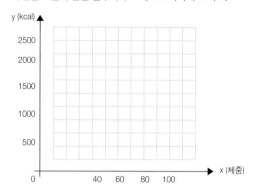

1-3. 나의 활동대사량을 구해보세요.

2. 읽기자료2를 읽고 함수 그래프를 해석해 봅시다.

	그래프의 무엇을 보고 해석했을까요?
①	
②	
③	

읽기자료

사람이 살아가기 위해서는 기초적인 생명 유지에 사용되는 에너지와 일상생활에 사용되는 에너지가 모두 필요하다. 체온 유지나 호흡, 심장 박동 등 생존을 위한 신진대사, 즉 기초적인 생명 유지에 사용되는 에너지의 양을 기초대사량이라고 한다. 반면에 운동이나 노동 등 일상생활의 활동에 사용되는 에너지의 양을 활동대사량이라고 한다.

사람에게 하루 동안 필요한 기초대사량은 일반적으로 남성은 체중 1kg당 하루에 24Kcal를 기초대사량으로 소모하고, 여성은 남성의 90%를 기초대사량으로 소모하는 것으로 알려져 있다.

그러나 현대인들은 다양한 먹거리와 편리해진 생활환경으로 활동 대사량이 적어 건강에 문제를 가져올 수 있다. 특히 비만은 건강 악화와 함께 외모에 대한 스트레스를 준다. 그래서 살과의 전쟁은 사람들의 관심거리이다.

단백질만 먹는 황제 다이어트에서부터 사과 다이어트, 두부 다이어트에 이르기까지 살과의 전쟁 방법은 다양하지만, 한 미국 연구팀은 "칼로리를 줄이는 것"이 비결이라고 결론을 내렸다.

— 한겨레신문 2009년 3월 2일

소비칼로리표				
	운동명(10분 동안 했을때)	50kg	60kg	70kg
가벼운 운동	산책하기	22	26	30
	자전거 타기(보통의 속도로)	31	34	43
	스트레칭 체조	21	25	29
	춤추기	34	41	48
	볼링	25	33	35
	요가	21	25	29
	골프연습장	31	37	43
	골프	34	41	48
	운동명(10분 동안 했을때)	50kg	60kg	70kg
중간 정도의 운동	에어로빅 운동	42	52	59
	계단 오르내리기	48	58	69
	팔 굽혀 펴기	32	42	49
	자전거 타기(빠른 속도로)	37	44	52
	스키	59	70	82
	탁구	50	60	70
	테니스	60	72	84
	배드민턴	59	70	82
	배구	59	70	82
	운동명(10분 동안 했을때)	50kg	60kg	70kg
힘든 운동	수영(자유형)	145	174	204
	수영(접형)	184	220	258
	조깅(천천히 뛰기)	79	94	110
	농구	67	80	93
	윗몸 일으키기	72	86	101
	줄넘기	75	89	104

<table>
<tr><td colspan="3" align="center">1일 권장 칼로리 - 여성</td><td></td><td colspan="3" align="center">1일 권장 칼로리 - 남성</td></tr>
</table>

번호	나이	권장 칼로리
1	13세 ~ 15세	1900 ~ 2100
2	16세 ~ 19세	1900 ~ 2100
3	20세 ~ 29세	1800 ~ 2000
4	30세 ~ 49세	1800 ~ 2000
5	50세 ~ 64세	1700 ~ 1900

번호	나이	권장 칼로리
1	10세 ~ 12세	2000 ~ 2200
2	13세 ~ 15세	2300 ~ 2500
3	16세 ~ 19세	2500 ~ 2700
4	20세 ~ 29세	2300 ~ 2500
5	30세 ~ 49세	2300 ~ 2500
6	50세 ~ 64세	2100 ~ 2300

함수의 해석

수학에서는 주어진 함수를 바르게 표현하는 일도 중요하지만, 그것 못지않게 이를 올바르게 읽어 내는 일도 중요하다. 실제로 자연과학에서 실험을 하고 사회과학에서 사회현상을 연구해 얻은 표나 그래프 등은 어떻게 표현하느냐 보다는 어떻게 분석하느냐를 더 중요하게 여긴다.

예를 들어 다음과 같은 함수 그래프가 있다. 어떻게 해석하는 것이 바람직할까?

다음 그래프는 연도에 따른 제주도 관광객 수를 내국인과 외국인으로 나누어 조사한 것이다. ------------①

　내국인 관광객의 수는 꾸준히 상승하고 있는 반면외국인 관광객의 수는 과거에 비해 큰 변화가 없이 제자리걸음을 하고 있다. ------------------②

　앞으로 제주도시는 계속적인 내국인 관광객 유치를 위해 관광환경 및 서비스를 개선하도록 노력해야 한다. 또한 외국인 관광객이 더 많이 제주도를 찾을 수 있도록 외국인 관광객의 의견을 물어 개선해야할 점이나 부족한 점을 찾아야 한다. 그래야만 외국인 관광객을 더 많이 유치할 수 있을 것이다.------------------------③

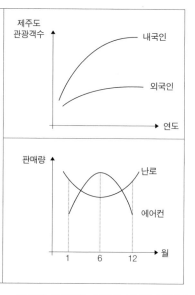

— 『교실밖 수학여행』 김선화, 여태경 / 사계절

주제	그래프의 해석		관련단원	함수
1학년	반	번호	이름	

* 그래프를 해석하는 예시문을 보고 주어진 그래프를 해석하는 글을 쓰시오.

예시] 오른쪽 그래프는 장곡이가 아침에 집에서 900m 떨어진 학교까지 걸어서 등교하는데 걸린 시간과 걸은 거리 사이의 관계를 그래프로 나타낸 것이다. 이 그래프를 보고 장곡이가 집에서 학교까지 걸어간 과정을 시간대별로 설명하여라.

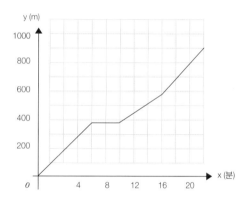

설명] 장곡이는 집에서 출발하여 학교를 향해 일정한 속력으로 걸어서 6분 동안 400m를 가다가 멈추었다. 아마도 등굣길에 친구를 만나 이야기를 하지 않았을까? 4분 여를 서서 이야기 하다가 친구와 함께 아주 천천히 걸어서 6분 동안 200m를 이동하였는데 시계를 보니 지각을 할 것 같았다. 그래서 나머지 300m를 4분 동안 빠르게 걸어서 학교에 도착했다.

문제] 하굣길에 응곡이와 친구들은 음료수를 각각 1병씩 사서 마셨다. 시간이 지남에 따라 각자의 병에 남아 있는 음료수의 양이 아래 그래프와 같을 때, 세 친구가 음료수를 마시는 상황을 글로 써라.

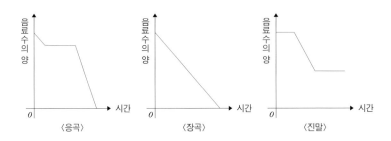

설명] 〈응곡〉 :

　　　〈장곡〉 :

　　　〈진말〉 :

최근 스포츠 경기의 기록은 최첨단 기술을 이용하여 정확하게 측정하는 것이 가능한데, 이 측정 결과를 그래프로 나타내면 여러 가지 사실을 분석할 수 있다. 아래 그래프는 심장병 어린이 돕기 마라톤 대회 5km 코스에 참가한 A, B, C세 학생의 기록을 그래프로 나타낸 것이다. 세 학생의 달리기 상황을 설명하는 신문 기사를 작성하여라. 【10점】

〈 조 건 〉
ㄱ. 출발 당시의 순위 상황을 나타내시오.
ㄴ. 거리와 시간이 지나면서 순위가 어떻게 바뀌는지 나타내시오.
ㄷ. 결승점을 통과 한 후의 순위 상황을 나타내시오.
ㄹ. 완전한 문장으로 논리적으로 서술하시오.

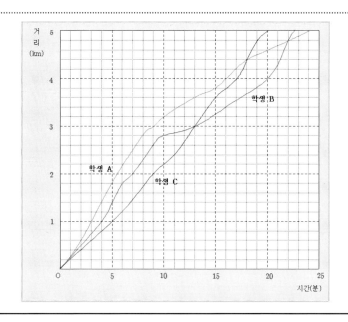

수업안 　3학년 수학 독서 수업 설계 및 활동지

학년	3학년	차시	1차시
주제	수학독서	교육일시	2013.9.1~
자료	활동지, 수학도서(10종류)	장소	도서관 해움터
목표	수학과 관련된 도서를 선택해 보고서를 작성할 수 있다.		

	수업 내용	준비물
열기 (10분)	1. 인사 2. 독서지도교사가 들어온 이유에 대해 간단히 소개 - 책을 고를 때 어떤 기준으로 고르는지 이야기 나누기 3. 수학독서를 위해 필요한 도서 선택기준 선정하기	
펼치기 (25분)	1. 책 소개 2. 도서 선택 기준을 바탕으로 책을 선택 (모둠활동)	활동지
닫기 (10분)	모둠에서 선정한 도서 발표하기	

주제	수학도서 선택하기		관련단원		
학년	3학년　　반	번호		이름	

1. 책을 고르는 목적이 무엇인지 생각해 봅시다.

2. 1의 목표를 가지고 책을 고르려면 어떤 방법이 있는지 정리해 봅시다.

3. 책을 훑어보며 특징을 써 보세요.

도서명	작사/출판사	특징	평가

4. 우리 모둠에서 선택한 책의 제목과 선택 이유를 정리하세요.

　　역사 독서 수업과 국어 독서, 음악 독서 수업은 각각 수업의 성취 기준을 도달하기 위해 과목 담당 교사가 독서지도사에게 협력을 요청하여 이루어진 수업이다.

　　먼저 역사 수업의 경우는 2학년 교과통합 프로젝트 수업인 '새로운 세상을 향한 발걸음' 중 역사 수업에 해당한다. '새로운 세상을 향한 발걸음'은 2학년 학생들이 체험학습의 장소인 광주 일대에 대한 역사적인 이해를 돕기 위해 만들어진 교과통합 수업이다. 특히 체험학습의 주제인 5.18 민주화 운동을 6개의 교과가 통합하여 배우는 과정에서 우리 현대사에 대한 이해를 깊게 하고, 민주주의가 어떻게 지켜졌는지, 앞으로 청소년들은 사회의 민주주의를 어떻게 만들어 가야 하는지를 깨달을 수 있도록 기획되고 진행되었다.

참고로 아래 표는 '새로운 세상을 향한 발걸음' 프로젝트 수업에서 각 과목이 기획 진행한 활동 내역이다.

사회	『민주시민』 교실 속 민주주의 , 청소년의 사회참여, 2박3일 체험학습 계획 짜기
역사	역사 2 Ⅳ산업화와 국민국가 형성 , Ⅲ 대한민국의 발전 (5.18 민주화 운동, 동학농민운동, 프랑스 혁명)
국어	현실 참여시
영어	Democracy 단어 이해 및 노래 속에서 그 의미 발견하기 Do you hear the people sing 노래 해석하고 불러보기
음악	자유와 평화를 노래 하는 음악 - Do you hear the people sing? 함께 배우기
미술	민중미술, 협동화 그리기

두 번째 활동인 한문 독서 수업은 한문 시간 한시 수업을 하기 전 미리 독서 활동을 통해 한시를 깊게 이해한 후에 교과서에 소개되는 한시를 감상하도록 설계된 수업이다.

세 번째 활동인 음악 독서 수업은 음악과에서 예술 가곡을 공부하면서 '낭만파'라든지, 하이네, 슈만 등에 대한 이해가 필요한데,

이를 독서지도사의 도움을 받아 함께 수업을 하며 학생들이 쉽게 이해할 수 있도록 설계한 수업이다.

　네 번째 활동인 국어 독서 수업도 역사적 사실만으로는 알 수 없는 고려 시대의 실제 생활 모습을 생활문화사가 담긴 책의 독서 활동을 통해 이해하고 고려 시대 문학 작품을 감상한 후 고려 시대를 배경으로 설화를 창작하는 활동이다.

　이 네 가지 활동의 공통점은 교과서에 있는 지식만으로 부족한 부분을 도서관에 있는 책을 통해 읽음으로써 수업이 완성된다는 것에 있다. 도서관에 있는 수많은 책을 교사가 다 알지 못하기 때문에 독서지도사나 사서교사의 협력이 필요했고, 그들의 협력이 있었기에 학생들은 깊이 있게 배울 수 있었다.

수업안　역사 독서 – 독서수업 지도계획안

학년	2학년	차시	1차시
주제	광주 민주항쟁 (5 · 18광주 민주화 운동)을 책으로 만나기		
교육일시	2014. 4. 21~		
독서 연계 시점	5.18 단원 배우기 전		
자료	청소년 테마 소설집 「난 아프지 않아」 ●이병승 외 ●북멘토 중 '명령'		
목표	1. 광주 민중 항쟁에 대한 배경지식을 넓힐 수 있다. 2. 역사적 사실에 대해 관심을 가질 수 있다.		

수업 내용		교재 /준비물
열기 (10분)	1. 인사 2. '명령'의 작가의 말을 읽어 준다.	읽기자료

펼치기
(35분)
	1. '명령'을 읽는다.
	  - 읽기 전 글의 형식에 대해 간단히 설명한다.
	    (이 글은 광주민주항쟁에서 목숨을 잃은 친구 이야기
	    를 선생님의 말과 편지로 들려주는 형식임. 비스듬한
	    글자는 선생님의 편지글.)
	  - 읽으면서 모르는 낱말에 밑줄을 긋도록 한다.
	
	2. 모르는 낱말이나 문장의 의미도 함께 나누고 책을 읽
	  은 감상을 함께 나눈다.
	
	3. 광주 민주 항쟁에 대한 정보를 글 속에서 찾아 '보고서'
	  형식으로 정리한다.
		활동지

닫기 (5분)		

활동지

날짜						
학년		반	번호		이름	
목표	관련 글을 통해 광주 민주 항쟁 당시의 상황을 파악할 수 있다.					

1. 책을 읽으면서 느낀 감상을 친구들과 이야기 나눠 봅시다.

2. 책 속 내용을 바탕으로 광주 민중항쟁 사건 보고서를 작성해 보세요.

사건명	광주 민주항쟁 사건 보고서	
발생일자		
발생장소		
발생원인		
사건 내용	정부의 조치	
	시민의 대항	
	언론의 태도	
결과		

읽기자료

★ 역사독서 · 광주민주항쟁

● 작품을 읽기 전개 · 작가의 말

　30여 년 전 이 나라에 있었던 비극은 아무리 돌이켜보아도 뼈가 시립니다. 그때 죽어간 어린 넋을 위로해 주고 싶은 마음에 자료를 뒤적이다 나는 다시금 밀려드는 분노와 슬픔을 견디기가 힘들었습니다. 이렇게 흐른 세월로도 씻어 낼 수 없을 만큼 그것은 엄청난 비극이었고, 사악한 어른들 때문에 죽어 간 어린 친구들도 너무 많았습니다.

　박기현 군의 사례를 선택한 것은 박 군의 묘지 번호가 그 어린 친구들 중 가장 앞쪽에 있었던 탓도 컸지만 이상하게도 그의 가슴에 콱 박혔던 것입니다.

　이 글 속에서 이름 한 글자가 바뀐 채 나오는 박기훈 학생의 모델이 바로 박기현 군입니다. 이 글은 물론 허구의 소설입니다만 박 군의 죽음에 대한 부분만은 거의 사실에 옮겨 왔습니다. 이장할 때의 광경도 그렇습니다. 자료는 '그해 오월 나는 살고 싶었다.'라는 증언록에서 가져왔습니다.

　머리뼈가 다 부서진 박 군을 국립 5 · 18 묘지에 묻혀 있습니다. 인적사항은 다음과 같습니다.

```
이름     : 박기현
묘지번호 : 1-08
생년월일 : 1966년 2월 8일
직업     : 중학생(동신중학교 3학년)
사망일자 : 1980년 5월 20일
사망장소 : 계림극장 동문다리 부근
사망원인 : 뇌좌상, 두부, 배흉부, 전흉부, 우완상부 다발성 타박상
```

　지금 쓰는 '작가의 말'은 소설이 아니니, 여러분에게 새로이 부탁드립니다. 박기훈이 아닌, 박기현이란 이름 석자를 사무치게 기억해 주십시오. 열여섯도 아닌 열다섯에 죽은 기현이는 여러분과 친구가 되고 싶어 그렇게 나한테 콱 박혔던 것인지도 모르니까요.

★ 작품감상 · 단편소설 / 명령 / 이경혜

　오늘이 마지막 수학 시간이구나, 너의들도 졸업을 하지만 나도 학교를 더난다. 아, 아…. 조용히! 조용히! 내가 왜 학교를 그만두는지에 대해서는 이제 얘기할 것이다. 자, 수학책은 보고 이 책을 주목하도록! 그래, 아주 낡은 책이지? 내가 여러분만 할 때 보던 책이니 몇 십 년이나 된 책이다. 이제는 낡다 못해 너덜너덜하다. 뭐라고 써있냐고? 아니, 이 저도 한자도 못 읽나? 반장, 읽어봐, 그래, '필.승.중.학.수.학…' 보다시피 문제집이다. 자, 자, 조용히! 안그래도 이 책에 대한 사연부터 얘기할 것이다.

　한문 독서 – 독서연계수업 지도계획(안)및 활동

학년	단원	수업 목표	수업 주제	독서요소	차시
2	한시 감상	독서를 통해 한시의 특징과 감상 방법을 이해하고 이를 적용해 교과서 속 한시를 감상 하는 감상문을 쓸 수 있다.	한시 감상 관련 도서의 특징을 살펴보고 읽는 방법에 대해 알기	『정민선생님이 들려주는 한시 이야기』	1~2
			한시의 특징과 감상 방법을 요약하며 책 읽기		3~4
			교과 서 속 한시를 감상하고 순서를 정해 감상문 쓰기		5

활동지 1

학년	2학년	차시	2차시
주제	한문독서	교육일시	2013.9.1~
대상	2학년	장소	도서관 해움터
		소요시간	45분
자료	활동지, 읽기 자료		
목표	『정민 선생님이 들려주는 한시 이야기』를 훑어보고 읽기 계획을 세울 수 있다.		

	수업 내용	교재/준비물
열기 (5분)	1. 인사 2. 한시 형식에 대해 정리한다.	
펼치기 (30분)	1. 책의 앞부분을 읽으며 작가의 집필의도를 알아본다. 　- 작가의 의도를 통해 책의 핵심 내용이 무엇이 될지 생각해 본다. 　- 무엇을 중심으로 요약해야할지 생각해 본다. 　　시(시인의 의도, 시의 특징, 시 감상 방법)를 이해하는 데 필요한 중요한 문장중심으로 요약 2. 책을 훑어본다. 　- 책의 구성을 살펴보고 목차를 읽어 보고 읽기 계획표를 작성한다.	활동지
닫기 (10분)	(밑줄 그으며 책을 읽도록 안내 후, 독서 시작)	

활동지 2

주제	책 훑어보고 읽기 계획 세우기	관련단원	한시감상
학년	반	번호	이름

※ 『정민 선생님이 들려주는 한시이야기』를 훑어보고 읽기 계획을 세웁시다.

1) 딸에게 쓴 작가의 편지를 읽고 이글을 쓴 작가의 의도는 무엇인지 생각해 봅시다.

2) 이글을 읽을 때는 무엇을 찾으며 읽어야 하는지 정리해 봅시다.

3) 책의 목차를 보고 읽기 계획을 세워 봅시다. (2번 이상 읽기)

차례	목차 이름 쓰기(읽기 전)	쪽 수(읽기 중)
1차 (학교에서)		
2차 (나 혼자)		

주제	책으로 한시 이해하기		관련단원	한시감상
학년	반	번호	이름	

※ 책을 읽으며 밑줄 그은 내용을 바탕으로 요약해 봅시다.

이야기 제목	핵심 내용 요약

주제	한시 감상문 쓰기		관련단원	한시감상
학년	반	번호	이름	

※ 한시를 읽고 감상문을 써 봅시다.

감상평에 들어가면 좋은 내용	1. 한시의 내용을 그림을 보는 것처럼 설명해보기 2. 한시의 내용을 한 구절씩 읽으며 시인의 어떤 마음이 나타나있는지 설명해보기 3. 시인은 각 구절마다 어떤 방법으로 시인의 마음을 나타냈는지 설명해보기 4. 가장 인상 깊은 표현은 어느 구절인지 이유와 함께 설명하기 5. 한시는 전체적으로 무엇을 이야기하고 있는지 설명하기

　　음악 독서

대상	3학년			수업자 성명		조성현, 최선아
수업 교과	음악	지도단원	4. 예술가곡	일　시		2014. 5월

수업주제	예술가곡에서의 시와 음악
수업의 흐름	1. '아름다운 오월에' 란 제재곡을 음악적으로만 감상 2. 오늘 주제인 예술가곡과 그 시대 낭만주의에 대해 설명하기(독서 　지도교사) 3. [읽기 자료1]을 읽고 하이네와 슈만의 일생을 이해하고 삶과 연관 　지어서 2차 감상 실시(독서지도교사) 4. 시를 읽어보고 활동지 4번의 활동을 모둠원과 공유 5. 두 사람의 철학과 사상을 바탕으로 활동지 5번의 3차 감상 실시 6. 제재곡을 세 번에 걸쳐 감상한 후 최종적인 곡의 이해를 공유하며 　마무리
수업철학 및 설계	슈만의 '시인의 사랑'은 낭만파 시대를 대표하는 곡으로 사랑을 위해 괴로워하고 아파하는 작곡가의 고뇌가 담겨있는 예술작품이다. 슈만은 한 여자를 불꽃처럼 사랑하다가 종국에는 정신병으로 세상을 마감한 음악가이다. '하이네'란 시인은 그 시대의 사회와 신분 및 사상으로 인해 처절한 고통을 겪은 시인이다. 두 사람의 혼이 서려 있는 '시인의 사랑' 이라는 예술가곡을 아이들이 함께 감상하고 그 감상을 토대로 작곡가와 시인의 희로애락을 함께 공유하며 느끼게 해 주고 싶은 마음이다. 　본 단원은 재작년 3학년 수업당시 학생들의 활동으로 많은 감동을 받았던 수업이다. 하지만 그 당시에 독일의 시와 가곡에 학생들이 어려워하는 모습도 보인 수업이었다. 이에 본 단원에 대한 고민을 하다가 독서지도사 선생님과 협력 수업을 구상해 보았다. 우선 시에 곡을 붙인 예술가곡 'Lied(리트)'에 대하여 설명하고 제재곡을 세 번에 걸쳐 감상할 것이다. 첫 번째 감상했을 때는 예술가곡이라는 장르만 알고 들어본다. 두 번째 감상은 독서지도사 선생님과 함께 낭만주의가 탄생한 시대적 상황과 문화적 현상을 알아보고, 하이네 슈만에 대한 배경지식을 넓힌 후 곡을 감상하고 첫 번째 감상과 비교한다. 시의 내용을 살펴본 후 세 번째 음악 감상을 통해 시인과 음악가의 창작의도를 짐작해보고 한 편의 감상문을 작성한다.

수업철학 및 설계	감상의 내용을 단계적으로 심층화시킨 세 번의 반복적인 감상을 통해서 시와 음악의 이론적인 구조에 얽매이지 않는 보다 순수하고 깊이 있는 이해를 이끌어낼 수 있을 것이다. 또한 낭만주의에 대한 배경지식과 읽기자료를 통한 인물파악은 음악을 통한 사회 문화적 변화에 대한 이해도 넓힐 수 있다. 　요즘 우리 아이들은 범람하는 각종 매체를 통해 비슷한 장르의 댄스음악, 컴퓨터로 조작한 음악 등을 생각과 상상의 과정 없이 바로 흡수해 버린다. 음악을 음미하고 느낄 수 있는 여유를 대중음악에서는 채워 주지 못하고 있다. 그러면 우리가 언제까지 '아이들은 그런 대중음악만 좋아하고 클래식은 싫어해'라는 체념만 할 것인가? 이 수업을 통해서 음악의 진정한 아름다움을 찾을 수 있도록 이끌어 주고 싶었다. 억지로 듣게 하는 것이 아닌 서로 토론하고 공유하며 내 안의 작은 감성적 불씨를 살리게 하고 싶은 마음이었다. 그러면서 '삭막한 아이들의 마음에 한줄기 빛과 소금이 이 음악으로 만들어질 수 있지 않을까?' 하는 소망을 담아 본다.

활동지　　음악 3

3학년		반	번호		이름	
대단원 : Ⅱ. 가락과 시김새의 멋			소단원 : 4.예술가곡			

1. 예술가곡이란? - 시에 곡을 붙인 음악

　예술가곡은 19세기 초에 독일을 중심으로 유럽에서 발달하였다. 슈베르트와 슈만에 의해 발전하였으며, 하이네의 16편의 시를 엮어 만든 슈만의[시인의 사랑], 뮐러의 24편의 시에 곡을 붙인 슈베르트의 [겨울나그네]등이 유명하다. 우리나라는 1920년대 이후, 예술가곡의 양식(이탈리아 가곡, 독일 가곡 등)이 유입되었으며, 1924년에 창작된 한국 최초의 가곡이라고 불리는 홍난파의 〈봉숭아〉를 기점으로 예술가곡이라는 새로운 양식이 나타났다. 그러나 〈봉숭아〉가 아직 내용에 있어서 계몽적 성격을 가지고 있고 정형시적 율동으로 규칙적인 리듬과 박자에 의존해 있다면 1933년에 작곡된 김동진의 〈가고파〉는 본격적인 예술가곡의 전형으로 평가되기도 한다.

2. 낭만주의(낭만파음악)

13~14세기 서양에서 상업으로 돈을 번 부르주아 계층은 개인주의와 이성의 합리성을 믿었던 사람들이다. 그들이 가진 합리적이고 개인주의적 성향은 프랑스 대혁명을 일으켰으며 이들은 절대주의 왕권을 몰아내고 권력을 쥐었다. 시민계급은 당연히 이들을 지지했다. 그러나 혁명은 실패로 돌아갔다. 나폴레옹에 의해 왕권이 복귀되고 혼란스러운 역사 속에 부르주아를 지지했던 시민들은 배신감과 패배감을 느꼈다. 이런 과정에서 나온 사조가 낭만주의이다.

낭만주의는 인간의 이성과 합리성에 실망해 인간의 감성에 관심을 가지면서 인간의 희, 로, 애, 락의 감정을 표현했다. 권력 앞에 시민이 당하는 부조리함이라든지 부르주아에 의해 자행되는 잔혹한 모습 등의 다양한 주제가 그림으로 표현되었고, 대담한 색채와 형식에 얽매이지 않는 자유로운 표현기법을 사용하였다. 미술 뿐 아니라 음악에 있어서도 낭만주의는 이전의 음악과는 판이하게 달라졌다. 그야말로 인간 감정이 폭발적으로 표현되었다. 철학에서도 인간 내부의 존재에 대해 인식하고 탐구하는 인식론이 유행하게 되었다.

3. 아래 읽기 자료1를 읽어 보고 하이네와 슈만에 대하여 모둠별로 공유해 보세요.

시인 '하인리히 하이네'	작곡가 '로베르트 슈만'
하인리히 하이네는 괴테와 함께 세계적으로 가장 널리 알려진 독일 시인이다. 그는 1797년 독일 라인 강변의 뒤셀도르프에서 태어났다. 　처음에 그는 상인이 되려 했으나 실패하였고, 본 대학에서 슐레겔의 강의를 듣고 낭만주의의 세계에 빠져들었다. 1817년~1819년 함부르크에서 적성에 맞지 않는 상업실무를 견습하는 동안 그는 주변 세계와 삶에 혐오를 느끼게 되었다. 이로 인하여 일상의 현실을 떠나 환상과 감정의 세계로 도피하려는 낭만적 경향이 당시의 시대사조와 결합하여 두드러지게 나타나 그의 초기 서정시세계의 특징이 되었다. 　1825년 괴팅겐 대학에서 법학박사 학위를 받고, 변호사 개업을 위해 기독교로 개종하였다. 　1825년~1830년에는 함부르크, 북해, 영국, 이탈리아 등지를 여행하고, 「여행 화첩」과 「노래의 시집」을 출간, 이를 통해 그의 이름을 독일에 알렸다. 함부르크에 머물면서는 사촌 여동생 테레제 하이네와 사랑을 했지만 결말은 불행했다. 특히 이시기에 집필한 「노래의 시집」은 이후 독일어로 쓴 시집 중 가장 많이 읽히는 시집으로 꼽혀 오늘날까지 하이네를 낭만적 서정 시인이라 불리게 했다. 　1831년 3월 독일을 떠나 신문사 특파원으로 파리에 간 하이네는 당시 유럽에서 가장 진보적이며 자유로운 프랑스의 정치, 사회 상황을 독일에 중계하며 그곳의 문인들과 교우하여 독일문학을 프랑스에 소개하는 등 독일과 프랑스 문화교류에 커다란 역할을 하였다.	슈만이야말로 낭만주의를 충분히 꽃피우는 데 누구보다 공이 큰 작곡가였다. 슈만은 소나타나 교향곡 등의 거창한 구성을 가진 곡에서 진가를 발휘하기보다는 피아노 소품이나 가곡 등에서 타고난 천재성과 낭만성을 발휘했다. 　슈만은 1810년 독일의 츠비카우라는 곳에서 태어났다. 음악은 8세부터 배웠고 9세부터 작곡을 했으며 14세에는 꽤 솜씨 있는 피아니스트가 되었다. 집이 서점이었던 덕에 어릴 때부터 독서를 풍부하게 해 그가 후에 문필가로도 일가를 이루는 바탕이 되었다. 　본격적인 음악 훈련은 20세 때인 1830년부터 피아노 교사 비크에게 받기 시작했다. 그것이 9세나 연하인 비크의 딸 클라라와의 연애의 계기가 되었다. 그 연애는 음악사상 가장 열렬했다고 평가되는 것이었다. 무일푼에 장래성도 불투명한데다 성격마저 격한 슈만이 천재적인 피아노 연주 소질까지 겸비한 소중한 딸을 달라고 하자, 스승 비크는 맹렬히 반대하고 나서 급기야 소송 상태로까지 번졌다. 슈만의 승소로 두 사람은 어느 시골의 자그마한 교회에서 그들만의 조촐한 결혼식을 올렸다. 이 시기(1840년)에 슈만은 '리더 크라이스', '시인의 사랑', '여자의 사랑과 생애'를 비롯해, '미르테의 꽃' 등 가곡집의 걸작들을 완성했다. 　길고 긴 열애 끝에 결혼한 부부는 행복한 가정을 꾸려나갔다. 그러나 슈만의 나이 43세 무렵부터 그들 부부 위에 큰 불행의 그림자가 드리웠다. 어찌 된 일인지 슈만은 마비 증세와 심한 우울증에 시달리면서 급기야 라인강에 투신자살을 시도하기까지 했다.

이후 척수병과 마비 증상으로 요양을 하면서 공부와 집필에 열중하였으며, 1841년 마틸데와 결혼을 하였다. 1844년 하이네는 함부르크에 사는 어머니를 방문하기 위하여 그의 생애 마지막 독일 여행을 하였다. 1848년부터 그는 프랑스에 계속 머물면서 불치의 척추결핵 때문에 외출도 하지 못하고 침대에 누워 죽음을 기다리는 여생을 보내게 되었다. 그러나 육체적 고통에도 불구하고 그는 많은 원숙한 만년의 시를 쓰고 〈로만체로〉를 간행했다. 1851년에 걸작 〈이야기 시집〉을 남기고 사망하였으며, 사망 후에는 몽마르트 묘지에 매장되었다.

『로렐라이』, 민음사 / 『회상』, 예문출판 / 위키백과사전 참고 편집.

1855년에 정신병원에 입원, 다소 회복될 기미를 보였으나 1956년 46세의 나이로 세상을 떠났다.

문필력이 뛰어났던 슈만은 23세 때 '음악신보'라는 평론지를 창간했다. 날카로운 음악 평론을 펴면서 그는 새로운 음악가들을 발굴하는 데도 큰 기여를 했다. 청년 쇼팽, 브람스 등을 처음으로 세상에 소개한 것도 그였다.

『재미있는 클래식 길라잡이』, 신동헌 서울미디어, p. 208~210쪽 참조.

(읽기자료1)

하이네	슈만

4. 하이네와 슈만에 대하여 나누어 보았지요? 하이네의 치열하게 살아온 삶과 슈만의 굴
곡진 인생에 대하여 잠깐이나마 생각해 보셨겠지요? 그렇다면 아무런 사전 지식이 없
이 음악 감상을 했을 때와 그 당시 낭만주의 시대적 배경과 두 사람의 인생을 알아보
고 감상 했을 때(2차) 느낌을 친구들과 비교하여 나누어 보세요.

사전지식 없이 음악감상 후의 느낌	시대와 작곡가를 이해하고 감상했을 때의 느낌

5. 하이네 시 '아름다운 5월에'를 읽어 보고 작가가 표현하고자 하는 것이 무엇이었을지
모둠별로 이야기 하여보고, 그 후 세 번째로 음악을 감상한 후 하이네와 슈만의 삶을
참조하여 모둠활동을 해 보세요.

> **Im wunderschönen Monat Mai(아름다운 5월에)**
>
> Im wunderschönen Monat Mai, als alle Knospen sprangen,
> 아름다운 5월에, 모든 싹이 텄을 때
> da ist in meinem Herzen die Liebe aufgegangen
> 그때 내 마음 속에서는 사랑이 피어올랐다.
> Im wunderschönen Monat Mai, als alle Vögel sangen,
> 아름다운 5월에, 모든 새들이 노래했을 때
> da hab' ich ihr gestanden mein Sehnen und Verlangen
> 그때 나는 그녀에게 나의 그리움과 열망을 고백했다.
>
> (읽기자료2)

시를 읽고 하이네는 무엇을 이야기 하고 싶었을까요? 모둠활동을 통하여 알아볼까요?	작곡가는 왜 이 시를 선택해서 작곡했을까요? 읽기자료1)인 작곡가의 삶과 연관지어 모둠원들과 나누어 보세요.

6. 지금까지 활동했던 내용을 바탕으로 한편의 감상문을 작성해 보아요.

참고) Im wunderschönen Monat Mai(아름다운 5월에) 악보

수업안		**국어 독서**			

대상	3학년			수업자 성명	장미희, 최선아
수업 교과	국어	지도단원	5. 고전 문학의 멋과 웃음 (1) 헌화가/ 가시리	일 시	2014. 6월

수업주제	고려 설화쓰기 구상하기
수업의 흐름	1. 학습내용을 소개 한다.(교과교사) 2. 읽기 자료를 읽고 요약 정리한다.(독서지도사) 3. 고려 시대에 대해 알게 된 배경지식을 바탕으로 설화쓰기를 구상한 다.(교과교사)
수업철학 및 설계	본 국어교과의 협력수업은 작년에 느꼈던 수업의 미흡함을 개선하고 풍부하게 만들고 싶다는 국어선생님의 제안에서 시작되었다. 국어 선 생님께서는 완성도 있는 고려 설화를 쓸 수 있도록 고려에 대한 배경지 식을 배우는 수업을 고민하셨다. 　가장 먼저 할 일은 아이들에게 읽힐 읽기자료를 찾는 일이었다. 설화 를 쓰기 위해 필요한 고려역사는 주로 생활문화사와 관련된 내용이다. 그러나 수업에 필요한 포인트가 담긴 고려사를 찾기란 쉬운 일이 아니 었다. 대부분의 역사관련 도서는 방대한 통사를 아우르고 있었고 생활 문화에 대한 정보가 많지 않았다. 그러다가 고려의 생활 문화를 구체적 이고 재미있게 만화로 풀어낸 책을 찾았다. 만화책을 수업시간에 활용 하는 점에 대해 우려가 있기도 했지만 정통 역사 수업이 아니라는 점, 만화여서 역사적 사실을 재미있고 쉽게 읽을 수 있다는 점, 무엇보다 설화를 쓰기위해 활용하기 좋은 내용과 구성이라는 점에서 도서 선택 에 의견을 모았다. 수업 내용은 최대한 교사의 개입을 줄이고 아이들이 스스로 학습하는 분위기를 끌어내는데 초점을 맞추었다. 스스로 과제 를 수행하는 아이들의 주도적 활동이 돋보이고 교사·독토사가 조력자 로서의 역할을 할 수 있도록 계획하려 노력했다. 　그 흐름은 다음과 같다. 먼저 국어교사가 수업목표와 내용을 제시하 고 활동내용에 유의점을 설명한다. 독토사는 어떤 점을 고려하며 책을 읽어야 하는지 간단히 안내한 후 읽기자료를 읽힌다. 읽은 내용은 모둠 원들이 함께 하나의 결과물로 요약정리하고 발표한다. 다른 모둠의 발 표를 들으며 아이들은 자신이 읽지 않은 정보도 얻을 수 있다. 전체 모 둠의 발표가 끝나면 국어교사의 안내를 통해 설화의 얼개를 짜보도록 한다. 설화의 내용을 구상할 때는 자유스런 의사소통을 통해 궁금증을 해결하고 준비한 또 다른 읽기자료를 가지고 보충하도록 했다.

수업철학 및 설계	독서를 하는 목적은 다양하다. 그 중에 학습을 위해 책을 읽고 이를 재구성할 수 있는 학습독서는 세상을 보는 바른 시각과 사고를 기르고 문제해결능력을 길러주는데 밑바탕이 된다. 나아가 독서를 통해 다져진 능력은 올바른 사회 구성원으로서의 역할을 다할 수 있는 건강한 시민의 자질과 그 맥을 같이 한다. 　아이들이 본 수업을 통해 마음을 울리는 멋진 고려 설화를 쓰기 바란다. 아울러 학습독서로서의 읽기에 대한 필요성을 깨닫고 즐거움을 위한 독서 뿐 아니라 지식을 쌓기 위한 독서도 함께 하길 바란다.

활동지

대 상	(3)학년 (6)반	교사	장미희
		독서지도사	최선아
단 원	5. 고전 문학의 멋과 웃음	일 시	2014년 6월 26일 3,4교시
소단원	(1) 헌화가/ 가시리	장 소	3학년 6반 교실

학습주제	고려설화 쓰기 구상하기
학습내용	1. 학습내용을 소개 한다.(교과교사) 1) 오늘 수업내용에 대해 소개한다. 2. 읽기 자료를 읽고 요약 정리한다.(독서지도사) 읽기자료) 고려 시대엔 정말 10살짜리도 결혼을 했을까?/ 문현주/ 채우리 활동1) 필요한 정보를 찾아가며 읽기 자료를 읽기 　　　읽은 자료를 모둠끼리 요약, 정리하고 발표하기 3. 고려 시대에 대해 알게 된 배경지식을 바탕으로 설화쓰기를 구상한다.(교과교사) 활동2) 설화를 쓰기 위한 개요를 구상한다.

학습자료	<ul><li>모둠활동지, 개별활동지</li><li>수업 자료 도서 - 『고려 시대엔 정말 10살짜리도 결혼을 했을까?』 / 문현주 / 채우리 (chpter. 4, 5, 8, 10, 12, 13, 14, 15, 16, 18, 21, 23, 25, 27, 29, 30)</li><li>함께 읽기 자료 도서 『한권으로 보는 그림 문화재 백과』 / 이광표/ 진선아이 『한국사 편지2』 / 박은봉/ 웅진주니어 『한국사 카페』 / 장용준/ 북멘토 『살아있는 한국사 교과서1』 / 전국역사교사모임/ 휴머니스트 『한국사 한바퀴』 / 한예찬/ 계림북스 『한국 생활사 박물관7, 8』 / 한국생활사박물관 편찬위원회/ 사계절</li></ul>

활동지　　**국어 1학기**

3학년	반	번	이름 :
대단원	5. 고전 문학의 멋과 웃음		
소단원	(1) 헌화가/가시리		

가시리 가시리잇고 나는 버리고 가시리잇고 나는 위 증즐가 대평성대 날러는 어찌 살라 하고 버리고 가시리잇고 나는 위 증즐가 대평성대	잡사와 두어리마나는 선하면 아니 올세라 위 증즐가 대평성대 설온 님 보내옵나니 나는 가시는 듯 돌아오서서 나는 위 증즐가 대평성대

※ 가시리의 내용에 어울리는 설화를 구상해 보자.

(1) 인물

구분	신분 혹은 직업	이름	특징
주인공 1			
주인공 2			

(2) 배경

시대적 배경	
공간적 배경	

(3) 사건

— '가시리'에 어울리는 이야기를 생각해 보세요. ('가시리'를 부르는 대목을 반드시 넣
을 것.)

3장

자, 그럼 나도 우리 학교의 교육과정을 만들어 볼까?

학교의 교육과정 재구성 작업은 교사들의 긴밀한 협력이 없으면 불가능하다. 통합 교육과정 수업에 참여하는 각 교과 교사는, 이전까지 교과별로 분리된 교육과정에 따라 개별적으로 수업을 해왔기 때문에, 여러 교과들의 교육과정이 통합되어 재구성된 교육과정에 따라 수업을 진행하기 위해서는, 교과마다 단원에 따라 어떤 주제, 성취 기준, 텍스트가 제시되는지 상세하게 알아야 한다. 그래야 각 교과의 단원에서 요구하는 성취 기준에 도달하면서도 그 교과들이 융합되어 공유된 큰 주제를 형성하는 교육과정을 협력해서 기획할 수 있다. 그렇게 기획된 교육과정을 배우면서 학생들은 문제를 체계적이고 보다 큰 시각으로 보면서 해결하는 과정을 통해 통합적인 사고력을 키울 수 있다.

그런데 요즘 자유학기제가 시범적으로 시행되면서 일부 학교에서 '자유학기제를 운영하기 위한 교육과정이 필요하다.'고 하여 교사들이 형식적으로 교과통합 프로젝트 수업을 만들기도 한다. 교사들이 그렇게 교과통합 수업을 만들 경우 교과의 단원이나 성취기준에 대한 고민이 없이 교과통합 자체에만 매달리기 때문에 결과적으로 수업에 애착이 생기기가 어렵고 교사의 수업 철학이 스며들기도 어렵다. 이런 수업은 진행하는 교사나 수업 속에 있는 학생들이나 그 수업을 통해 성장을 경험하기보다 의미 없고 귀찮은 일을 한다고 느낄 수도 있다. 그렇기 때문에 학교교육과정을 만들기 위해서는 교사들이 마음을 열고 협력해야 한다. 그뿐만 아니라 수업을 함께 고민하고, 학교에 대한 비전을 공유하며, 교육에 대한 깊은 생각도 함께 나눌 수 있어야 제대로 된 협력이 만들어질 수 있다.

다음은 교육과정을 만들 때 염두에 두어야 할 점이다. 더 요구되는 것도 있지만, 이 세 가지는 기본이라 할 수 있다.

첫째, 학교 단위의 창의적인 교육과정 재구성은 필수이다.

2009 개정 교육과정 자체의 성격이 국가 수준의 공통성과 지역, 학교, 개인 수준의 다양성을 동시에 추구하는 교육과정이다. 또한 학교교육 체제를 교육과정 중심으로 개선하기 위한 것이기에 학교 단위의 창의적인 교육과정이 만들어져야 한다. 그것이 바로 교

육과정의 특성화인 것이다.

그러므로 학교 단위의 교육 활동 계획과 맞물린 교과별, 학년별 교육과정이 유기적으로 연계된 그 학교만의 교육과정을 만들어야 한다. 이때 각 교과의 학습목표 및 성취 기준을 바탕으로 재구성된 교과별 교육과정을 만들고, 그것을 수업설계에 반드시 반영해야 한다.

학교교육의 미래를, 협력 활동을 통해 공동체의 소중함을 배우고 다양한 경험의 축적과 생각의 공유를 통해 창의적 사고력을 지닌 사람을 키우는 데 두었을 때, 여러 교과들이 융합된 교육과정과 수업 속에서 실현되는 다양한 학습 경험들은 그 의미가 매우 크다. 따라서 이런 역량을 키울 수 있는 교육과정은 학교마다 지역 사회 여건과 처해진 상황, 구성원의 특성에 따라 다르게 만들어져야 한다.

둘째, 교과의 본질을 잃지 않는 수업설계를 해야 한다.

교육과정이라는 목표로 가는 통로는 수업이라는 작은 점들이 이어진 것이기 때문에 수업과 별개인 교육과정은 있을 수 없다. 교육과정은 곧 수업의 집합체라 할 수 있다. 그렇기 때문에 교육과정 운영의 성패는 수업에서 판가름 난다.

우리는 쉽게 수업설계가 좋아야 아이들이 빠져 나가지 않는다는 말을 한다. 맞는 말이다. 수업설계, 즉 수업 디자인이 좋으면 수업 속에서 아이들이 진정한 배움을 일궈내는 것을 우리는 경험으로 알고 있다. 이제 더 이상 교과서대로 가르치는 시대, 교과서

대로만 가르치는 교사, 교과서만 배우는 수업은 의미가 없다. 각 출판사별로 수십 종을 넘나드는 검인정교과서들의 홍수 속에서 어떤 교과서를 선택해서 가르치느냐의 문제보다는 우리 아이들의 배움과 성장을 위해 무엇을 가르칠까, 어떻게 가르칠까를 고민해야 한다는 것이다.

그러므로 가장 바람직한 교과통합은 교과 자체의 요구에서 나와야 한다. 또한 가장 적극적인 통합을 위해서는 교사 스스로가 교과 분절적인 사고를 벗어나 통섭적인 시각을 가질 수 있어야 한다. 특히 교과 간 통합의 경우에는 교사의 통섭적 역량이 무엇보다도 중요하다. 교과통합 수업이 미래 교육의 훌륭한 대안이 될 수 있음에도 불구하고 체험 위주로 흐른다거나 평가의 부담, 통합을 위한 억지 통합 등 한계들을 극복하기 위해서는 교과의 본질을 잃지 않아야 한다.

셋째, 학교 변화의 힘은 교사들의 협력과 동료성에서 나온다.

수업을 하는 것도, 교육과정을 만드는 것도 모두 교사다. 학교가 구조적으로 기업과는 달리 느슨하게 연결된 조직이기에 누군가 조금 덜 한다고 해도, 어느 부서가 너무 잘한다고 해도 바로 표가 나지 않는다. 그렇지만 느슨한 조직이 단단한 연대를 했을 때 그 힘은 상상을 초월해서 수업으로 발현될 수 있다. 교육과정 재구성이나 교과통합 수업 등은 주제 중심이든 역할 분담이든 교사들의 무한한 지적 상상력과 협력 활동, 연수 등을 통해 교과의 벽을 넘어서 이루어져야 한다.

또한 교사들의 관계는 수다로 헐겁게 엮인 동료성이 아닌, 서로 배우는 관계를 바탕으로 이루어지는 동료성이 필요하다. 일본 배움의 공동체 모델인 하마노고 소학교의 경우 수업의 공개와 반성, 그리고 그 과정을 통한 경험의 교류가 바로 수업을 바꾸고 학교를 변화시키는 힘이었으며, 이 힘의 바탕에는 교사 상호간의 '동료성' 구축이 있었다.[1]

(1) 학교교육과정 만들기의 과정

학교의 교육과정은 다음의 과정을 거쳐서 만들어진다.

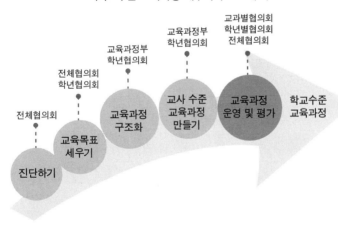

〈학교수준 교육과정 세우기의 프로세스〉

---

1. 손우정, 「배움의 공동체를 기반으로 한 수업개혁에 관한 연구」, 교육학연구, 2004

●진단하기

먼저 전체 협의회에서 학교에 대한 진단이 이루어져야 한다. 진단은 학교 교직원의 구성, 학생에 대한 파악, 주변의 여건, 시대의 요구, 학부모의 성향, 학교가 처한 환경 등에 대한 파악이 이루어져야 한다. 이것이 기초가 되어 학교교육과정의 목표가 세워진다.

학교교육과정의 목표는 전체 교직원 회의에서 정해야 하는데 이때 학교의 운영 철학을 점검하고 거기에 맞추어 학교의 교육목표를 세운다. 학교교육의 목표는 학교에 어떤 비전을 세울 것인지에 따라 교육의 지표가 결정이 된다. 그리고 그 지표에 따라 세부적인 학교교육목표가 세워질 것이며 그 목표에 따라 학년별 교육목표로 다시 세분화되어 목표가 정해질 수 있다. 일반적으로 학교교육목표는 추상적이고 원대하기 때문에 목표에 도달할 생각이 있다면 그 목표는 다시 구체적으로 세분화해서 학년별로 세울 필요가 있다.

장곡중학교를 예로 들면, 장곡중학교의 비전은 '더불어 행복한 배움의 공동체'이다. 여기에 따라 교육지표는 '더불어 성장하고 행복을 나누는 사람 육성'으로 정했다. 그리고 이 지표를 이루기 위한 학교교육목표를 다음의 네 가지로 정했다.

— 원칙을 지키고 기본에 충실한 사람
— 나눔을 실천하는 사람

— 몸과 마음이 아름다운 사람

— 나를 아끼고 남을 배려하는 사람

— 공동체 속에서 참여하고 소통하는 사람

이런 학교의 비전, 지표, 교육목표들은 대부분 학교가 개교할 때 있었던 구성원들에 의해 만들어진다. 그런데 문제는 만들어 놓고 학교 홈페이지나 학교교육 계획서에 문서상으로만 있고 그것이 학교교육과정 운영과는 전혀 별개로 존재한다는 것이다. 학교교육목표가 있고, 비전이 있고, 지표가 있다면 이것들은 항상 학교교육과정을 세우고 운영하는데 중요한 지향점이 되어야 한다.

그러나 많은 학교들이 학교교육의 목표를 말만 그럴 듯하게 만들어 놓고 교육과정 운영은 그것과 별개로 한다. 그렇게 학교의 교육목표에 대한 명확한 인식이 없이 구성원들이 교과서에 의존해서 수업을 한다면 그것이야말로 학교가 학교의 역할을 버리는 꼴이라 할 수 있다.

그러므로 학교교육의 목표는 학교의 특성과 지향점을 중심으로, 전체 교사들의 생각을 모아서 고민하여 만들어야 한다. 그렇게 해야만 교사들이 학교의 교육목표를 제대로 이해하고 공감하면서 교과 교육과정을 만들어 내고, 그것을 수업으로 실현한다. 또한 이런 활동은 개별 교사가 아닌 동료로서의 교사 집단을 만들며 이것이 집단 지성으로 발현될 수 있는 동기를 부여한다.

장곡중학교의 경우는 학교교육목표 아래, 학교의 교훈인 '경애와 창의'를 실현하기 위해 학년별 목표를 세웠다. 1학년의 목표는 '즐거운 소통'이고, 2학년은 '행복한 배려', 3학년은 '더불어 함께'이다. 이 목표들은 교과 교육과정과 비교과 교육과정인 학급 운영, 학교 행사 등 학교에서 벌어지는 모든 과정에서 습득될 수 있도록 적극적으로 반영된다.

학교교육목표가 만들어졌으면 다음으로 이것을 구체적으로 학교의 교육과정으로 구조화해야 한다. 이렇게 하기 위해서는 학년협의회에서 학년별 교육목표 도달을 위해 어떤 교육 활동을 어떤 교육과정으로 운영해야 하는지를 협의한다.

주로 이런 교육과정은 창의적 체험활동의 교육과정으로 만들어진다. 이때 학년별 목표가 일관되게 반영될 수 있도록 체험 활동의 내용을 정하거나. 더욱 더 정교하게 교육과정으로 만들기 위해 창의적 특색 활동으로도 만들어진다.

장곡중학교는 창의적 특색 활동으로 1학년은 농사 체험 활동과 독서 체험 활동을 하고, 2학년은 봉사 체험 활동과 기초 교양 프로그램으로 철학을 공부한다. 3학년은 진로 활동과 평화 체험 활동으로 세계시민 교육을 운영하고 있다.

농사 체험 활동은 인근의 밭을 임대하여 지역의 단체와 연대하여 농사를 짓는데, 농사를 지은 농산물을 학교, 급식으로 전체 학년이 먹기도 하고, 겨울엔 김장을 담그고, 된장 고추장을 담근다. 이렇게 담근 김치는 인근 사회복지시설에 기부하기도 하고, 학년 전체가 급식 시간에 보쌈으로 같이 먹기도 한다. 이런 활동을 통해 1학년 학생들은 서로가 소통하고, 지역과 소통하며, 다른 학년과 소통하는 즐거움을 깨닫는다.

2학년은 시흥 지역에 있는 노인복지 지원 센터 봉사 활동을 하면서 행복한 배려를 경험하고, 3학년은 '월드비전'과 함께 평화 체험 활동을 하면서 세계시민으로서 어떻게 살아갈 것인지, 어렵고 힘든 제3세계를 어떻게 지원해야 할 것인지를 생각하며 더불어 함께 사는 시민으로 성장한다. 이렇게 창의적 특색 활동들은 모두 학년의 교육목표와 긴밀하게 연관되어 계획되고 운영된다.

다음 단계는 교사 수준의 교육과정을 만드는 것이다. 이것은 교과별 협의회와 학년협의회에서 진행이 되며 여기에서 교과별 교육과정 재구성과 교과통합 프로젝트가 만들어진다. 이 단계에서 교과별 교육과정 재구성이나 교과통합 프로젝트를 만들 때 다음과 같은 원칙을 세워 만들고 진행하면 매끄럽다.

첫째, 교육목표와 연계하여 재구성을 한다.

2009 개정 교육과정이 교사에게 자율권을 많이 주었다고는 하나 교과서는 검인정을 거쳐야만 한다. 이 말은 현실적으로 교과서를 가지고 수업을 해야 한다는 말이다. 다시 말하면, 교과서를 가지지 않고, 혹은 교사가 교과서를 제작하여 가르치는 것은 현실적으로 불가능하다는 말이다. 결국 전국적으로 통일된 교과서를 가지고 학교의 특화된 교육목표를 도달할 수 있게 수업을 설계하기는 몹시 어렵다. 이런 점을 보완하기 위해 통합 수업을 기획할 때

는 교육목표를 생각하고 그 목표를 도달할 수 있도록 큰 주제를 정하고 통합하면 좋다.

둘째, 교과 자체의 교육목표를 잊지 말아야 한다.

아무리 교과통합 프로젝트라고 하지만 교과 자체의 목표나 성취 기준과 무관한 수업이라면 이것은 참여하는 교과에서는 의미가 퇴색한다. 또한 교과 시간에 수업을 진행해야 하므로 진도에 무리가 와서 결과적으로 교과에서 해야 하는 교육을 허겁지겁 대충하게 되는 결과를 낳을 수 있다. 그러므로 교과 자체의 목표나 성취 기준에 있는 내용으로 통합에 참여해야 한다.

셋째, 교과서를 극복해야 한다.

수업을 교과서에만 의지해서 설계하고 진행할 경우 교육목표 달성이나 성취 기준 도달이 오히려 어려울 수 있다. 예를 들면, 국어과 교육목표는 다음과 같다.

> 국어 활동과 국어와 문학을 이해하고, 국어 활동의 맥락을 고려하여 국어를 정확하고 효과적으로 사용하며, 국어를 사랑하고 국어 문화를 누리면서 국어의 창의적 발전과 국어 문화 창조에 이바지할 수 있는 능력과 태도를 기른다.

이런 목표는 교육 내용으로 구체적으로 제시가 되어 교과서로 제작이 된다. 그런데 교과서에만 의존할 경우 교과 교육목표에 도달할 수 없다. 왜냐하면 교과서에 실을 수 있는 텍스트는 한정적이기 때문이다. 그렇기 때문에 교과서를 뛰어넘어 수업을 설계해야 하는데 이때 다른 교과와 연계가 필요하다. 왜냐하면 자신이 맡고 있는 교과 하나만으로는 교육목표 도달이 어렵기 때문이다. 그래서 교과서를 뛰어넘는 기획, 다른 교과와 연계하는 기획이 필요하다.

넷째, 교육과정과 수업, 평가는 같이 가야 한다.

너무나 당연한 이야기지만 이게 현실적으로 잘 이루어지지 않는다. 국가 교육과정이 아무리 바뀌어도 실제적으로 교실에선 수업이 바뀌지 않고, 교육과정도 바뀌지 않고, 그냥 교과서를 가르치며, 평가도 교과서에서 배운 것을 물어보는 현실이 이 사실을 반영한다. 즉 배움을 평가하는 것이 아니라 암기를 평가하는 것이 된다. 교육과정은 수업으로 펼쳐져야 하고, 수업은 평가로 연결되어야 한다. 교육과정은 수업, 평가와 한 덩어리다.

다섯째, 교사가 교과 융합적인 사고를 해야 교육과정 재구성이 가능하다.

나 홀로 수업을 할 수 있다고 생각하면 내 교과밖에 생각할 수 없다. 문제에 대한 통합적인 접근이 이루어지기 위해서는 교사가 자신의 교과 이외의 교과와 융합해서 생각해야 교과 교육과정 재구성이 이루어진다. 그 속에서 동료 교사에게 협력을 요청하게 되고 그것이 바탕이 되어 교과통합 수업이 시작된다.

이 과정을 표로 제시하면 다음과 같다.

각 교과별 교육과정 정리
(마인드맵)   ----〉 각 교과별 교육과정 재구성 -----〉 통합 수업 제안 -----〉
다른 교과와 공유

----〉 통합 수업 계획   --------〉 통합 교과 협의회   ----------〉 통합 수업 실행
      (템플릿 작성)   교과별 수업 설계   평가

(2) 학교교육과정 만들기의 실제

학교교육과정을 만드는 시기는 새 학기가 시작되기 전인 2월에 이루어져야 무리 없이 진행할 수 있다. 그러나 한 학교의 교육과정을 2월 단 며칠 정도 고민해서 만드는 것보다는 전해부터 각 교과에서 다음 해의 교육과정에 대한 고민을 지속해야 좋은 철학이 담긴 교육과정이 만들어진다.

또한 기존의 교사와 새로 전입해 오는 교사, 신규 교사들이 모두 모여 교육과정 만들기 작업을 해야 한다. 전입해 오는 교사나 신규 교사의 경우는 발령이 3월 1일이기에 발령도 되기 전의 학교이지만, 발령 전이라고 해서 교육과정 만들기에 참여하지 않을 경우 교육과정에 담긴 철학을 이해하지 못해 마음 없이 기계적으로 수업을 진행할 수 있다. 수업에 애착과 열정이 없을 때 수업의 질은 떨어지게 된다. 그러므로 어렵지만 2월에 전입해 오는 교사의 학교로 공문을 보내서 함께 교육과정 만들기 작업에 동참하도록 부탁을 해야 한다.

이런 과정이 귀찮고 어렵지만 이런 과정을 통해 전입 교사와 기존 교사가 철학을 공유하게 되고, 전입 교사는 학교를 이해하고, 적응도 쉽고 빠르게 한다. 이것은 결국 교육과정의 원활한 운영을 돕게 된다.

294쪽의 표는 장곡중학교에서 2014년 2월에 진행했던 교육과정 만들기 연수의 프로그램이다. 이 프로그램을 보면서 5일 동안 연수를 진행하면 교사들이 부담스러워하지 않느냐는 질문도 많았다. 그렇지만 혁신학교 5년을 진행하면서 가장 중요했던 연수는 2월에 있는 신·구 교사들에 대한 연수였다. 또한 교육과정 재구성 과정에서도 기존 교사들이 만든 교육과정을 새로운 교사들이 충분히 이해하게 만드는 것과 동시에 새로운 교사들도 교육과정 재구성 논의에서 함께 책임을 갖고 교육과정을 운영할 뿐 아니라 그들의 창의적인 생각도 반영이 되어 더욱 풍부하고 좋은 교육과정이 만들어졌다.

이 연수가 제대로 되지 않았을 때 교육과정 재구성의 밑바탕인 수업이 망가졌고, 망가진 수업은 학생들을 끌어들이지 못했다. 이 뿐만 아니라 2월의 연수에서는 신입 교사들이 장곡중학교의 철학과 혁신의 역사를 만들기 위해 얼마나 노력했는지 등의 연수도 이루어졌다. 이를 통해 기존 교사들에게는 발전의 다짐이 새로운 교사들에게는 기존 교사들의 열정과 헌신이 전해져서 함께 동참하도록 설득하는 기회로 작용했다. 그리고 이때 지난해 학교 운영을 하며 가장 문제거리가 되었던 것도 모두가 함께 공유하고, 고민한 끝에 합의하고, 실행할 수 있는 회의도 이루어졌다.

그래서 5일이 길지 않았고 필요하다는 인식으로 모두가 참여했다. 교사 연수는 결과적으로 1년 동안 탄탄하고도 안정적인 학교 교육과정 운영의 밑거름이 되었으며, 새로운 교사들이 3월부터 안정적으로 학교에 적응하게 된 바탕이 되었다.

2월 방학 중에 교사들을 모아 5일 동안 연수를 하는 것은 쉬운 일이 아니다. 그렇기에 교사들이 연수에 집중하면서 참여를 높이기 위해서는 방학 때뿐만 아니라 평소에도 교사들에게 고유한 업무 외에 다른 업무를 경감해주는 노력을 학교가 진정성 있게 보여줘야 어렵지 않게 연수를 진행할 수 있다.

날짜	오전(9:00~12:00)	오후(13:00~17:00)
2/20 (목)	업무 분장 발표(9:00~10:00) (담당 : 정용택, 류승희) 2013년 교육과정 나누기 (10:10~12:00) (담당 : 백윤애)	2014년 교육과정 세우기 - 형식 : 학년별 협의회로 진행(템플릿에 작성하여 학년별 발표) 내용 : 교과통합프로젝트수업, 범교과 주제 학습을 중심으로 2013년 12월에 세운 것을 토대로 전입교사와 공유하고, 새로운 아이디어 반영과 정교화
2/21 (금)	배움의 공동체 수업 연수 (담당 : 박현숙) 철학과 운영원리, 교과서 재구성 방법, 평가 문항	배공 수업 방법의 실제(13:00~14:00) (담당 : 박현숙) 교과별 협의회(14:00~17:00) 형식 : 교과별 협의 내용 : 2014년 담당 학년 정하기, 교과별 교육과정 재구성 공유, 수행 평가 및 평가 방법 정교화 및 공유

날짜	오전(9 : 00 ~ 12 : 00)	오후(13 : 00 ~ 17 : 00)
2/24 (월)	일본 배움의 공동체 연수 경험 나누기 9 : 00 ~ 9 : 50 (담당 : 이윤정) 학급 운영 강의 (담당 : 송형호 · 초청 강사)	학년별 협의회 형식 : 학년별 협의 내용 : 창체 운영, 교과통합의 날, 체험활동, 학생 지도 등 협의와 공유
2/25 (화)	2013년 학생인권부 사업 나누기 (담당 : 조성현) 장곡중학교의 혁신학교 역사와 철학 (담당 : 박현숙)	교사 협의회 형식 : 모둠별 토론과 발표 내용 : 실내화 문제와 실내 청결 문제, 학생 지도에 대한 합의점 찾기, 2013년에 정한 교사의 약속에 대한 논의
2/26 (수)	이임식	부서별 협의회 형식 : 부서별 협의 내용 : 부서 내 업무 분장 협의 및 업무 인수, 인계

— 시간 : 9:00 ~ 17:00

— 대상 : 장곡중학교 기존 교사, 전입 교사

— 진행 : 수석교사

— 장소 : 도서실

— 연수에서 논의 결정된 사항은 2014년 교육활동으로 충실히 반영한다.

— 발표자 및 강사는 자료를 충실히 준비한다.

— 경청은 교사로부터 시작됨을 명심한다.

(3) 교과 교육과정 만들기

다음은 교과 교육과정 만들기를 할 때의 순서다. 294쪽 표로 설명하자면 2월 20일 오후 프로그램(2014년 교육과정 세우기)을 진행하는 순서를 말한다. 교과 교육과정 만들기를 할 때는 학년별 협의회의 모형으로 하는 것이 편리하다. 왜냐하면 결국 교과 교육과정은 특수한 경우를 제외하고는 - 무학년제, 동아리 등 - 대부분 학년별로 펼쳐지기 때문이다.

1) 내 교과서 마인드맵 그리기

내 교과의 교과서 단원에 대해서는 다 잘 파악하고 있다. 그래서 교과서의 단원을 마인드맵으로 해야 하는가 의문이 들 수도 있다. 그런데 이 작업은 본인을 위한다기보다 함께 교육과정을 만드는 동료 교사들을 위한 작업이라는 데 더 큰 의미가 있다. 더불어 자신의 교과서 단원 구성과 학습 내용, 성취 기준을 다시 한 번 조망한다는 의미도 있다.

아래 제시된 '교과서 마인드맵'에 협의회에 참여하고 있는 전체 교사가 자신의 교과서를 보면서 가운데 동그라미에는 교교과명을 쓰고 뻗어있는 가지에는 단원을 구성하는 단원명을 쓰거나, 학습 내용을 쓰거나, 성취 기준을 적는다. 또한 통합하고 싶은 단원이 있으면 그 단원에 통합하고 싶은 교과를 적어도 좋다.

(교과서 마인드맵)

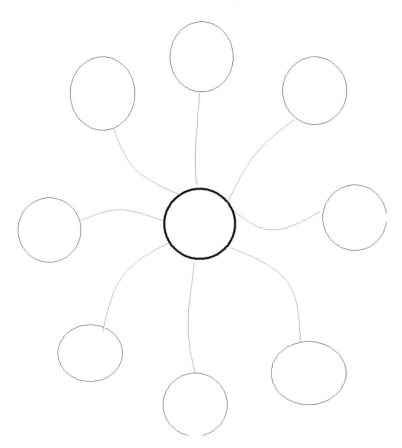

(영어과 마인드맵)

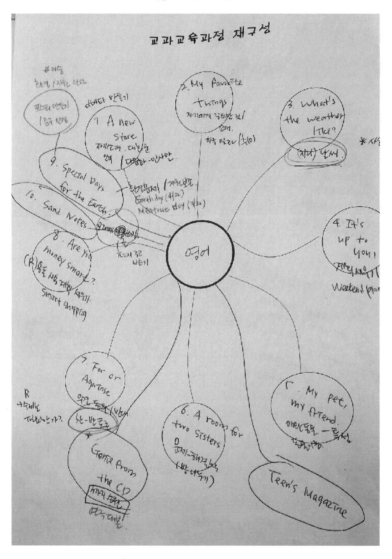

〈국어과 마인드맵〉

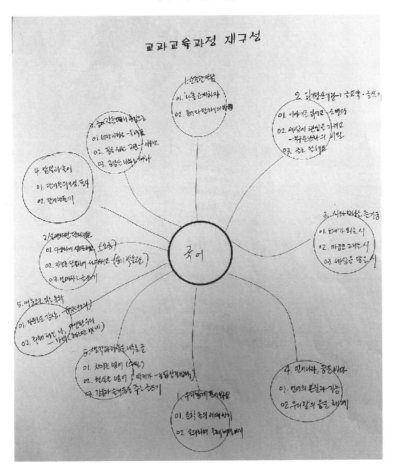

2) 동료와 마인드맵 돌려 보기

이렇게 작성된 마인드맵은 한 학년을 가르치고 있는 교사들이 돌려보면서 함께 통합할 수 있는 부분을 추출한다. 여기서 통합할 수 있는 부분은 여러 가지 의미가 있다. 내가 수업을 하면서 학습 내용과 성취 기준이 나의 교과 영역을 넘을 때 다른 사람의 교과서 마인드맵을 보면서 도움을 받을 영역을 찾기도 한다.

기술과에서 건축의 세계라는 단원에서 '건축물 만들기 프로젝트' 수업을 하고 싶다고 하자. 기술과만으로는 프로젝트를 완성할 수 없다. 건축물은 기술과의 주요 영역이지만, 건물이 기울지 않고, 균열이 가지 않게 하려면 과학과의 '힘의 하중과 분산'을 알아야 한다. 건축물을 다 만든 후에도 미장까지 되어야 완성 상태의 건축물이라고 할 수 있다. 미장 이후 건물의 도색과 인테리어 작업은 미술과의 작업이다. 그렇다면 기술과 교사는 같은 학년 교사들의 마인드맵을 보면서 기술과가 중심이 되어서 과학과와 미술과에게 교과통합 프로젝트 수업을 하자고 제안을 하고, 제안이 받아들여지면 템플릿(template)을 작성하고 어떤 단원에서 어떻게 통합을 할 것인지 정해야 하며 수업의 순서도 정해야 한다.

3) 함께할 수 있는 주제 정하기

다른 교과의 교과서 마인드맵을 돌려 보다 보면, 교과서의 단원 구성이나 학습 내용이 겹쳐지는 부분이 여러 교과에서 발견되기도 한다. 예를 들면, '삶의 가치'라는 수업은 도덕과의 주된 학습 내용이면서, 국어과에서 텍스트로 다루어지는 주제다. '지구온난화'나 '환경문제'와 같은 것은 국어과 텍스트로 다루어지는 동시에,

과학과, 도덕과, 기술과, 사회과에서 학습 내용으로 다룬다. 이런 주제들은 각각의 교과의 해당 단원에서 다루어지는데, 이렇게 각각의 교과에서 다룰 경우 깊이 있게 다룬다거나 통합적으로 다루기보다 교과서에서 제시하고 있는 텍스트 정도의 깊이와 수준으로 수업이 진행된다. 이럴 때 각각의 교과에서 다루는 같은 주제를 하나로 잡고 더 큰 목표나 주제를 정해서 교과통합 프로젝트 수업을 진행한다면 학생들은 한 가지 주제가 분절되지 않고 이어지면서 여러 교과의 눈으로 한 가지 주제를 넓고 깊게 배울 수 있다.

4) 템플릿(template)에 교육과정 정리하기

같은 학년 교사들과 마인트 맵을 돌려보면서 함께할 수 있는 주제가 정해지면 교과별로 세부적으로 어떻게 수업을 진행할 것인지 조정을 해야 한다.

예를 들면 '아낌없이 주고 받는 너와 나'의 경우 국어과, 과학과, 기술과, 미술과, 영어과, 도덕과가 함께하는 수업이다. 함께하기로 정해지면 교육과정의 주요 사항들을 템플릿(이 템플릿은 장인혜 선생님의 프로젝트 수업을 장곡중 교사들이 연수받으면서 받은 것이다. 그리고 장인혜 선생님께 받은 템플릿을 장곡중학교의 김미경 선생님이 보완해서 사용하고 있다.)에 함께 작성하기 시작한다. 교과별로 단원은 어디며, 시기는 언제 할 것인지, 평가에 반영할지 여부 등을 교과 교사가 정해서 템플릿에 작성한다.

교과통합 교육과정 템플릿 (학년)

주 제	

교과목			
단원명			
수업내용 및 수업방법			
수업실시일자 및 수업시수			
평가내용 (수행, 서술, 논술)			
통합활동			

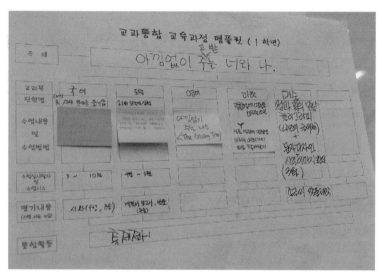

'아낌없이 주고 받는 너와 나'

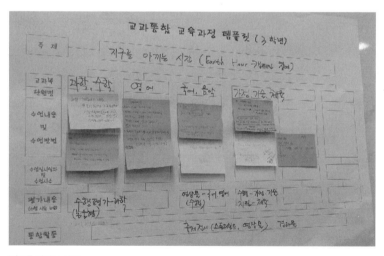

'지구를 아끼는 시간'

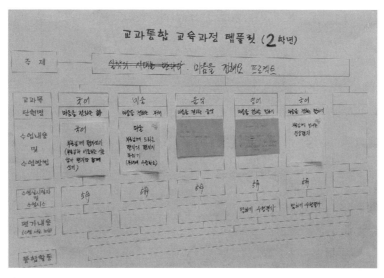

'마음을 전해요'

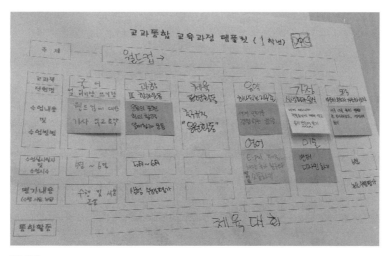

'월드컵'

5) 학년별 교과통합 프로젝트 수업 만들기

템플릿에 작성된 주제들은 학년별로 협의회를 거쳐 더욱 정교하게 교과통합 프로젝트 수업으로 기획된다. 이때 2월에 하는 교육과정 협의회만으로는 수업에서 바로 실천할 수 없다. 그렇기 때문에 템플릿으로 작성된 교과통합 프로젝트는 실제 실행되기 전에 관계되는 교교과 교사들이 모여 협의회를 하면서 각 교과에서 어떤 활동을 어떤 활동지로 제작하여 할 것인지 상세하게 논의해야 한다.

다음은 장곡중학교 2014년 학년별 교과 융합 수업 연간 운영 계획이다.

1학년 교과 융합수업 연간 운영계획

번호	주제	교과	교육활동	차시	시기	비고
1	아낌없이 주고받는 너와 나	국어	· 화단 관찰 후 그 느낌을 시를 통하여 표현하기	2	5월	학년 프로젝트1
		도덕	· 지역사회 도움주기 프로젝트	2		
		영어	· 『아낌없이 주는 나무』 영어동화를 통하여 다양한 표현을 익히고 느낌 공유하고 외우기	2		
		과학	· 식물의 광합성에 영향을 주는 요인들에 따라 실험을 수행하여 성장 정도 비교하기	1		
		미술	· 시각디자인의 일종인 캘리그라피를 이용하여 나만의 글씨체를 만들고 학급농장의 팻말로 사용	4		

번호	주제	교과	교육활동	차시	시기	비고
2	월드컵-다문화의 차이를 넘어	국어	· 월드컵 관련 기사를 읽고 내용을 요약해 보면서 읽고 쓰는 능력 기르기	1	6~7월	학년 프로 젝트2
		도덕	· 서로 다른 문화에 대하여 알아보고 다문화에 대한 인식전환과 성찰의 시간 갖기	1		
		과학	· 축구에서의 공의 움직임을 이용하여 힘과 속력의 관계를 알아보고 그 결과 나타나는 운동의 특징을 이해한다.	1		
		가정	· 세계 여러 나라의 음식 문화를 알아보고 다양한 음식을 직접 만들어 보면서 그 나라의 식생활 문화를 이해하는 경험을 한다.	2		
		체육	· 체육대회를 준비하는 응원활동을 기획하고 실천하는 과정에서 다양한 신체적 표현활동을 익힌다.	2		
		음악	· 세계의 다양한 음악을 접해봄으로써 그 나라의 문화를 이해하고 음악을 통해 하나되는 지구촌을 경험함	2		
		미술	· 월드컵 참가국 중 하나를 선택하여 그 나라의 문화적 특징을 살려 디자인하여 반티로 활용함	4		
		영어	· 각 나라의 친구들과 e-pal, 페북 등을 이용하여 다양한 방법으로 소통하는 경험을 나눔	1		
3	갯골생태공원 탐사	전교과	· 갯골생태공원에서 체험형 프로그램 진행	6	7월 3주	학년 프로 젝트3
4	진로 로드맵 만들기	전교과	· 나의 미래 명함 만들기 · 나의 롤 모델을 찾아서 · 나의 강점 찾기 · 나만의 진로 로드맵 완성	6	10월	교과 체험 학습의 날

번호	주제	교과	교육활동	차시	시기	비고
5	단편영화 제작	국어	· 단편영화제작을 만들면서 다양한 갈등의 상황을 시나리오로 쓰고 함께 풀어가는 경험을 나눔	2	11~ 12월	학년 프로 젝트4
		도덕	· 문화와 도덕 단원과 연계하여 예술의 의미와 중요성을 경험함	2		
		기술	· 무비메이커를 배워서 직접 영화편집을 하면서 컴퓨터와 정보통신의 기술을 습득함	4		
		과학	· 물질의 상태변화를 활용하여 영화 속에 이용되는 다양한 효과를 직접 만들어서 재현함	2		
		미술	· 영화포스터를 직접 디자인하여 미술을 통한 소통의 장을 마련함	2		
		음악	· 영상에 어울리는 배경음악을 만들어 보면서 영상매체 속의 음악의 세계를 경험함	2		
6	아름다운 이별	전교과	· 동영상 제작 및 상영	4	2015년 2월	학년 프로 젝트5
			· 나의 중학교 1학년을 되돌아보며 추억 나누기	2		
			· 학급 사진전	2		
			· 마니또로 사랑의 마음 전하기	2		
			· 이제는 말할 수 있다 · 비밀 털어놓기	1		
			· 학급별 장기자랑 준비	4		
			· 재미있는 게임 시간	2		
			· 학급 행사장 꾸미기	2		

번호	주제	교과	교육활동	차시	시기	비고
1	월드컵으로 하나 되는 우리	전학년 전교과	· 광목천 활용하여 깃발 만들기 · 월드컵 응원하기 · 월드컵에 참여하는 국가 알기		5월 ~ 6월	학년 프로 젝트 1
2	흙 속에 담긴 낯선 기억을 찾아서	국어	설화 창작하기	2	3월 ~ 4월	학년 프로 젝트 2
		역사	고고학 체험	2		
		사회	유물 발굴 현장 탐방하기	2		
		미술	고지도 만들기, 유물 제작하기	2		
		한문	유물과 등장 인물 한자로 표현하기	1		
3	새로운 세상을 향한 발걸음	역사	동학농민운동, 5.18 민주화 운동	2	4월 ~ 5월	학년 프로 젝트 3
		국어	사진으로 여행기 쓰기	2		
		사회	지도읽기, 체험활동 계획 수립 및 일지 만들기	3		
		영어	우리나라의 자랑스런 유물을 외국인에게 알리기	3		
		음악	세상을 바꾼 음악 배우기	1		
		미술	역사적 사건을 그림으로 표현하기	2		
4	마음을 전해요	국어	부모님과 가장 어울리는 시 찾아서 낭독하기	2	5월	학년 프로 젝트 4
		음악	시 낭독을 위한 음악 찾기	1		
		영어	부모님을 가장 잘 설명할 수 있는 소재를 골라 에세이 써보기	1		
4	2학년 배려 신문 만들기	전교과	학교 내외의 다양한 일들을 소재로 신문 만들기		7월	학년 프로 젝트 5

번호	주제	교과	교육활동	차시	시기	비고
5	실학의 시대를 만나다	역사/ 사회	조선후기 기술, 학문발달상 알아보기, 고전읽기	3	10월	학년 프로 젝트 6
		국어	문학 작품을 통해서 조선후기 사회 읽기	3		
		미술	예술 작품을 통해서 조선후기 사회 읽기	3		
		수학	옛 선조들의 풀이법으로 이차방정식 풀기	1		
		한문	실학 관련 용어 개념 및 수학문제 해석하기	2		
	장곡 올림피아드	전교과	학년별 교과체험의 날 운영			교과 체험 학습의 날
6	합창 대회	전교과	캐럴 연습, 율동 및 박자 등과 각 교과 연계시킨 수업		12월	학년 프로 젝트 7
7	단편 영화제	전교과	자유 주제로 시나리오 작성하기 시나리오에 맞게 영화 제작하기		12월	학년 프로 젝트 8

번호	주제	교과	교육활동	차시	시기	비고
1	지구를 생각하는 시간 (지속 가능한 삶의 방식을 찾아서)	과학	· 지구의 복사 평형, 온실 효과, 지구 온난화 문제 인식 및 문제 해결 방안 마련 · 환경 신문 만들기	4	3월 3주 ~ 4월 2주	
		수학	· 각 국가별 CO_2 발생량 표 해석하기	2		
		영어	· Earth Hour 영문 홈페이지 이용 · IWIYW공약을 직접 만들어 보고 영문 홈페이지에 등재해 전 세계인들과 공유	4		
		국어	· 영상 언어의 특성을 살려 '지구를 생각하는 시간' 주제에 맞게 스토리 보드 작성 및 영상물 제작	6		
		사회	· Earth Hour 참여와 관련한 시차 이야기	1		
		음악	· 캠페인송의 모든 것 · 주제에 맞게 영상물에 삽입할 선정	2		
		기술 가정	· 오토마타 만들기 설계 제작 (재활용품 활용) · 폐의류를 활용하여 생활용품 만들기	4		
		체육	· 가까운 거리 걸어 다니기 실천 · 지속 가능한 삶을 위한 자기 건강 관리의 중요성 인식 및 실천	4		
2	꿈과 희망을 생각하는 시간1 (나의 꿈을 외치다)	전교과	· 대한민국청소년박람회 관람(제10회) · 부스별 다양한 직업체험 · 교과별 체험 프로그램 운영 · 직업, 진로 선택을 도울 수 있는 상담 프로그램 운영	6	5월	학년 프로젝트1
3	월드컵, 빛과 그림자	국어	· 월드컵의 화려함 뒤에 감춰진 그늘진 모습들을 알아보고 이에 대해 연설할 원고 작성하기	4	5월	학년 프로젝트2
		과학	· 축구공의 움직임을 이용하여 힘과 속력의 관계를 알아보고 그 결과 나타나는 운동의 특징을 이해한다.	2		

번호	주제	교과	교육활동	차시	시기	비고
3	월드컵, 빛과 그림자	가정	· 세계 여러 나라의 음식 문화를 알아보고 다양한 음식을 직접 만들어 보면서 그 나라의 식생활 문화를 이해한다. · 월드컵 참가국 중 하나를 선택하여 그 나라의 문화적 특징을 살려 디자인하여 반티로 활용한다.	4	5월	학년 프로젝트2
		체육	· 체육대회를 준비하는 응원활동을 기획하고 실천하는 과정에서 다양한 신체적 표현활동을 익힌다.	6		
		음악	· 세계의 다양한 음악을 접해봄으로써 그 나라의 문화를 이해하고 음악을 통해 하나 되는 지구촌을 경험한다.	2		
		사회	· 각 나라의 사회문화적 특징 알아보기 · 국제대회와 사회정치와의 관계(국제대회의 부정적인 측면과 긍정적인 측면)	6		
4	독도	사회	· 독도의 모든 것	4	7월	학년프로젝트/플래시몹로 연계하여 진행
		국어	· 독도 관련 촌평쓰기	3		
		영어	· 세계 친구들에게 독도에 대해 알리기(영문 편지)	2		
		체육	· 플래시몹 기획, 연습 및 공연	12		
	꿈과 희망을 생각하는 시간2	전교과	· 뮤지컬 관람을 통해 다양한 삶의 모습을 간접 경험 · 배우 및 스텝들과의 인터뷰를 통해 관련 직업 정보 습득	6	12월	학년 프로젝트4
5	연극하기	전교과	· 희곡쓰기 · 1인1역할을 통한 연극하기(반별 1작품) · 연극제(공연)	18	12월	학년 프로젝트5
6	아름다운 이별	전교과	· 학급별 졸업식 기획 및 준비 · 학급별 졸업식 영상 제작하기	12	2월	학년 프로젝트6

6) 교과 교육과정 만들기

학년별로 교과통합 프로젝트 수업이 정교화되면 동일 교과 교사들이 모여 학년별 교과 교육과정을 재구성한다. 먼저 교과통합 프로젝트 수업을 교과 교육과정에 반영한 후, 교과서의 단원과 학습 내용, 성취 기준을 살펴보고 단원을 재배치한다. 이렇게 재배치된 단원은 실제 수업을 하는 과정에서 교과서의 텍스트가 교과서가 아니라 다른 것으로 바뀌기도 하면서 수업이 진행된다.

다음은 장곡중학교 국어과 교육과정이다.

1학기	주	1학년 단원	성취 기준	2학년 단원	성취 기준	3학년 단원	성취 기준
3월	1	오리엔테이션 소중한 만남	2911-1	오리엔테이션 1-1-(1) 첫인상, 맞는 것일까?	2917-2	오리엔테이션 3. 우리 안에 살아 숨 쉬는 언어	951-1
	2	소중한 만남	2913-1	1-1-(1) 첫인상, 맞는 것일까?	2926-2	3. 우리 안에 살아 숨 쉬는 언어	951-2
	3	소중한 만남	2011-2	1-1-(1) 첫인상, 맞는 것일까?	2926-2	3. 우리 안에 살아 숨 쉬는 언어	951-3
	4	5. 생각과 마음을 나누는 글	2921-1	2-1-(1) 가치 있는 경험	29510-2	6. 세상에 알리다 [교과통합프로젝트 -지구를 생각하는 시간]	945-1, 945-2
4월	1	5. 생각과 마음을 나누는 글	2921-2	2-1-(2) 의미를 담아서	2959-2	6. 세상에 알리다 [교과통합프로젝트 -지구를 생각하는 시간]	945-3
	2	5. 생각과 마음을 나누는 글	2021-3	2-1-(3) 영상으로 만든 이야기	2938-3	2-1. 비평과 다양한 해석	963-1, 963-2
	3	5. 생각과 마음을 나누는 글	2936-1	2-3-(1) 보고 느끼고 표현하고	2954-1	2-1. 비평과 다양한 해석	963-3
	4	5. 생각과 마음을 나누는 글	2936-1	2-3-(1) 보고 느끼고 표현하고	2954-2	2-1. 비평과 다양한 해석	964-1, 964-2
	5	5. 생각과 마음을 나누는 글	2936-2	2-3-(2) 짜임새 있는 문장	2947-1	2-1. 비평과 다양한 해석	964-3

1학기	주	1학년		2학년		3학년	
		단원	성취 기준	단원	성취 기준	단원	성취 기준
5월	1	아낌없이 주는 너와 나 (교과통합프로젝트)	2936-3	2-3-(2) 짜임새 있는 문장	2947-3	2. (1) 국제 행사 유치, 어떻게 볼 것인가 [교과통합프로젝트-월드컵]	932-1, 932-2
	2	3. 시와 만나는 즐거움	2951-1	1-4-(1) 논리적으로 세상 읽기	2925-2	2. (1) 국제 행사 유치, 어떻게 볼 것인가 [교과통합프로젝트-월드컵]	932-3
	3	3. 시와 만나는 즐거움	2951-2	1-4-(1) 논리적으로 세상 읽기	2925-2	4. (2) 우리에게는 이런 도서관이 필요합니다.[교과통합프로젝트-월드컵]	912-1
	4	월드컵 프로젝트 (교과통합프로젝트)	2923-1	1-4-(2) 건강한 생각, 뚜렷한 의견	2934-2	4. (2) 우리에게는 이런 도서관이 필요합니다.[교과통합프로젝트-월드컵]	912-2, 912-3
6월	1	2. 읽기랑 쓰기랑	2923-2	1-4-(3) 건의하는 글쓰기	2935-3	5. 고전 문학의 멋과 웃음	961-1
	2	2. 읽기랑 쓰기랑	2931-1	2-5-(1) 교양 있는 언어생활	2943-1	5. 고전 문학의 멋과 웃음	961-2, 961-3
	3	2. 읽기랑 쓰기랑	2931-2,3	2-5-(1) 교양 있는 언어생활	2943-1	5. 고전 문학의 멋과 웃음	924-1, 924-2
	4	4. 언어 나라, 음운 바다	2931-1,2	2-5-(2) 책임감 있는 글쓰기	29310-1	5. 고전 문학의 멋과 웃음	924-3
7월	1	4. 언어 나라, 음운 바다	2942-1	2-5-(2) 책임감 있는 글쓰기	29310-2	2. (2) 촌평의 이해 [교과통합프로젝트-독도]	934-1
	2	4. 언어 나라, 음운 바다	2942-2	교과통합 프로젝트-학교신문 만들기		2. (2) 촌평의 이해 [교과통합프로젝트-독도]	934-2
	3	독서 한 마당		1학기 활동 발표 및 평가		플래시몹 [교과통합프로젝트-독도]	934-3

2학기	주	1학년		2학년		3학년	
8월	3	1-2 (3) 글로 말해요	2831-3	1-3-(1) '내' 마음을 실어	2955-1	1-1. 글과 사회·문화	962-1
	4	2. 설명하면 달라져요	2932-1	1-3-(1) '내' 마음을 실어	2955-2	1-1. 글과 사회·문화	962-2
9월	1	2. 설명하면 달라져요	2932-2,3	1-3-(2) '나'의 어린 시절	2955-1	1-1. 글과 사회·문화	962-3
	2	2. 설명하면 달라져요	2922-1	1-3-(2) '나'의 어린 시절	2955-1	2. 영화와 연극, 만화의 세계	914-1, 914-2
	3	2. 설명하면 달라져요	2922-2	1-3-(2) '나'의 어린 시절	2955-2	2. 영화와 연극, 만화의 세계	914-3
	4	5. 내 눈으로 읽는 문학	2958-1	2-2-(1) 서로 다른 생각	2927-2	3. 올바른 발음과 문장	952-1, 952-2
10월	1	5. 내 눈으로 읽는 문학	2958-2	2-2-(2) 그때그때 다른 말하기	2918-2	3. 올바른 발음과 문장	952-3
	2	5. 내 눈으로 읽는 문학	2958-2	1-4-(1) 사람과 사람이 통하려면	29110-2	3. 올바른 발음과 문장	953-1
	3	4. 낱말과 놀기	2946-1,2	1-4-(2) 역사가 할퀴고 간 상처	2956-2	3. 올바른 발음과 문장	953-2, 953-3
	4	4. 낱말과 놀기	2946-3 2945-1	1-2-(1) 보고하는 글쓰기	2933-2	4. 정보 서적과 문체	931-1, 931-2 931-3
	5	4. 낱말과 놀기	2945-2	1-5-(1) 음운의 변동	2944-1	4. 정보 서적과 문체	943-1, 943-2
11월	1	단편 영화 만들기 (교과통합 프로젝트)	2952-1	1-5-(1) 음운의 변동	2944-1	4. 정보 서적과 문체	943-3
	2	3. 갈등에서 공감으로	2952-2	1-5-(2) 다양한 어휘	2948-1	5. 심층 보도와 토의	911-1, 911-2 911-3
	3	3. 갈등에서 공감으로	2917-1	교과통합프로젝트- 단편영화 제작	2938-2	5. 심층 보도와 토의	922-1
	4	3. 갈등에서 공감으로	2917-2	교과통합프로젝트- 단편영화 제작	2938-3	5. 심층 보도와 토의	922-2, 922-3
12월	1	3. 갈등에서 공감으로	2915	교과통합프로젝트- 단편영화 제작	2938-3	연극하기	914-1, 914-2, 914-3
	2	단편 영화제 준비	2952-1,2	1-6-(1) 작품을 보는 눈	2953-1	연극하기	
	3	단편 영화제	2952-1,2	1-6-(2) 작품을 보는 다양한 방법	2953-2	연극하기	
	4	반별 영화 영화제	2952-1,2	고전 읽기 : 감동과 즐거움을 주는 글쓰기	2936-2,3	연극하기	
	5	2학기 활동 발표 및 평가		2학기 활동 발표 및 평가		연극제	

2013년 12월 교육과정 연수 시간은 교과별로 수업 실천 사례를 나누는 시간으로 진행되었다. 우리가 올 한 해 진행한 수업들 중 의미 있었던 것이나 교과통합 수업 등 수업의 진행 과정, 아이들의 반응, 평가 결과 등을 공유하는 자리였는데 장곡중학교 교사들은 몇 번이나 울컥해야 했다. 그 시간에 새내기 교사는 좌충우돌했던 수업 이야기를 풀어 놓았고, 한문과 수학 교사가 함께 협력하여 수업하고 있는 교과통합 수업 장면이 이야기되었으며, 기술가정과에서 진행한 건축 프로젝트 수업 참여를 계기로 수업시간 내내 엎어져 있던 아이가 국어 시간 설명문 쓰기 모둠 활동에 적극적으로 참여하는 모습에 감동을 느낀 교사의 이야기, 교과통합 프로젝트의 수행평가가 너무 힘들어서 '왜 이걸 했을까.' 생각하며 자신의 발등을 찍고 싶었는데 아이들의 놀라운 변화를 보면서 스스로를 다독인 이야기 등이 오갔다. 이 자리를 통해서 교사들 역시 또다른 배움과 성장이 있었다는 걸 확인할 수 있었다. 그리고 다음 해 교육과정을 짜는 데 중요한 바탕이 되는 자리였음은 물론이다.

결국 항상 되돌이표이다. 우리의 삶이 그러하듯이 관계의 문제, 소통의 문제로 돌아온다. 아무리 좋은 교육철학도 학교 현장에서는 바로 옆자리에서 함께하는 동료 교사들, 교실에서 만나는 아이들에게 이해되고 같이 가야 가능하다는 것이다. 그리고 그렇게 되기 위해 학교라는 공간이 어떤 환경, 어떤 상황에 놓여 있는지가 중요하다는 것이다. 교과통합 교육과정 운영의 장점들, 즉 학생 중심의 창의적이고 다양한 교육과정 운영이나 학생들이 삶에서 부딪히게 되는 많은 문제 상황들을 해결하는 데 긍정적인 효과를 기대할 수 있음에도 불구하고 문제는 현재의 학교 시스템이 이를 그다지 고려하지 않기 때문에 이를 운영하기 위해서는 우선 교사들의 열정과 노력이 동반되어야 한다. 한 번의 교과통합 수업을 위해서 여러 명의 교사들이 다른 교과의 교육과정을 연구하고, 수없이 머리를 맞대고 회의를 하고, 시간표를 조정하고 수업 시수가 늘어나는 것도 감수해야 한다. 이것은 또다시 교사들 간의 협력과 동료성이 요구되는 지점이기도 하다.

4장

교육과정을 완성하는 평가

(1) 교육과정과 평가

현행 교육과정의 성격을 살펴보면 가장 먼저 '국가 수준의 공통성과 지역, 학교, 개인 수준의 다양성을 동시에 추구하는 교육과정'이자 '학습자의 자율성과 창의성을 신장하기 위한 학생 중심의 교육과정'임을 앞세우고 있다. 굳이 이러한 문구가 새겨진 교육과정을 들춰보지 않더라도 이미 여러분들은 지금까지 교육과정이 무엇인가라는 질문부터 교육과정이 만들어져서 수업 속에서 다양하게 실천되고 있는 과정을 충실하게 들여다보았다. 그리고 이 교육과정의 실천은 평가로 완성된다고 할 수 있다.

자, 그럼 이제 평가다. 늘 이 지점이 고민이고 부담이다. '수업 열심히 했으면 됐지, 평가는 무슨?' 하지만 학교 현장에서 평가의 잣대는 흘러 넘치고, 평가 없는 세상에서 살고 싶다고 학생들이나 교사들이나 아우성칠 수밖에 없어도 시대가 요구하는 삶을 꾸역꾸역 담아내기 위한 도구로서 평가를 피할 수는 없다는 것은 주지의 사실이다.

다만 이제는 조금씩 기존의 획일적인 평가의 틀을 버리고 있는 시대로 접어들었다. 교육청에서 학교 자체 평가로의 전환을 유도하고 있고, 교육 활동에 대한 온라인 만족도 조사부터 행복지수까지 교사별 평가가 가능해졌으며 일렬로 줄 세우는 성적 위주의 결과론적 평가만이 아니라 정의적 평가로까지 진화하고 있다. 자유학기제가 되면 자유로운 평가도 가능해진다고 한다. 소위 기존의 교교과 지식 중심의 지필 평가 대신 학생의 활동과 성장 발달 과정을 담아내는 협력적 수행평가나 포트폴리오 중심의 평가로 대체할 수 있다는 것이다.

우리가 지금 담론으로 펼쳐내고 있는 일련의 교육과정 이야기들을 가만히 들여다보면 평가와 연계되어 진행되지 않으면 의미를 찾기 어렵다는 것을 발견할 수 있다. 즉 물과 기름처럼 '수업 따로, 평가 따로'일 수는 없다는 이야기이다. 결국 '교육과정'이라는 큰 물결 속에서 평가는 그 결과물이자 판단의 기준으로서 다음 교육과정을 발전적으로 이어가게 하는 훌륭한 길잡이가 될 수도 있다. 수업과 평가가 교육과정이라는 하나의 그물망 속에 엮여있음을 인지한다면 교육과정이 재구성되고 통합 수업이 펼쳐질 때 그 성취 기준에 맞는 다양한 평가들을 결합시키는 것은 그다지 어려운 일도 아닐 것이라는 낭만적인 전망도 해본다.

물론 교육과정을 재구성하고 학교별 교육과정을 만들어 실천하는 과정은 쉽지 않은 길이다. 교사 개인이 노력한다고 해서 될 일이 아니다. 적어도 학교 단위의 전문적 학습 공동체가 함께 고민하고 움직여야만 가능한 일이기에 더더욱 시작도 하기 전에 포기하고 싶고, 그냥 하던 대로 가고 싶어 한다. 하지만 교사는 교사이다. 우리 교사들이 가진 역량은 엄청나다. 누군가가 앞서 시작하고, 그 끝을 잡고 또 누군가가 움직이고, 이 흐름이 조금씩 이어져 거대한 강물이 된다면 학교를 변화시키는 것은 결코 어렵지 않을 것이다.

(2) 평가 혁신의 바람 속으로

수업이 바뀌니까 평가도 바뀌었다. 아니, 바꿀 수밖에 없었다. 수업과 평가는 씨실과 날줄처럼 이어져야 하는데, 기존의 평가 방법으로는 아이들의 통합적 사고력이나 문제해결력, 협력을 통한 탐구 활동 등으로 전개되는 배움 중심 수업을 담아내기가 어려웠다. 결국 수업의 변화는 교과 전체적으로 수행평가 비율을 높이게 되고 과정 중심 평가가 자연스럽게 이루어졌다. 이에 따라 지필

평가 반영 비율이 축소되고, 실시 횟수도 교과에 따라 학기별 1회로 줄어들어 아이들의 부담을 덜어 주었으며, 평가 내용도 선다형 문항 중심에서 서술형·논술형 문항이 확대되었다. 물론 이러한 과정 속에는 경기도교육과정에서 제시하는 평가 혁신 방향이 큰 몫을 하였다.

경기도 교육과정에서 제시하는 창의지성 교육의 3대 과제 가운데 하나인 '평가 혁신'은 기존의 점수 중심 평가나 일제식 평가에서 벗어나 수업의 내용을 고스란히 담을 수 있는 교사별 평가, 단답형이나 선택형 문항 중심 평가로 좁아진 사고를 넓히는 서술형·논술형 평가, 지식 위주가 아닌 정의적 영역도 포괄하는 정의적 능력 평가를 제시하고 있다. 학교 현장에서 학습자의 성장을 지원하고 창의성을 기르기 위한 평가 혁신은 미래 사회의 변화에 능동적으로 대처하고 이를 주도적으로 이끌어 갈 창의적인 인재를 키우기 위한 경기도교육청 창의지성 교육의 핵심 키워드 중의 하나로 교육의 변화를 주도하고 있다.

이런 일련의 흐름 속에서 그동안 수업이 바뀌고 다양한 교과 통합 수업이 진행되었으나 평가 체제가 변하지 않아 배움의 발목을 잡았던 상황이 자연스럽게 해소되었다. 평가가 형식적으로 진행되었던 기존의 방식들을 벗어 던지고 수업과 평가가 직렬로 연결되는 지점을 찾아 새롭고 다양한 형태의 평가 방법들이 쏟아졌다. 어쨌거나 교사는 평가의 전문가가 될 수밖에 없다. 특히 수업 중의 활동과 배움이 바로 평가로 연결되면서 아이들은 수업에 더 집중하게 되고 암기 중심이 아닌, 다양한 텍스트 이해나 논리적 사고를 바탕으로 문제 해결 방법을 적용하는 등 고등사고력 신장에 다가갈 수 있다.

여기에서 중요한 점은 단순히 평가 방법을 바꾼다고 하여 평가 혁신이 이루어지지는 않는다는 점이다. 왜냐하면 수업 내용이 평가의 질을 결정짓지만, 다시 돌아가 평가가 수업의 질을 높이기 때문이다. 그렇기 때문에 미리 계획되지 않은 수업의 경우, 평가와 이어지기가 어렵다. 그래서 학기가 시작되기 전에 학교별로 학교교육과정을 짜고, 교과별·학년별 교육과정 재구성 작업이 충분히 이루어져야 한다. 물론 사전 계획이 세워졌다고 해서 꼭 그대로 실천할 수는 없다. 미리 세워진 계획도 진행하다 보면 더러 빠지기도 하고 교사들의 인사 이동도 있을 수 있으므로, 상황에 따라 자유롭게 변형 가능해야 한다.

1) 수행평가 비중 확대 - 모든 교과 50% 이상 실시

국어과의 경우 수행평가 반영 비율이 30%로 고정화되어 있던 시절, 수업은 바뀌었지만 평가 방법이 종전 그대로여서 '수업 따로, 평가 따로'이거나 아이들의 수업 결과물들이 평가 없이 묻히는 경우들이 생겼다. 특히 교과 간 통합 수업의 경우, 수업 자체를 새롭게 재구성하는 부분에만 몰입하고 이것을 평가와 연결하지 못하다 보니 지필 평가를 위해 별도로 허겁지겁 보강 수업을 해야 하는 웃지 못할 상황도 발생하곤 했었다. 학생들의 다양한 활동 중심 수업을 평가 속으로 다 담아내기는 어려웠던 것이다.

결국 우리들이 꿈꾸는 수업, 아이들의 다양한 활동과 협력을 통한 살아 있는 수업, 배움 중심 수업을 제대로 펼치기 위해서는 수업과 더불어 평가가 바뀌어야 한다는 인식을 교사들이 공유하면서 평가를 어떻게 변화시킬 것인가에 대한 다양한 논의들이 일어난 것이다. 그러면서 수행평가 비율을 높이고, 거기에 서술형·논술형 지필 평가까지 추가되면서 그 고민은 해결되었다. 때마침 경기도교육청 지침으로 서술형 평가가 확대되고, 논술형 평가가 도입되면서 학교 현장이 힘들어할 때, 우리 학교는 이미 실시하고 있었던 상황이라 수월하게 대처할 수 있었다. 게다가 수행평가의 경우도 제대로 된 과정평가 중심으로 정의적 영역 평가에까지 심화, 확대되고 교사별 평가 체제까지 도입되면서 종전의 형식적인 평가의 틀을 벗어나 좀 더 자유롭게 평가와 만날 수 있었다. 예체능 교과에서 수행평가로 100%를 하려고 했다가 꺾인 예도 있지만 평가의 변화는 또 다른 수업의 질적 향상으로 이어지는 것은 틀림없는 사실이다. 다음은 장곡중 교과별 수행평가 반영 비율이다.

■ 2013 장곡중학교 각 교과별 수행평가 영역 및 비율 ■

교과 구분	지필 평가(%)	2012년도 수행평가(%)	2013년도 수행평가(%)	수행평가 영역
국어	50	40	50	말하기 · 듣기, 매체활용, 문학 창작, 실용적인 글쓰기, 학습참여도
도덕	40(기말)	40	60	과제활동, 포트폴리오, 수업활동
사회	50	40	50	학습참여도, 포트폴리오, 과제물
역사	50	40	50	학습참여도, 포트폴리오, 과제물
수학	50	30	50	학습활동, 포트폴리오, 프로젝트
과학	50	40	50	실험 실습Ⅰ, 실험 실습Ⅱ, 학습과정 평가, 논술 평가
기술 가정	20(기말)	60	80	실습, 과제, 포트폴리오
체육	20(중간)	80	80	심동적평가(개인,모둠), 인지적평가, 정의적평가
음악	20(중간)	80	80	가창, 창작, 기악, 감상, 논술
미술	20(중간)	80	80	작품제작, 창작노트, 활동지파일, 이론(모둠발표, 논술, 서술평가)
영어	40	40	60	듣기, 말하기, 학습과정(과제수행 등)
한문	50(중간)	50	50	개별학습활동, 모둠과제활동
중국어	50(기말)	30	50	듣기, 읽기, 말하기, 쓰기, 학습참여도

2) 지필 평가의 변화 바람 - 서술형 · 논술형 평가 70% 실시

이젠 더 이상 교과서만 들고 하는 수업은 거의 볼 수 없다. 교과
별로 재구성된 흐름에 따라 단원의 성취 기준에 맞춰 깊이 있고
수준 높은 수업을 하고 그 기준으로 평가 문항을 만들어내다 보니
연구자들이 우리 국어 시험지를 보고선 그대로 5지 선다로 내면
수능 문제라고 평가했을 만큼 평가의 질을 확보할 수 있었다. 결

국 배움 중심의 수업 활동을 담아내기 위해 서술형·논술형 평가 문항이 자연스럽게 확대되었고, 그러다 보니 45분 동안 학생들이 풀어낼 수 있는 평가를 하기 위해서 지필 평가의 문항 수를 줄이고 서술형과 논술형 중심의 문항 배점을 높여야 했다. 이제 학생들은 수업에 잘 참여하지 않으면 평가를 제대로 받기가 어렵게 된 한편, 학원에 가지 않아도 수업에 열심히 참여하면 좋은 결과가 보장된다. 다음은 '2013학년도 2학년 1학기 국어과 2차 지필 평가'의 문항 유형에 따른 문항 수와 문항별 배점표이다. 서술형과 논술형 문항 수가 6문항에 배점이 70점이다.

유형	문항 수	문항별 배점		점수
객관식	9문항	▶ 3점 × 6 = 18	▶ 4점 × 3 = 12	총 30점
서술형	4문항	▶ 7점 × 3 = 21	▶ 14점 × 1 = 14	총 35점
논술형	2문항	▶ 15점 × 1 = 15	▶ 20점 × 1 = 20	총 35점
계		총 15문항		100점 만점

(3) 교육과정 재구성에 따른 평가의 다양한 사례들

1) 교과 내 재구성 : 국어과 논술 평가

배움의 공동체 수업 철학을 바탕으로 교사 중심이던 기존의 수업을 학생 중심 수업으로 펼쳐내면서 지속적으로 수업 공개 및 교과 간의 통합적 수업 실천을 통해 평가 혁신까지 일구어 낸 장곡중학교의 사례를 새로운 교수·학습 모델로 제시해 본다. 물론 이것이 정답은 아니다. 다만 힘들고 어려웠지만 한 걸음 앞서 실천했던 경험들이 4년의 시간 속에서 나름대로 단련되고 다듬어졌기 때문에, 하나의 사례로, 새로운 교과교육의 한 대안적 방법으로 보아주었으면 한다.

사례	2학년 국어	지필평가 - 3. 글의 짜임과 분석

① 수업 디자인과 흐름

우리 학교는 5년째 배움의 공동체 수업을 진행하고 있다. 2학년 학생들은 1년 이상 이 수업에서 배워 온 학생들이기 때문에 텍스트 해석 능력이 탁월하고 자기주도적인 활동을 협력적으로 한다. 이 단원에서는 비교적 긴 논설문을 읽고 글의 짜임을 분석하고 그 분석을 통해 주제를 추출하는 것이 성취 기준이다.

그래서 수업의 흐름을 살펴 보면, 먼저 1차시는 전형적인 논설문을 집필하여 학생들에게 주고, 서론, 본론, 결론으로 나누어 보고, 각 단락의 중심 내용을 추출하게 했다. 본론 부분은 글쓴이의 중심 생각을 펼치는 부분이므로 중심 단락과 뒷받침 단락을 구분하게 하였고, 이 과정을 거친 후에 글의 주제를 찾게 하였다. 혼자서는 어려운 활동이므로 모둠 활동으로 구성하였다. 2차시에서는 교과의 본문을 그대로 복사해서 활동지로 주고, 모둠 활동에서 글을 서론, 본론, 결론으로 찢게 하였다. 다 찢은 후 본론 부분을 다시 단락별로 찢게 하여 중심 내용을 추출하게 한 다음 중심 단락과 뒷받침 단락으로 구분하게 하였다.. 그러는 가운데 학생들은 저절로 주제를 추출하게 되었다. 교과서 본문은 전형적인 논설문에 비해 길기 때문에 찢어서 잘게 나누어 보게 하는 수업 디자인이 적절하였다. 직접 활동지를 단락별로 손으로 찢으면서 하기 때문에 단락의 정의를 모르는 학생들도 이 활동을 하며 스스로 단락의 의미를 알게 되었고, 찢은 단락만 보면서 중심 내용을 파악하기 때문에 중심 내용 파악하는 방법을 쉽게 터득하였던 것이다. 단락별 중심 내용이 파악되면 글의 짜임이 눈에 들어오며, 글의 흐름이 이해되기에 학생들은 자연히 이런 활동을 통해 긴 글을 혼자 해독하는 방법을 터득하게 된다.

② 평가계획

교사가 집필한 한 편의 논설문을 읽고 서론, 본론, 결론을 나누고, 중심 내용을 찾은 후 주제를 파악할 수 있는지, 본론에서 중심 문단과 뒷받침 문단을 구분할 수 있는지, 그리고 이런 활동을 통해 주제를 찾을 수 있는지 평가하고 싶었다. 다음은 평가 기준과 실제 지필평가에 반영한 논술형 평가 문항과 채점 기준표이다.

1) 논술형 평가 문항 예시

단원명	3. 글의 짜임과 분석	평가형태	지필평가(서술형 · 논술형 평가 통합)
성취 기준	1. 설득하는 글을 읽고, 글의 짜임을 파악할 수 있다. 2. 각 단락의 중심 내용을 바탕으로 전체 글의 주제를 찾아 정리할 수 있다. 3. 글의 짜임을 통해 길고 어려운 글을 쉽게 이해할 수 있다.		
평가기준	1. 한 편의 논설문을 읽고, 서론-본론-결론으로 나눌 수 있는가? 2. 각 단락의 중심 내용을 간추릴 수 있는가? 3. 중심문단과 보조문단을 구분할 수 있는가? 4. 전체 글의 주제를 파악하여 제시할 수 있는가?		

논술형 2] 다음 글을 읽고 글의 짜임을 〈조건〉에 맞게 작성하시오. 【20점】

> 지난 3월 29일에 장곡중학교 제 1차 대의원 회의가 열렸다. 거기서 논의된 안건이 '실내화 폐지로 인해 불결해진 실내 환경에 대한 대책 마련'이었다. 회의 결과 '신발 털이 매트 추가 구입, 여름에만 실내화 착용, 대청소를 열심히 하자' 등이 의결되었는데 이런 대책으로는 더러워진 실내 환경에 대한 해결이 불가능하다고 생각한다. 왜냐하면 더러워진 실내 환경은 근본적인 원인이 있으며, 그 원인을 해결하지 않고선 어떤 대책을 마련해도 그것은 수박 겉핥기식 대책일 수밖에 없기 때문이다.
>
> 그렇다면 실내 환경이 더러워지는 근본 원인이 무엇인가? 그것은 규칙을 지키지 않는 학생들이 실내 환경을 더럽히는 근본 원인이라고 생각한다.

> 2013년 3월 4일부터 학교는 실내화를 폐지하여, 실외화만 신게 하였다. 그러면서 신발 털이개를 마련하여 바깥 활동을 하다 흙이 묻었을 경우 실내에 들어오기 전에 신발을 털 수 있게 하였다. 그런데 일부 학생들은 그런 규칙에는 아랑곳 하지 않고 체육 활동 후에 그냥 들어오면서 복도와 계단에 흙을 묻혀 실내가 지저분해지고, 흙먼지가 실내 구석에 쌓이게 되었다. 심지어 비가 와서 운동장이 젖은 날은 일부 학생들이 신발에 묻은 흙덩이를 실내에 있는 계단에서 떼어내기도 하여 실내는 운동장에서나 볼 수 있는 흙덩이들이 계단 여기저기에 붙어 있기도 하였다. 이런 일들이 벌어지자 대의원 회의에서는 더러워진 실내 환경을 깨끗이 하는 대책을 논의하게 되었다. 그러나 그 대책은 위에서 말한 것처럼 근본 원인이 해결되지 않으면 끊임없이 대책 마련에 대한 회의는 지속될 것이다.
>
> 그렇다면 어떻게 해야 이 문제를 해결할 수 있을까? 더러워진 환경을 깨끗이 할 대책을 마련하는 것보다 더 시급한 것이 교칙을 지키지 않는 학생들에 대한 대책을 마련하는 것이라 생각된다. 왜냐하면 대의원 회의에서 어떤 대책을 마련하든지 지키지 않는 학생이 있다면 그것은 대책으로서 가치가 없기 때문이다.
>
> 대의원회가 모든 학급의 대의원들이 학급의 자치회의 시간에 논의된 바를 가지고 와서 대표로서 회의를 하는 자리라면 그 자리에서 논의된 바는 반드시 지켜져야 한다. 그러기 위해서는 대의원 회의에서는 교칙을 지키지 않는 학생들에 대한 대책을 먼저 마련하고, 그 다음에 학교에서 이루어지는 여러 가지 교육 활동에 대한 것들을 안건으로 정해 회의를 하고 의결을 해야 한다. 그래야만 대의원 회의에서 의결된 사항들이 제대로 지켜질 것이다.

〈 조 건 〉

1. 서론, 본론, 결론으로 나눌 것
2. 각 문단의 중심문장을 포함하여 중심내용을 쓸 것

(1) 각 문단을 서론, 본론, 결론으로 나누고 중심 내용을 표에 작성하시오.

(표에 칸은 필요하면 그릴 수 있음)

짜임	문단	중심 내용
서론		
본론		
결론		

(2) 본론을 중심 문단과 뒷받침 문단으로 구분하시오.

중심 문단	
뒷받침 문단	

(3) 이 글의 주제를 쓰시오.

2) 모범 답안 및 채점 기준표 예시

문항 번호	배점	정답	유사 답안	세부 채점기준		부분 배점
논술형 2	20	(1) **서론** : 1문단 : 더러워진 실내 환경에 대한 근본적인 대책이 마련되지 않으면 그 어떤 대책도 소용없다. **본론** : 2-4문단 : 규칙을 지키지 않는 학생들에 대한 대책을 마련하는 것이 우선이다. **결론** : 5문단 : 규칙을 지키지 않는 학생들에 대한 대책을 먼저 마련해야 한다.	(1) 글의 짜임을 제대로 나누고, 중심 내용을 핵심 어구를 사용하여 표현한 경우 정답으로 인정	(1) 12점	서론의 중심 내용을 잘 찾아 썼을 경우	3
						본론의 중심 내용을 잘 찾아 썼을 경우(근본 원인과 대책 마련이 들어가야 하며 각각 3점씩 처리)	6
						결론의 중심 내용을 잘 찾아 썼을 경우	3
						중심 내용은 포함하지 않고 각 단락만 잘 나누었을 경우	5
		(2) 중심 문단 : 2, 4문단 뒷받침 문단 : 3문단	(2) 정답만 인정	(2) 4점	중심문단과 뒷받침 문단을 잘 나누었을 경우	4
		(3) 대의원 회의에서 의결된 안건이 잘 지켜지려면 먼저 교칙을 잘 안 지키는 학생들에 대한 대책을 마련해야 한다.	(3) 교칙을 잘 지키지 않는 학생들에게 대한 대책 마련이 우선이라는 내용이면 정답으로 인정	(3) 4점	주제를 잘 찾아 썼을 경우	4

서술형·논술형 평가 모범 답안 및 채점 기준표

③ 채점하면서

2학년 전체 학생들의 답안을 출제교사가 혼자 채점하였다. 같은 학년을 가르친다고 해도 출제자의 의도가 정답으로만 제시되면 다른 교사가 채점을 할 때 출제의 의도와 맞지만 표현을 다르게 한 학생들의 답을 오답 처리할 수 있기 때문에 일관성을 기하기 위한 것이다.

(2)번 문항에서 학생들은 문단 번호를 적지 않고 문단의 중심 내용을 적은 학생들이 있었다. 왜 그랬는지 물어보니, 칸이 넓어서 그렇게 하였다는 답변을 하였다. 문제를 출제할 때 문단 번호를 적으라고 지시했다면 학생들이 혼란스럽지 않았을 것이다. 예상 점수와 실제 점수는 비슷하며 채점 과정에서 추가된 답은 없었다.

④ 시사점

이런 식의 문항이 하나 더 있었기에 이번 시험에서 학생들은 45분이 너무나 짧았다. 그래서 문제의 답을 적을 시간을 확보하지 못한 학생들이 답안 작성을 못하거나, 대충 읽고 답안을 작성하여 오답인 '대의원회에서 의결된 내용은 반드시 지켜져야 한다'를 주제로 추출한 학생들이 다수 있었다. 다음 시험에는 시간을 100분으로 조절하거나 지문의 분량을 줄이거나, 문항을 더 줄이도록 해야겠다. 이 시험에서 수업 시간 활동에 열심히 참가했던 학생이 전교 1등 학생보다 결과가 좋았다. 이런 과정을 지켜본 학생들은 수업에 열심히 참가해야겠다는 배움을 이야기하였다. 이렇게 변화한 지필평가 형태를 1년 이상 경험한 학생들은 2학년에 올라와서 자습서나 문제집을 사지 않으며, 수업 시간에 열심히 활동에 참여할 때 시험 점수가 잘 나온다는 것을 잘 알기 때문에 수업에도 열심히 참여한다. 물론 학원에서 국어 수업을 받는 학생은 거의 없어졌다.

2) 교과 내 재구성 : 도덕과 수행 평가

| 사례 | 1학년 도덕 | 과정 중심 수행평가 - 교과내 재구성 수업과 연계 |

| 1학년 도덕 | 아름다운 세상을 위하여 - '지역사회 도움주기 프로젝트' |

① 기획 의도

아무런 대가 없이 누군가를 도와준다는 것은 우리에게는 낯선 일이다. 이 때문에 주변의 도움이 필요한 사람들을 그냥 무심코 지나쳐버리고 만다. 그리고 굳이 "내가 아니어도 누군가 도와주겠지." 라고 생각한다. 특히 무조건적으로 받는 것에만 익숙하고 주는 것에는 서툰 학생들은 자발적으로 대가 없이 타인을 돕는 행위를 해본 적이 드물다. 또한 교실 수업은 그것이 가진 시간적, 공간적 한계로 인해 학생들에게 정의적, 행동적 변화를 주기에는 한계가 있다. 그래서 시흥시에 대해 알아가고 부정을 긍정으로 바꾸는 경험을 통해 우리 학생들 모두를 세상을 아름답게 만드는 주역으로 만들고 싶었단다. 그래서 최종적으로 탄생한 것이 지역사회와 연계된 6차시의 프로젝트 수업이다.

② 차시별 운영 계획

구분	차시별 진행 과정
1차시	프로젝트 안내 및 계획서 작성 알림
2차시	개인별 계획서 작성
3차시	주제별 모둠 조직 및 모둠별 협의회 (1)
4차시	모둠별 협의회 (2)
5차시	모둠별 프로젝트 발표회
6차시	개인별 프로젝트 평가서 작성 및 보고서 작성

③ 1학년 도덕 교과서 관련 단원

	도덕 교과서에 담긴 각 단원별 내용을 배운 다음 연계하여 수행요소 추출	
관련 단원	1. 도덕적 주체로서의 나 1) 도덕의 의미 2) 삶의 목적과 도덕 3) 도덕적 성찰 4) 도덕적 실천 2. 우리, 타인과의 관계 1) 가정생활과 도덕 2) 친구 관계와 도덕 3) 사이버 윤리와 예절 4) 이웃에 대한 배려와 상호 협동	3. 사회, 국가, 지구 공동체와의 관계 1) 인간 존엄성과 인권 2) 문화적 다양성과 도덕 3) 분단 배경과 통일의 필요성 4) 바람직한 통일의 모습 4. 자연, 초월적 존재와의 관계 1) 환경친화적인 삶 2) 삶의 소중함과 도덕 3) 과학 기술과 도덕 4) 문화와 도덕

④ 반별 프로젝트 주제 선정 및 모둠 협의회

학생들이 작성한 프로젝트 개인별 계획서를 수합한 다음, 반별로 양질의 계획서를 뽑아내어 주제를 추린다(4명 기준 8개 모둠). 모둠별로 진행하는 이유는 양질의 계획서 아래 프로젝트를 같이 수행하는 과정에서 협동심과 의사소통능력, 문제해결능력 등을 증진시킬 수 있기 때문이다. 이렇게 주제를 추리고 나면 칠판에 8개의 주제를 적고 학생들이 참여하고 싶은 프로젝트를 스스로 선택하게 한다. 다음은 한 반의 주제를 추린 표와 활동 모습, 그리고 아이들이 제출한 보고서에 담긴 내용이다.

1모둠	2모둠	3모둠	4모둠	5모둠	6모둠	7모둠	8모둠
거리 쓰레기 줄이기	외국인 차별 줄이기	불법 주차 문제	안전한 먹거리, 마트 제대로 알기	갯골 축제 제안서	담배 없는 마을	사회적 약자 (노인) 돕기	기부 문화 활성화

⑤ 도덕과 평가 계획

1) 1학년 도덕과 평가 영역 및 비율

학기	지필평가		수행평가	계	비고
	1차 지필평가	2차 지필평가			
1학기	미실시	40%	60%	100%	
2학기	미실시	40%	60%	100%	

2) 1학년 도덕과 수행평가 영역별 주제

구분	영역		주제	배점
1학기	표현활동	프로젝트 수행(논술형 계획서 및 보고서 작성)	대한민국 인권신장 프로젝트	20점
		논술	생각노트 (주제별 글쓰기 4회)	20점
	수업활동	활동참여 누적집계	수업태도, 발표, 과제물, 준비물, 모둠활동 참여도	10점
	포트폴리오	활동참여 누적집계	프린트 개인 파일 작성 및 관리	10점
2학기	표현활동	프로젝트 수행(논술형 계획서 및 보고서 작성)	지역사회 도움주기 프로젝트	20점
		논술	생각노트 (주제별 글쓰기 4회)	20점
	수업활동	활동참여 누적집계	수업태도, 발표, 과제물, 준비물, 모둠활동 참여도	10점
	포트폴리오	활동참여 누적집계	프린트 개인 파일 작성 및 관리	10점

3) 지역사회 도움주기 프로젝트 평가 기준

평가주제 및 영역		각 영역별 평가기준	평가단계별 점수				
			A	B	C	D	E
지역사회 도움주기 프로젝트 (20점)	논술형 개인 계획서 작성 (5점)	① 주제가 적합한가? ② 내용에 짜임새가 있는가? ③ 독창적인 내용을 제시하였는가? ④ 적절한 분량을 사용하였는가?	4항목 해당 (5점)	3항목 해당 (4점)	2항목 해당 (3점)	1항목 해당 (2점)	해당 없음 미제출 (1점)
	모둠별 자료 발표 (5점)						
	논술형 개인 보고서 작성 (5점)						
	논술형 개인 평가서 작성 (5점)						

3) 교과 내 재구성 : 수학 · 독서 협력 수업 수행 평가

사례　**1학년 통합**　　**수행평가 - 수학 속으로 독서가 들어오다**

　올해 1학년 수학 시간은 색다른 풍경이 펼쳐졌다. 한 단원이 끝날 즈음, 아이들은 도서관에서 동화책을 읽으면서 그 단원과 연결된 수학의 세계를 찾아 보기도 하고, 다양한 읽기 자료들을 통해 삶과 맞닿아 있는 수학을 만난다. 수학교사와 독서지도사가 함께 만들어 낸 수업 풍경이다. 통계를 배우고 나면 신문이나 TV에서 무관심하게 지나쳤던 통계 자료나 그래프를 직접 분석하고 해석해 보기도 하고, 멋진 미술작품을 감상하면서 전 시간에 배웠던 다양한 도형들을 찾아 내기도 한다. 다음은 이러한 수업들이 바탕이 되어 만들어진 수행평가 자료이다.

수학과 수행평가지	단원	도형
	주제	예술과 수학의 만남

읽기 자료 <세네치오>에 담긴 도형들의 부피관계는 무엇일까요?

　현대 화가들이 수학을 얼마만큼 중요하게 여겼는지는 20세기 현대미술의 선구자로 평가받는 파울 클레의 〈세네치오, 1922〉를 보면 확인할 수 있어요. 클레는 뛰어난 지적 소유자였으며, 미술과 수학을 접목하기 위해 부단한 노력을 기울였습니다. 그는 너무도 수학을 좋아했어요. '회화의 기본 요소는 선과 색면, 공간이다. 이는 화가의 내면에서 용솟음치는 에너지에 의해 움직인다.'고 공언할 정도였으니까요. 그가 얼마나 수학에 푹 빠졌으면 '클레는 선과 더불어 산책한다.'는 말까지 나왔을까요?

이 그림을 보면 클레가 수학과 열애중이라는 얘기가 빈말이 아니라는 사실을 알 수 있어요. 화면을 가득 채운 초상화가 보여요. 그런데 초상화인 것은 금방 알 수 있지만 우리가 흔히 대하는 초상화는 아닙니다. 기하학으로 이뤄진 신종 인물화입니다. 인물은 크게 얼굴과 목, 어깨, 세 부분으로 나누어져 있어요. 마치 어린아이 그림처럼 단순하게 보입니다. 이처럼 한없이 천진하게 보이는 것이 바로 클레 그림의 특징입니다. 그럼 클레가 각종 도형을 활용해 어떻게 그만의 독특한 인물화를 창조했는지 살펴보겠어요.

먼저 얼굴입니다. 두 개의 수평선과 한 개의 수직선이 커다란 원형의 얼굴을 가릅니다. 위쪽 수평선은 두 눈을, 아래쪽 수평선은 입을 지나고 있어요. 빨갛고 동그란 눈동자가 위쪽 수평선 양쪽에 자리 잡고 있으며 아래 수평선 가운데 작고 검은 빛깔의 사각형 입술이 자리 잡고 있습니다. 덕분에 화들짝 놀라 동그랗게 눈을 뜨고 입술을 작게 오므린 익살스런 표정이 나타나게 되었어요.

한편 수직선은 화면 한가운데를 지나며 얼굴을 양분하고 있어요. 이 수직선은 클레의 천재성을 증명하고 있어요. 클레는 수직선을 그으면서 기교를 부렸습니다. 단숨에 내리긋던 수직선을 양미간 사이에서 주춤하게 만들더니 오른쪽 눈 쪽으로 살짝 꺾은 후 입술까지 그은 것이지요. 그런 정교한 연출 때문에 콧날이 서면서 코가 입체적으로 보이게 되었어요.

다음은 목입니다. 사각형의 가느다란 목이 커다란 얼굴과 넓은 어깨 사이를 다리처럼 이어주고 있어요. 비록 가는 목이지만 든든한 사각형으로 이루어져 있어 얼굴과 어깨의 균형을 잡아 주는데 별 무리가 없을 것 같아요. 한편 어깨는 수평선처럼 드넓게 자리 잡고 있어요. 크고 둥근 얼굴과의 조화를 계산한 것이지요.

이런 치밀한 계획은 두 눈과 입술에서도 확인 할 수 있어요. 클레는 두 눈을 좌우대칭이 되게 하면서 약간 어긋나게 배치했어요. 그리고 그림 왼쪽 눈꺼풀은 삼각형을, 오른쪽 눈꺼풀은 포물선을 그어 볼록하고 오목한 느낌을 연출했습니다. 어디 그뿐인가요? 작은 사각형의 입술을 대각선에 배치해 화면에 생동감을 주었어요. 그는 도형들과 선, 색채를 절묘하게 배치해 유머러스하고 풍자적인 어릿광대의 얼굴을 창조한 것이지요.

이 그림은 클레의 최고 걸작으로 손꼽히는 작품이며 그의 자화상으로 알려져 있어요. 제목인 '세네치오'는 아스트라체과에 속하는 식물의 속명입니다. 노란색인 이 꽃은 부드러운 털이 있어 일명 '노인네 수염'으로 불려요. 클레가 자화상에 '세네치오'라는 이름을 붙인 것은 그가 그림을 그릴 당시 근사한 턱수염을 길렀기 때문이지요. 클레는 자연스럽게 턱수염과 세네치오의 털을 연결시키면서 자신과 식물이 비슷하다고 생각한 것이지요.

수학과 결혼하고 수학과 산책한 화가 클레! 클레의 그림을 보면서 여러분은 어떤 수학 이야기를 떠올리셨는지요?

클레의 〈세네치오〉를 보면 작가의 치밀한 주관에 의해 형태를 발견하고 단순화한 것을 발견하게 됩니다. 그래서인지 작품에 원, 원의 일부인 두 개의 호로 이루어진 곡선, 수직으로 만나는 두 직선, 직사각형, 원뿔 등과 같은 수학적인 도형이 자주 등장하지요. 도형을 다루고 있다는 점에서 수학의 한 분야인 기하학을 떠올리게 되는군요.

또한 사람의 얼굴과 목 부위를 수학적 도형으로 표현하고 있고 특히 코를 중심으로 한 좌표개념, 좌우 대칭축을 기준으로 비대칭을 구현하고 있습니다. 입의 위치에서 가로 방향과 세로 방향으로 직선으로 그어보세요. 두 직선에 의해 입에서 직각으로 만나 그림이 네 개의 영역으로 나누어집니다. 오른쪽 윗부분부터 시계 반대방향으로 제 1사분면, 제2사분면, 제3사분면, 제4사분면이라고 각각 이름을 붙여 살펴보겠습니다. 제3사분면과 제4사분면에 해당하는 그림은 세로선을 기준으로 비교하면 대칭에 가까운 비대칭이지요. 그리고 눈, 입, 목 부분에서 보이는 도형들은 수학적 개념인 점대칭을 생각나게 합니다.

자, 제1사분면과 제2사분면에 눈을 돌려 볼까요. 그림 오른쪽 눈은 졸린 듯 아래로 처져 있고 왼쪽 눈은 졸린 눈을 치켜뜨듯 올라가 있습니다. 이런 느낌을 주기 위해 왼쪽엔 원뿔 모양을 연상시키는 도형으로, 오른쪽 눈엔 반구를 연상시키는 도형으로 표현하고 있습니다. 또 눈의 높낮이를 조절하여 오른쪽 눈을 아래쪽에, 왼쪽 눈은 위쪽에 그려 넣고 있어요. 오른쪽 눈과 왼쪽 눈이 크기와 길이가 약간 다르지만 세로의 중심선을 기준으로 살펴보면 좌우균형을 이루고 있습니다.

『명화 속 신기한 수학 이야기』, 이명옥 · 김흥규, 시공아트, 128쪽~134쪽.

1학년 수행평가

주제	예술과 수학의 만남		관련단원	평면도형과 입체도형
1학년	반	번호	이름	

1. 〈세네치오, 1922〉에서 볼 수 있는 도형(평면도형, 입체도형)을 3개 이상 찾아 적으시오. (1점)

2. 〈세네치오, 1922〉에서 축, 또는 축을 중심으로 회전하여 얻을 수 있는 입체도형의 겨냥도를 2개 그리시오. (회전축과 평면도형, 회전하여 얻어진 겨냥도를 모두 그리시오.)　　　(2점)

3. 문제 2번에서 그린 두 개의 겨냥도 중에 적당한 값을 대입하여 하나는 부피를 하나는 겉넓이를 각각 구하시오.　　　(2점)

주제	내가 만드는 일차방정식		관련단원	문자와 식
1학년	반	번호	이름	

예시1. 시흥시청에서 장곡중학교까지 왕복하는 데 갈 때는 시속 6km로 달려가고, 올 때는 시속 3km로 걸어서 총 1시간 15분이 걸렸다. 장곡중학교에서 시흥시청까지의 거리를 구하여라.

예시2. 장곡중학교의 금년 남학생 수와 여학생 수는 작년에 비하여 남학생은 10% 증가했고, 여학생은 5%가 감소했다. 작년에 전체 학생 수가 920명인데 비하여 금년에는 작년보다 29명이 늘었다고 할 때, 작년 남학생 수를 구하여라.

예시3. 12%의 소금물 100 g에 물을 더 넣어 10 %의 소금물을 만들려고 한다. 이 때 물을 몇 g 더 넣어야 하는지 구하여라.

예시4. 강당에 있는 긴 의자에 3명씩 앉으면 학생이 10명 남고, 4명씩 앉으면 남는 학생 없이 완전히 빈 의자만 6개가 남는다. 이때 학생 수와 의자 수를 각각 구하여라.

예시5. 예쁜 수련 꽃다발의 $\frac{1}{3}$은 바람에게, $\frac{1}{5}$은 태양에게, $\frac{1}{6}$은 달에게, $\frac{1}{4}$은 별에게 그리고 남은 여섯 송이는 나의 선생님께 바치련다. 수련 꽃은 모두 몇 송이일까?

예시6. 비밀의 수에 3을 곱한 다음 4를 더한다. 다시 그 수에서 비밀의 수를 뺀 후 6을 더하니 20이 되었을 때, 비밀의 수를 구하여라.

문제 : 읽기자료를 읽고 위 예시문제 6개 중 한 가지 유형을 선택하여 일차방정식 활용 문제를 만들고, 식을 세워 풀어라.

도서명	
문제로 만들 장면 또는 내용	
무엇을 x로 놓을까?	
어떤 조건이 필요할까?	
활용문제 만들기	
식 세우고 풀기	

평 가 항 목	채점 기준	배점	점 수
1. 미지수 x와 조건을 만들었는가?	5항목 만족	10	
2. 제시된 예시를 사용하여 문제를 만들었는가?	4항목 만족	9	
3. 조건을 반영하여 문제를 타당하게 만들었는가?	3항목 만족	8	
4. 문제를 식으로 맞게 표현하였는가?	2항목 만족	7	
5. 풀이과정과 답이 옳은가?	1항목 만족	6	
	1항목 미만	5	

교과명	1학년 수학	독서 자료	펄 벅의 〈아주 특별한 선물〉	
단원명	문자와 식			
평가 주제	내가 만드는 일차방정식			

1학년 수학과 수행평가

주제	내가 만드는 일차방정식	관련단원	문자와 식
1 학년	반	번호	이름

예시1. 시흥시청에서 장곡중학교까지 왕복하는 데 갈 때는 시속 6km로 달려가고, 올 때는 시속 3km로 걸어서 총 1시간 15분이 걸렸다. 장곡중학교에서 시흥시청까지의 거리를 구하여라.

예시2. 장곡중학교의 금년 남학생 수와 여학생 수는 작년에 비하여 남학생은 10% 증가했고, 여학생은 5%가 감소했다. 작년에 전체 학생 수가 920명인데 비하여 금년에는 작년보다 29명이 늘었다고 할 때, 작년 남학생 수를 구하여라.

예시3. 12%의 소금물 100 g에 물을 더 넣어 10%의 소금물을 만들려고 한다. 이 때 물을 몇 g 더 넣어야 하는지 구하여라.

예시4. 강당에 있는 긴 의자에 3명씩 앉으면 학생이 10명 남고, 4명씩 앉으면 남는 학생 없이 완전히 빈 의자만 6개가 남는다. 이때 학생 수와 의자 수를 각각 구하여라.

예시5. 예쁜 수련 꽃다발의 $\frac{1}{3}$은 바람에게, $\frac{1}{5}$은 태양에게, $\frac{1}{6}$은 달에게, $\frac{1}{4}$은 별에게 그리고 남은 여섯 송이는 나의 선생님께 바치련다. 수련 꽃은 모두 몇 송이일까?

예시6. 비밀의 수에 3을 곱한 다음 4를 더한다. 다시 그 수에서 비밀의 수를 뺀 후 6을 더하니 20이 되었을 때, 비밀의 수를 구하여라.

문제 : 읽기자료를 읽고 위 예시문제 6개 중 한 가지 유형을 선택하여 일차방정식 활용 문제를 만들고, 식을 세워 풀어라. *글은4람이름*

도서명	아주 특별한 선물
문제로 만들 장면 또는 내용	룹이 외양간으로 가는 장면
무엇을 x로 놓을까?	집에서 외양간까지의 거리
어떤 조건이 필요할까?	갈때는 몇km로 가는지, 올때 몇km로 됐지, 집에서 룹 더넘어 길러나지
활용문제 만들기	룹이 집에서 외양간까지 가는데 갈때는 시속 2km로 갈려가고 올때는 시속, 3km로걸어서 총 시간 거2시간이 걸렸다. 집에서 외양간까지의 거리를 구하여라.
식 세우고 풀기	$\frac{x}{2}+\frac{x}{3}=\frac{90}{60}$ $x=\frac{90}{50}=\frac{18}{10}$ $\frac{x}{2}\times\frac{x}{3}=\frac{90}{60}\times60$ $x=1.8$ $30x+20x=90$ $50x=90$ 답, 1.8km

평가항목	채점 기준	배점	점수
1. 미지수 x의 조건을 만들었는가?	5항목 만족	10	
2. 제시된 예시를 사용하여 문제를 만들었는가?	4항목 만족	9	
3. 조건을 변형하여 문제를 다양하게 만들었는가?	3항목 만족	8	
4. 문제를 식으로 맞게 표현하였는가?	2항목 만족	7	
5. 풀이과정과 답이 올바른가?	1항목 만족	6	
	1항목 미만	5	

논술형 1] 최근 스포츠 경기의 기록은 최첨단 기술을 이용하여 정확하게 측정하는 것이 가능한데, 이 측정 결과를 그래프로 나타내면 여러 가지 사실을 분석할 수 있다. 아래 그래프는 심장병 어린이 돕기 마라톤 대회 5km 코스에 참가한 A, B, C세 학생의 기록을 그래프로 나타낸 것이다. 세 학생의 달리기 상황을 설명하는 신문 기사를 작성하여라. 【10점】

───〈 조 건 〉───
ㄱ. 출발 당시의 순위 상황을 나타내시오.
ㄴ. 거리와 시간이 지나면서 순위가 어떻게 바뀌는지 나타내시오.
ㄷ. 결승점을 통과 한 후의 순위 상황을 나타내시오.
ㄹ. 완전한 문장으로 논리적으로 서술하시오.

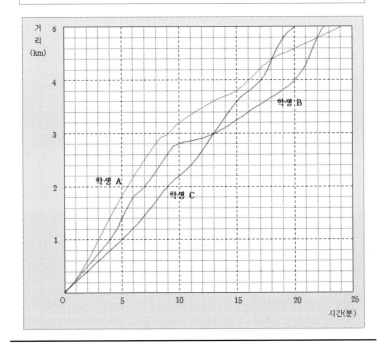

(4) 교육과정 재구성 운영 결과 분석
   ― 수업 일기 / 설문지

1) 수업 일기 형식으로 만난 평가

수업이 얼마나 의미 있었는지, 개선할 점은 무엇인지에 대한 지속적인 수업 성찰이 이루어지지 않는다면 결국 답보 상태의 무의미한 수업, 형식적인 수업, 평가를 위한 교육과정 등으로 전락해 버릴 수도 있다는 것을 우리는 너무나 잘 알고 있다. 이 사례는 교과 통합 수업에 대한 연구 활동으로 진행된 것으로 작은 참고가 될까 하여 제시해본다.

이 평가는 앞서 소개한 '실학의 시대를 만나다'라는 교과 통합 수업 이후 학생과 교사를 대상으로 수업 일기 및 설문조사 형태로 진행한 것이다. '실학의 시대를 만나다'라는 이 교과 통합 수업은 학기 초에 미리 계획된 수업이 아니라 국어과와 역사과 교사들이 수업에 대한 고민을 나누던 중 학기 중간에 만들어진 수업이다 보니 평가까지 연결하기가 어려웠다. 그래서 설문 형태로 만든 수업 일기 양식을 가지고 학생과 교사를 대상으로 수업 과정, 인상 깊은 점, 반성한 점 등을 설문 내용으로 구성하여 수업에 대한 깊이 있는 성찰을 시도해 보았다. 다음은 이 수업에 대한 평가 내용이다.

① 수업 일기 쓰기

학생과 교사 대상으로 '수업 일기'라는 형식을 통해 반응을 살펴보았다. 수업이 끝난 후 작성해보는 활동으로, 수업 일기 양식은 다음과 같다.

학생 수업 일기

( )중학교 ____학년 _____반
이름_____

선생님이 진행한 수업과정 쓰기/ 선생님의 수업을 들은 후 좋은 점과 인상깊은 점, 선생님의 수업을 들은 후 반성한 점을 일기로 작성해주세요.

※ 교과 통합 수업 주제 :

1. 선생님께서 진행한 수업의 과정을 작성해보자.

2. 선생님 수업을 듣고 좋았던 점이나 인상 깊었던 점을 작성해보자.

3. 수업을 들은 후 반성한 점을 작성해보자.

교사 수업 일기

* 교과명 : (　　　　　)
* 교사명 : (　　　　　)

> 장곡중학교 2학년 교과 통합 수업으로 진행한 '실학의 시대를 만나다'에 대한 선생님의 의견을 듣고 싶습니다. 이 설문을 바탕으로 함께 고민하고 함께 성장하는 시간을 갖고자 합니다. 바쁘시겠지만 잠시 짬을 내시어 다음 질문에 자유롭게 답해 주시면 감사하겠습니다.

1. 선생님께서 기획한 수업 디자인, 수업 진행 과정에 대한 소개

2. 이 수업을 진행하면서 가장 좋았던 점이나 인상 깊었던 점

3. 이 수업을 진행하면서 가장 힘들었던 점이나 아쉬웠던 점

4. 이 교과 통합 수업이 선생님과 아이들의 배움과 삶에 미친 영향

5. 내년에도 이 교과 통합 수업이 진행된다면 보완할 점

---

② 수업 일기에 나타난 학생들의 반응

수업 일기 항목 중에서 2번에 대한 학생들의 반응을 살펴보면 대체적으로 배움에 대한 깊이가 느껴진다. 특히 협력 학습에 대한 즐거움과 교과 통합 수업을 통한 종합적 사고의 통찰 과정이 서툴게나마 드러나고 있다.

2. 선생님 수업을 듣고 좋았던 점이나 인상 깊었던 점을 작성해보자.

★ 평소에 그냥 수업을 들을 때는 교과마다 다 내용이 달라서 모두 새로운 내용을 매 교시마다 배웠지만 이 수업은 교과마다 내용도 이어지고 흐름도 이어져 수업을 들을 때 훨씬 흥미로웠다. 그리고 양반전의 내용이 일일이 기억에 남아 좋은 것 같다. 특히, 한문시간에 한문을 해석하며 수학문제도 풀어서 친구들과 협동하며 풀었던 문제가 가장 기억에 남는다. ─ 2학년 4반 고○○

★ 내가 이 수업을 듣고 좋았던 점은 조선 후기의 모든 상황과 사건들에 대한 여러 각기 다른 분양의 다른 시점의 공부가 쌓이고 쌓여 계속 수업 시간에 "아하!"라는 감탄사가 나온 것 같다. 즉, 피카소가 다양한 시점으로 본질을 부각시켰던 것과 같은 메커니즘이다.

─ 2학년 1반 한○○

③ 교사들의 수업 일기

다음은 교사들이 쓴 수업 일기를 바탕으로 네 가지 영역으로 구분하여 정리한 내용이다. 특히 학기 초에 미리 계획된 수업이 아니어서 진행하기 어려웠던 평가의 연계성, 한문-수학 협력 수업에서 미리 수업 시간을 잘 조정하지 못해 함께하지 못했던 아쉬움이 눈에 띈다. 그럼에도 불구하고 이 수업을 통해 학생들도 배우지만 교사도 함께 배우고 성장하는 기쁨이 담겨 있어 통합 수업에 대한 긍정적인 평가가 전체적으로 깔려 있다고 하겠다. 더불어 교육과정 재구성이 하나의 틀에 얽매이지 않아야 한다는 점, 실제적 운영이나 실천적 진행에서 탄력적이어야 한다는 점을 시사해준다.

1. 통합 주제면	내가 언급을 하기도 전에 아이들은 〈북학의〉 '상인'편을 읽으면서 역사 시간에 배웠던 당시의 신분 제도에 대해, 신분 차별에 대해 이야기했다. 〈양반전〉 전문을 읽으면서 아이들은 조선 후기 문란했던 신분 제도에 대해, 당시 지배층이었던 양반층의 무능력함에 대해 이야기했다. 만약 교과 통합 수업이 아니라 국어과에서 개별적으로 접근한 수업이었다면 조선 후기의 사회상 및 실학에 대한 전반적인 이야기를 국어 시간에 소화해 내야 하고 그 내용 또한 단편적이었을 것이다. 하지만 역사, 한문, 수학, 미술 교과에서 다각도로 실학에 대해 접근을 했기 때문에 분명히 아이들은 확산적인 사고를 하였고, 자신이 배운 각각의 지식을 통합적으로 적용하는 역량을 발휘하였다. - 장곡중 교사 이○○
2. 진행 과정면	통합 수업인데 수학과 선생님과 모든 반을 함께 하지 못했던 것이 아쉬웠다. 확실히 함께 수업을 했던 반의 수업 태도가 더 좋았다. 학생들도 아쉬워했다. - 장곡중 교사 권○○
3. 수업 설계면	학생들이 鷄兎算을 풀이하는 과정에서 음과 뜻을 찾고도 풀이를 해내는 과정에서 음과 뜻을 찾고도 풀이를 해내는 과정에 어려움을 겪으면서 우리 선조들은 왜 이렇게 힘들게 문제를 풀이했어~ 라는 말들을 했다. 그러나 풀이 과정을 끝내고 난 후에는 자신들이 배운 연립방정식의 가감법임을 알고 난 뒤 우리 선조들도 2차방정식을 이렇게 공부했다는 사실에 놀라워했고 또 자신들이 사용하는 x, y 대신에 다리에 발을 더 더하고 빼는 방식으로 문제를 풀어낸 선조들의 상상력에 감탄하기도 했다. - 장곡중 교사 김○○
4. 결과 활용면	시대배경, 역사적 흐름을 다른 교과에서 공부한 후 그 시대 미술 작품을 감상, 비평하게 함으로써 내용이 풍부한 비평활동이 이루어질 수 있었다. 그리고 예술 작품이 우연적으로 제작되는 것이 아닌 그 시대의 중요한 거울로 기능한다는 것을 알게 할 수 있었다. - 장곡중 교사 오○○

특히 이 교사들의 수업 일기와 함께 진행되었던 평가회에서 얻을 수 있었던 고민을 세 가지로 정리해 보았다. 이 고민은 교과 통합 수업을 진행하면서 겪었던 시행 착오나 아이들의 반응, 수업 실천 과정 등에서 찾은 교사들의 수업 성찰이기도 하다. 이 고민을 해결하는 길을 찾는다면 교과별 성취 기준이나 평가의 적절성, 학습자 중심의 수업을 좀 더 질적으로 끌어올릴 수 있으리라 본다.

학습자의 배경지식과 지적 수준을 고려한 수업 디자인 고민이 필요하다. ― 한문과 수학 협력 수업의 경우 활동지가 너무 어렵고 내용이 많았다는 성찰이 있었다. 학습자의 수준을 고려해서 어떤 것은 빼는 것이 필요했다. 한편 한문교과에 '고시조 감상' 단원이 있었는데 이미 수업이 끝난 단원이어서 접목하기가 어려웠다는 점도 주목할 만하다. 학기 초에 계획이 수립되었더라면 한문과 수업 디자인에서 정약용의 한시 〈애절양〉 등 당시의 삶이 담긴 문학작품 감상이 용이했을 것이다. 여기에 국어과와 융합한 또 다른 수업이 설계되어 펼쳐질 수 있었을 것이다.

평가와의 연계성 문제를 사전에 고려해야 한다. ― 역시 이 부분도 이 수업의 설계 시기와 맞물린다. 하지만 평가에서 교사별 평가까지 가능해진 시점에서 평가에 대해 유연한 대응이 이루어진다면 문제라고 하기는 어렵다. 다만 사전에 기획되지 않은 수업이 주는 부담과 더불어 평가까지 이어지기가 쉽지 않았다는 것이다. 내년에 진행될 수업에서는 다양하고 깊이 있는 평가가 이루어질 것이라는 기대가 큰 부분이기도 하다.

실학박물관 탐방과 연계할 수 있는 방법도 모색해볼 만하다. ― 가장 어려운 지점이자 가능하다면 실천해 보고 싶은 영역이기도 하다. 우리 학교에서는 '교과 체험 학습의 날'이 있어서 한 학년 전체를 대상으로 한 교과 통합 수업이 펼쳐지기는 하지만 대체로 학년 철학을 바탕으로 한 의미 있는 수업을 찾다 보니 몇 개의 교과가 버무러진 이 주제는 접목하기가 쉽지 않았다. 학년 전체 협의회의 논의를 통해 전 교과가 연결될 수 있는 고리들을 잘 찾아서 학년 체험활동으로 재구성하거나 학급별 체험활동으로 접근을 시도해 본다면 의미있지 않을까 싶다. 물론 예산 지원도 고려해야 할 부분이다.

2) 교과 통합 수업 운영에 대한 교사들의 생각 엿보기

350쪽의 표는 교과 통합 수업을 주도적으로 실천해온 교사들을 대상으로 실시한 설문조사 결과 중 일부다. 통합 교육과정을 실시하기 전과 후의 수업의 변화, 그리고 학생에 대한 교사 스스로 생각의 변화를 알아보는 설문으로, 과연 통합 교육과정이 왜 필요한가에 대한 답변이기도 하다. 교사들의 응답에서 깊이 있는 배움, 다양한 생각들의 소통과 확장, 성장, 즐거운 수업의 실천 등의 단어가 키워드로 나타나고 있다.

1) 통합교육과정을 실시하기 전과 후의 수업에 대한 생각의 변화

◆ 교과 통합을 하기 전에는 교과 내용 중 '자서전 쓰기' 같은 경우 성취 기준인 '자서전을 쓸 수 있다'에 도달하기 어려웠다. 그런데 교과 통합과정을 실시하면서 모든 아이들이 자서전을 쓸 수 있게 되었다. 또한 여러 교과에서 동일한 주제를 조금씩 다루는 경우도 있는데, - 예를 들면, 지구 온난화의 경우 국어, 과학, 기술가정, 도덕 등에서 다 다루어지는 주제이다.- 그것을 통합하여 프로젝트화하면서 학생들이 깊이 있게 배울 수 있어서 좋았다. - 장곡중 교사 박○○

◆ 모든 것이 변하듯이 수업 또한 계속 진화, 발전해야 한다는 생각은 있었으나 어떻게 해야 할 지에 대한 구체적인 계획을 마련하기가 힘들었다. 하지만 통합교육 과정을 타교과 선생님들과 함께 고민하면서, 수업이 어떻게 더 발전할 수 있을지에 대한 실마리를 구한 것 같다. 교과의 벽을 넘으면서 학생들이 사고할 수 있는 생각의 범위를 확장시켜 나갈 수 있다는 것, 그 안에서 더 다양한 의견과 생각들을 소통하고 공유하면서 어떠한 문제를 해결함에 있어 다각적인 시각으로 바라볼 수 있는 안목을 수업 속에서 제공해 줄 수 있다는 것을 경험하게 되었다. 더불어 수업이 어떻게 변화해야 하는지에 대한 방향을 잡은 것 같다. - 장곡중 교사 장○○

2) 통합교육과정을 실시하기 전과 후의 학생에 대한 생각의 변화

◆ 배움의 공동체를 통해 배운 것 중 하나는 끝까지 아이들을 신뢰하라는 것이었다. 하지만, 교사라는 지위에서 이 말을 지키기가 쉽지 않았다. 내가 가르쳐줘야 하는 아이들이라는 인식에서 벗어나기가 힘들었는데, 통합교육과정을 고민하고, 국어교사, 과학교사와 수업을 함께 고민하면서 나 역시 배워야 하는 입장이 되었고, 모든 교교과을 배우고 있는 아이들과 다를 바 없다는 생각이 들었다. 또한 수업을 통해 아이들의 생각뿐만 아니라 나의 사고 또한 확장되기 위해서는 서로의 생각과 의견을 자유롭게 이야기할 수 있는 분위기가 전제되어야 함을 알게 되었다. 그리고 좀 더 편안하고 신뢰하는 관계 맺음을 통해 아이들과 나, 모두가 성장할 수 있다는 생각을 갖게 되었다. - 장곡중 교사 이○○

◆ 일부 학생을 제외한 대부분 학생들이 수업에 대해 무조건 지루하고 재미없어 한다는 생각이 편견이었음을 깨달았다. 흥미롭고 삶에 도움이 되는 학습은 학생들이 어른들보다 더 몰입하고 집중한다는 것을 알게 되었다. - 장곡중 교사 김○○

(5) 교육과정 운영 만족도 조사(학생/교사/학부모)

실제 교육과정 운영에 대한 평가는 쉽지 않다. 성적으로 귀결되는 수업 내용에 대한 평가, 즉 수행평가나 지필 평가는 학생과 교사 모두 당위성을 바탕으로 진지하게 참여하지만, 평가가 성적으로 이어지지 않는 만족도 조사나 설문 등은 아무래도 귀찮아하거나 대충 이루어지기 십상이다. 또한 '만족도'라는 이름의 설문 평가들이 난무하고 있는 학교 현장에서, 그것도 한창 바쁘고 정신없는 학기 말에 대부분 이루어지다 보니 참여하는 것 자체가 고역이 되기도 하는 현실이다. 이러한 현실을 바탕에 깔고 그럼에도 불구하고 과연 우리 학교에서 한 학기, 혹은 일 년 동안 펼쳐낸 교육과정이 어떤 의미가 있었는지, 어려운 점이나 개선할 점은 없었는지에 대한 냉철한 평가와 성찰은 절대적으로 필요할 수밖에 없다. 학교별로 다양하게 펼쳐내는 교육과정은 고여 있어서는 안 되며, 늘 흐르는 강물처럼 '실행'과 '평가'의 과정을 통하여 성찰하는 시간을 가져야 한다.

교육과정에 대한 만족도 조사는 다양한 형태가 있겠지만 다음은 우리가 혁신학교를 4년 동안 진행한 후, 학생과 교사, 학부모를 대상으로 설문 평가를 한 것이다. 혁신학교에 대한 평가이지만, 결국은 학교교육과정 운영에 대한 평가이기도 하다.

1) 조사일시: 2013. 9. 16~17

2) 조사대상 및 응답률

	학생	교사	학부모
재적수	924명	56명	924명
응답자수(비율)	870명(94%)	55명(98%)	767명(83%)

3) 설문조사 결과 및 분석

가) 학생 대상 조사 결과 및 분석

5. 매우 그렇다 4. 대체로 그렇다 3. 그렇다 2. 별로 그렇지 않다 1. 전혀 그렇지 않다.

순	설문 문항	만족도	비고
1	나는 우리 학교가 자랑스럽고 학교생활이 만족스럽다.	80.8	
2	우리 학교에 다니는 것이 나의 발전에 큰 도움이 될 것이다.	75.2	
3	학교교육은 진정한 배움을 통해 생각하는 능력을 키우는데 도움이 된다.	70.9	
4	학교는 우리가 편하게 공부하고 놀 수 있도록 장소를 만들어 준다.	66.5	
5	우리 선생님은 나의 이야기를 잘 들어 주신다.	76.0	
6	우리 학교 선생님들은 우리들의 인격을 존중해 주고 신뢰해 주신다.	76.2	
7	우리 선생님은 내가 얼마나 성장, 발전하는지에 대해 관심이 많고, 그것을 인정해 주신다.	75.3	
8	우리 학교 선생님들은 나의 의견을 존중해 주시고 격려해 주신다.	78.8	
9	나는 학교 수업을 통해 무엇인가 중요한 것을 배웠다는 느낌이 든다.	76.5	
10	우리 선생님은 수업 준비를 철저히 하고, 열정적으로 가르치신다.	82.3	
11	우리 선생님은 교과 내용에 대한 지식이 풍부하시다.	81.9	
12	우리 선생님은 다양한 방법으로 수업을 진행하신다.	80.6	
13	나는 수업시간에 배우는 내용에 흥미와 관심이 많다.	73.1	
14	나는 수업시간에 배우는 내용을 잘 이해한다.	73.2	

15	나는 학교 수업에 대체로 만족한다.	81.4
16	우리는 친구들끼리 서로 존중하고 배려하며 협력한다.	82.0
17	나는 함께 공부하고 놀 수 있는 친구가 있어 학교생활이 즐겁다.	82.6
18	우리들은 친구끼리 싸우고 경쟁하기보다는 사이좋게 지낸다.	80.2
19	나는 친구들과 학교 수업 외(방과후 및 동아리 활동)에 다양한 활동을 한다.	68.8
20	우리들은 학교 규칙을 함께 만들고 실천하려고 노력한다.	78.6
평균만족도(%)		77.0

　전체 만족도는 77%의 결과가 나왔다. 특히, '나는 우리학교가 자랑스럽고 학교생활이 만족스럽다.'는 대답이 80.8%이고, 특기사항에도 우리 학교의 자랑을 혁신학교라고 답한 학생이 38명으로 가장 많았다. 아마도 혁신학교의 교육과정 운영이 학생들에게 긍정적으로 작용하고 있다고 하겠다.

　학생들은 교사와 수업에 대한 만족도가 상대적으로 높았다. 특히 교사의 수업 준비와 수업 방법에 대한 만족이 높았고, 주관식 답변에도 교사에 대한 신뢰를 나타내는 글이 상대적으로 많았다. 일반적인 학교와 다른 수업 진행 방식과 교과교육 내용이 이런 만족감을 체감하게 한 셈이다.

나) 교사 대상 조사 결과 및 분석

5. 매우 그렇다 4. 대체로 그렇다 3. 그렇다 2. 별로 그렇지 않다 1. 전혀 그렇지 않다.

영역	문항	만족도	비고
1. 자율 경영 체계 구축	1-1 혁신학교의 기본철학을 이해하고 가치를 내면화하고 있다.	87.3	
	1-2 학교교육과정 운영 전반에 자발적으로 참여하고 있으며, 혁 신적 리더십이 발휘되고 있다.	84.7	
	1-3 우리 학교의 학교교육목표는 혁신학교의 기본철학 및 가치 를 담고 있다.	89.8	
	1-4 우리 학교는 학교 혁신을 위한 지속 가능한 발전방안 수립 및 체계적인 실천 전략을 가지고 있다.	86.5	
	1-5 교장선생님은 학교 구성원과 비전을 공유하고 신뢰구축 및 솔선수범을 통해 민주적인 학교 경영을 하고 있다.	88.7	
	1-6 우리 학교는 예산편성 및 집행 과정에 교원들의 참여가 보 장되고, 그 내역이 공개되고 있다.	90.2	
2. 민주적 자치 공동체 형성	2-1 우리 학교 교원들은 존중과 배려의 학교문화를 만들어 가기 위해 솔선수범하고 있다.	92.0	
	2-2 우리 학교는 학교운영에 구성원(학생, 교사, 학부모)의 의견 이 반영되고, 민주적 참여를 통한 수평적 협의체제가 이루어지 고 있다.	87.3	
	2-3 우리 학교는 안전한 학교생활을 위한 예방과 치유 활동이 이루어지고 있다.	87.2	
	2-4 우리 학교는 학생 자율문화 존중과 자치활동의 활성화를 위 해 노력하고 있다.	91.7	
	2-5 우리 학교는 학부모 및 지역사회와 네트워크를 구축하여 협 력적 관계를 유지하고 있다.	88.4	
3. 전문적 학습 공동체 형성	3-1 우리 학교는 집단 지성을 발휘하여 교실 개방 및 수업개선 을 통한 공동 성장을 위해 노력하고 있다.	93.3	
	3-2 우리 학교는 학년 또는 교과단위로 교육과정 개발, 교재 개 발, 다양한 주제의 소모임 운영 등 협동적 연구 활동을 위해 노 력하고 있다.	95.6	
	3-3 우리 학교는 불필요한 관행 개선, 공문서 감축, 인력보강 등 행정업무 경감 및 효율화를 위하여 노력하고 있다.	92.4	
	3-4 우리 학교는 교무조직을 교수-학습 중심으로 개편하여 효 율적으로 운영하고 있다.	93.5	
	3-5 우리 학교는 학생 교육활동 중심의 적절한 교수학습 활동비 지원, 적시성 있는 학습교구 구비와 인력 확보를 통해 학습지원 시설 및 환경을 구축하고 있다.	84.7	

영역	문항	만족도	비고
4. 창의 지성 교육 과정 운영	4-1 우리 학교는 학교의 특성에 기반하고 학습자의 선택과 창의 지성함양을 위한 교육과정을 편성 · 운영하고 있다.	93.1	
	4-2 우리 학교는 창의적 교육활동을 위한 배움 중심의 다양한 수업을 창조적으로 운영하고 있다.	96.4	
	4-3 우리 학교 학생들은 상호 협력적이며, 능동적으로 학습하고 있다.	89.1	
	4-4 우리 학교는 교육과정 운영의 책무성을 강화하기 위하여 학생의 학업성취 격차 및 학습부진 해소를 위한 노력을 하고 있다.	90.5	
	4-5 우리 학교는 학습의 질 관리를 위한 교육활동의 평가 방법과 환류 개선을 위해 구체적이고 실천적인 노력을 하고 있다.	91.6	
평균 만족도(%)		90.2	

교사들의 전체 만족도가 90.2%로 매우 높다. 전출과 전입으로 많은 수의 교사가 바뀌었음에도 불구하고 4년여 동안 혁신학교 운영이 정착되면서, 수업이 행복하고, 잡무로부터 자유로운, 교사들이 꿈꾸는 학교의 면모를 갖춰가고 있기 때문이라고 판단된다.

4개 영역 중 전문적 학습 공동체 형성 영역이 전반적으로 가장 높은 만족도를 나타내고 있다. 2010년부터 가장 핵심에 두고 추진해온 것이 수업혁신이었다. 교사와 학생 모두 학교생활의 핵심이 수업이고, 교사와 학생의 관계도 수업에서 살아나야 한다는 목표로 매진해온 결과, 교실이 혁신학교 이전과는 매우 다른 모습으로 바뀌었다. 교무실에서도 업무 이야기보다는 일상적인 수업 협의가 대부분을 이루고 있으며, 늘 아이들의 수업 참여 방법에 대한 고민을 나누고 있다. 이러한 학교 문화가 전문적 학습 공동체 형성 영역의 만족도를 크게 높인 것으로 판단된다.

다) 학부모 통계 결과 및 분석

5. 매우 그렇다 4. 대체로 그렇다 3. 그렇다 2. 별로 그렇지 않다 1. 전혀 그렇지 않다.

순번	설문 문항	만족도	비고
1	학생들이 즐겁고 보람 있는 학교생활을 하고 있다.	76.5	
2	혁신학교 운영을 통해 학교문화가 새롭게 변화하고 있다.	79.5	
3	선생님들은 우리 학교를 혁신하려는 강한 의지를 갖고 노력하고 있다.	80.8	
4	학부모와 학생들의 다양한 의견이 학교운영에 반영되고 있다.	79.4	
5	우리 학교는 학부모들이 자발적으로 학교교육활동에 참여할 수 있는 기회를 제공한다.	80.7	
6	우리 학교는 학생의 창의력과 인성을 중요하게 여기는 다양한 교육활동을 전개하고 있다.	80.8	
7	수업은 단순한 지식 쌓기가 아니라 학생의 배움을 중심으로 이루어진다.	82.1	
8	우리 학교는 수업공개가 일상적으로 이루어진다.	78.4	
9	선생님과 자녀의 학업, 학교생활, 진로 등에 대해 자연스럽게 상담할 수 있다.	75.0	
10	우리 학교는 교육활동에 대해 다양한 방법(가정통신문, 홈페이지, SNS)으로 정보를 제공한다.	77.5	
11	우리 학교는 학생인권을 존중하는 생활 지도가 이루어진다.	79.2	
12	선생님들은 학생의 진로나 직업에 관심을 갖고 정보를 제공한다.	77.7	
13	학교의 학습 환경과 생활공간이 학생중심으로 조성되어 있다.	72.5	
14	우리 학교는 지역사회의 인적·물적 자원을 교육활동에 잘 활용하고 있다.	74.1	
15	우리 학교는 창의지성 역량을 길러주는 다양한 평가방법을 개발하여 적용하고 있다.	79.3	
평균만족도(%)		78.2	

학부모의 전체 만족도는 78.2%다. 특히 수업과 다양한 교육활동 부분은 각각 82.1%, 80.8%로 다른 항목보다 높다. 혁신학교

를 시작하면서 학력 향상 부분에서 특히나 우려와 걱정을 앞세웠던 상황에 비추어 보면 조사 결과가 주는 시사점이 크다고 하겠다. 중학교교육과정에서 물론 학력 향상도 중요하지만 결국은 학생들의 창의력과 인성을 중요시하는 교육 활동이나 배움 중심 수업이 아이들의 삶을 풍요롭게 한다는 것을 학부모들이 받아들이고 있다는 것이다. 물론 그 변화의 중심은 학교 철학과 비전을 공유하면서 교육과정을 재구성한 것이다. 이를 바탕으로 교과 통합 수업, 과정 중심의 평가 체제, 아이들 한 명 한 명의 배움과 성장에 대한 교사들의 열정과 사랑이 있었다는 점을 간과해서는 안 될 것이다.

(6) 교육과정 재구성과 평가의 변화 이후

진정한 배움 중심 수업을 실천하기 위해서는 결국 배움의 공동체 수업 철학의 뿌리인 공공 교육기관으로서의 학교의 책무성, 한 명의 아이도 소외됨이 없는 배움, 소집단 협력 활동을 통한 학생들의 질 높은 배움을 보장하는 학교 시스템을 갖추는 것이 중요하다. 그리고 배움의 공동체 수업을 공개하고 수업 연구회를 진행하는 과정 속에서 교사들은 자연스럽게 교과의 벽을 넘어서서 교과 통합 수업 이야기를 나누고 있었다. 교과서를 재구성하고, 교과 간 수업을 융합하고, 학년별로 교육철학이 담긴 다양한 프로젝트 수업을 펼쳐내었다. 그러면서 자연스럽게 평가도 변화하였다.

기존의 학교-교과서-교사 중심의 수업 방식을 뒤집어 학교라는 공간을 뛰어넘고, 교과서의 벽을 넘어 우리 생활 속에 존재하는 모든 것들이 수업 자료화되고, 아이들은 스스로 배움의 주체가 되어 삶과 맞닿아 있는 수업을 통해 즐겁고 행복한 배움을 실천하게 한다. 더불어 가르침의 주체였던 교사의 위치와 역할을 아이들과 함께 배우고 성장하는 교사로 만들어주는 것이 또한 교과 통합 수업의 중요한 성과이기도 하다. 지금까지의 실천 결과들을 나름대로 정리해보면 다음과 같다.

가. 학생과 교사의 반응 - 학생들의 경우, 평가 부담이 경감되고 수업 집중도가 높아져 평가 영역 만족도가 향상되었다. 교사들도 수업을 바꾸니 평가를 바꿀 수밖에 없었다는 큰 흐름 속에서 스스로 평가 방법의 혁신을 이루어가고 있다고 인식하며 평가에 대한 자신감이 커지고 있다.

나. 수업 및 평가 방법 개선 - 배움 중심 수업, 학습자 중심 수업에 대한 끊임없는 고민과 실천 속에서 매 시간마다 토의·토론형, 논술형으로 제시되는 수업 활동지와 모둠별 협력 활동 등이 이루어지고 있다. 이러한 수업의 내용은 그대로 지필 평가와 수행평가로 연결되고 있다.

다. 교과 통합 수업과 평가의 연계 - 교과별 교육과정 재구성은 자연스럽게 교과 통합 수업을 만들어내고 과정 중심 평가나 정의적 능력 평가 영역이 늘어나면서 창의지성 교육이 추구하는 참된 배움, 참된 인성 교육이 가능하게 되었다. 이 수업은 평가와 연계되면서 학생들의 소통과 적극적인 참여로 인해 의사 표현 능력, 문제해결 능력 등이 신장되었다. 다만, 좀더 질 높은 평가를 위해 학습자의 통합적 반응을 살펴 볼 수 있는 융합 평가 방식에 대한 모색이 필요하다.

　라. 독서 교육과 평가의 연계 - 아침 독서, 학급별 학급문고 운영, 독서 지도 교사와 함께하는 창체 수업과 통합 수업, 매주 1시간 독서 시간 확보, 도서관 '해움터'의 다양한 독서 행사 등으로 독서 교육 활동이 광범위하게 펼쳐지고 있다. 또한 교사들이 디자인하는 수업 활동지마다 읽기 자료가 제시됨으로써 깊이 있는 평가 문항이 개발되어 학생들의 창의력과 통합적·비판적 사고력이 향상되었다.

(7) 교육과정 평가, 다시 수업 속으로

　교육과정을 평가한다는 것은 교육 목적과 내용, 방법 등이 적절하게 진행되었는가를 진단하고 분석하는 일일 것이다. 교육과정의 이론적 토대는 물론이고 시대적 적절성, 운영의 타당성 등 다양한 관점에서 현재 우리가 추구하는 교육의 가치가 교육과정 속에 잘 녹아들어가 있는지, 사회를 잘 반영하고 있는지도 들여다볼 수 있는 프리즘이라고 할 수 있다.

　우리는 끊임없이 '평가'라는 그물망 속에 갇혀 있다. 그런데 그

그물망이 점점 다양한 색깔로 빠르게 변화하고 있다. 학교별로 자율적이고 유연한 교육과정 운영을 강조하고 있는 자유학기제만 보더라도 평가 부담이 없는 학기를 표방하고 있다. 경기도에서는 배움 중심 수업으로의 변화를 통한 평가 혁신의 틀 위에 '정의적 평가', '교사별 평가'라는 새로운 지렛대를 올려 놓았다. 이렇게 기존의 평가 체제를 뒤엎는 새로운 교육적 시도들이 학교 현장에서 어떻게 실현되고 어떤 의미를 찾아갈지는 결국 교사들의 몫이다. 아무리 좋은 제도라 할지라도 그 제도를 실천하는 사람이 원하지 않거나 실천할 수 있는 준비나 상황이 되어있지 않다면 껍데기로 굴러다니다가 바스라져 흔적도 없이 사라지는 것을 우리는 무수히 목격하지 않았는가.

교육과정이 제대로 짜여져야 평가도 제대로 이어진다. 더불어 아이들이 살아 빛나는 학교를 꿈꾼다면 교육과정이 그 꿈을 실천할 수 있도록 만들어져야 한다. 평가는 그 꿈이 잘 펼쳐질 수 있도록 만들어 놓은 장치이자 성과물이다,

이 지점에서 새삼 왜 수업 혁신이고 교과 통합인지 생각해본다. 수업을 잘하려면 많은 수업을 보라고 한다. 특히 배움과 돌봄이 동시에 진행되어야 하는 이 시대의 교실 상황은 함께 배우고 함께 성장하는 수업 관찰이 절대적으로 필요하며, 수업 연구회 및 협의회를 통해 치유와 또다른 성장의 배움터를 만들어가야 한다. 장곡중을 비롯한 혁신학교 및 전국의 여러 학교에서 펼쳐지는 수업 관찰을 통해 끊임없이 고민하고 성찰하면서, 자칫 교과의 본질을 벗

어나 버릴 수도 있는 교과 통합 수업 모형 연구와 실천 사례들을 찾고 직접 구안해보면서 얻은 경험과 생각들을 바탕으로 교육과 정을 재구성하기 때문이다.

(8) 모두가 행복한 학교를 위하여

장곡중은 그렇게 4년의 역사가 만들어졌고, 다시 또 시작이다. 가늠할 수 없는 세상의 흐름 속에서 이 땅의 교사로서 우리의 아이들을 위해 무엇을 할 수 있을지 안개 속이지만 내 바로 옆자리, 혹은 교무실이라는 한 공간, 학교라는 울타리 안에서 함께 꿈을 나누는 사람들이 있기에 늘 든든하다. 『학교의 도전』에서 사토 마나부는 말한다.

학교 개혁을 지속하는 데 무엇보다도 중요한 것은 같은 과제를 몇 년씩이나 반복하여 계속 도전하는 것이다. 학교 개혁은 '시작의 영원한 혁명'인 것이다. 끊임없이 그 '시작'의 지점에 서는 것, 그리고 같은 과제에 매년 계속 도전하는 것, 거기에서 나선형 발전이 이루어진다.[1]

울림이 컸던 문장이다. 진실로 우리가 꿈꾸는 학교, 모두가 행복한 배움의 공동체 학교를 일구어내기 위해서는 소처럼 천천히 되씹으면서, 끊임없이 되새김질하면서 가야 하는 것을 또 한 번

---

1. 사토 마나부, 『학교의 도전』, 우리교육, 2012, p. 196.

자각했다. 더불어 살아가면서 '늘 처음처럼'이 얼마나 어려운 일인지, 버리고 또 버리고 늘 비우며 가야하는 길임을 새삼 느껴본다.

2012년도 가을쯤 학교 교사 독서 동아리에서 함께 읽은 책 한 구절, "학교가 존재하는 이유가 '학생들이 알기 위함'이지 교사들이 '가르치기 위함'에 있지 않다."[2]라는 말이 오래 기억에 남아 있다. 20여 년 동안 어떻게 가르칠까를 고민하면서 살았던 몇 년 전의 나였다면 고개를 갸우뚱했을 것이다. 혁신학교 국어 교사 4년 차인 지금, 학교 혁신의 중심을 '수업'에 두고 배움의 공동체 수업을 도입하여 학습자의 배움 중심 수업을 실천해 오면서 고민의 색깔이 바뀌었다. 바뀔 수밖에 없었다. 수업을 아무리 잘하는 교사라도, 아이들이 배우려 하지 않으면 그 수업은 '영혼이 없는 수업'이라는 이야기를 서슴없이 나누고 있는 학교에서 좀 더 질 높은 배움, 철학이 스며있는 수업을 향한 열망은 끝이 없다.

어느 학교나 마찬가지이겠지만 해마다 아이들이 바뀌고 교사들이 바뀌는 현실은 늘상 우리로 하여금 처음으로 돌아가서 많은 것을 다시 시작하게 한다. 하지만 바로 그 시작의 지점이 늘 우리 교사들을 다시 일으켜 세우고 있다.

---

2. 권새봄 외, 『학교 바꾸기 그후 12년』 맘에드림, 2012, p. 25.

삶과 교육을 바꾸는
맘에드림 혁신학교 이야기 시리즈

혁신학교란 무엇인가

김성천 지음 / 값 15,000원

교육 공동체가 만들어내는 우리 시대 혁신학교 들여다보기. 혁신학교 전반에 관한 이야기를 다루고 있는 책으로, 공교육 안에서 혁신학교가 생기게 된 역사에서부터 혁신학교의 핵심 가치, 이론적 토대, 원리와 원칙, 성공적인 혁신학교의 모습을 보이고 있는 단위 학교의 모습까지 담아냈다.

학부모가 알아야 할 혁신학교의 모든 것

김성천, 오재길 지음 / 값 15,000원

학부모들을 위한 혁신학교 지침서!
'혁신학교에서는 무엇을, 어떻게 가르치고 있는지, 교사·학생·학부모는 어떻게 만나서 대화하고 관계를 맺어가는지, 어떤 교육 목표를 지향하고 있는지 등 이 책은 대한민국 학부모들의 궁금증에 친절하게 답을 한다.

덕양중학교 혁신학교 도전기

김삼진 외 지음 / 값 14,500원

이 책의 1부는 지난 4년 동안 덕양중학교가 시도한 혁신과 도전, 성장을 사실과 경험에 기반한 스토리텔링 방식의 성장기로 전개하고 있다. 그리고 2부는 지역사회와 협력하여 펼치고 있는 교육 프로그램, 배움의 공동체 수업 등을 현장 사례 중심의 교육적 에세이 형태로 담고 있다.

학교 바꾸기 그 후 12년

권새봄 외 지음 / 값 14,500원

MBC PD 수첩에 방영되어 화제가 되었던 남한산초등학교. 아이들이 모두 행복하고, 얼굴 표정이 밝은 아이들. 학교 가는 것을 무엇보다 좋아하고, 방학을 싫어하는 아이들. 수업과 발표를 즐겼던 이 학교를 졸업한 아이들이 그 후 12년의 삶을 세상에 이야기한다.

교사는 수업으로 성장한다
박현숙 지음 / 값 12,000원

그동안 교사는 수업에서 아이들을 만나지 못해왔다. 관계와
만남이 없는 성장의 결손을 낳았다. 그리하여 우리 아이들과
교사들은 모두 참 아프고 외로웠다. 이 책에서는 교사, 학생,
학부모, 지역사회가 공동체로서 서로 관계를 맺을 때에만 배움은
즐거운 활동으로서 모두가 성장하는 삶의 일부가 될 수 있음을
보여준다.

교사와 학부모가 함께 읽는 주제 통합 수업
김정안 외 지음 / 값 15,000원

'서울형 혁신학교'로 지정된 7개 혁신학교들이 지난 1~2년
동안 운영한 주제 중심 통합 교육 과정과 수업 사례를 소개한
책이다. 이 학교들의 교육과정은 전국적으로 이루어지는
혁신학교들의 성과를 반영하였고, 자신의 지역사회의 실제
환경과 경험을 살려 실제 수업에 적용한 것이다.

혁신교육 미래를 말한다
서용선 외 지음 / 값 14,000원

혁신교육은 2009년 이후 공교육 되살리기의 새로운 희망이
되어왔다. 이러한 정책을 입안하고 추진하는 데 기여해왔던
6명의 교사 출신 연구자들이 혁신교육 발전에 필요한 정책
과제들을 모아 하나의 책으로 제시한다. 이 책은 교육철학,
교육과정, 교육행정과 학교 운영(거버넌스) 등에서 주요
이슈들을 정리하고 혁신교육의 성과와 과제가 무엇인가를
보여준다.

수업을 살리는 교육과정
서우철 외 지음 / 값 16,500원

최근 교육과정을 재구성하는 논의가 활발한 가운데, 이 책에서는
개별 교과목과 교과서의 형식에 얽매이지 않고 아이들의 발달을
고려하여 주제를 중심으로 교육과정을 재구성하여 통합적으로
운영하는 방법과 구체적인 실천 사례를 설명하고 있다. 이러한
과정은 같은 학년을 맡고 있는 교사들의 토론과 협력을 통해서
이루어진 것임을 이야기한다.

수업 딜레마

이규철 지음 / 값 14,000원

이 책을 관통하는 키워드는 '사람'이다. 저자의 노하우를 전수하는 것이 아니라, 수업 속에서 딜레마에 맞닥뜨려 고통받고 있는 선생님들의 고민을 담고, 신념을 담고, 그것을 이겨내기 위한 한 분 한 분의 마음을 담고 있다. 이런 고민 속에 이 책을 집어 든 나를 귀하게 여기며 다시 한 번 교사로 잘 살아보고 싶은 도전을 하게 한다.

좋은 엄마가 스마트폰을 이긴다

깨끗한미디어를위한교사운동 지음 / 값 13,500원

스마트폰에 대한 아이들의 집착은 대단하다. 스마트폰은 '재미있고 편리하다.' 그러나 스마트폰 때문에 아이들은 시간을 빼앗기고, 건강이 나빠지고, 대화가 사라지며, 공부와 휴식, 수면마저 방해를 받는다. 이 책은 이러한 사례들을 생생하게 소개하고 부모들에게 아이들의 스마트폰 사용에 어떻게 대응해야 하는지 대안을 제시한다.

엄선생의 학급운영 레시피

엄은남 지음 / 값 14,000원

34년 경력의 현직 교사가 쓴 생동감 넘치는 학급운영 지침서. 초등학교에서 아이들은 문자와 숫자를 익히는 것보다 학교와 교실에서 낯설고 모험적인 사건을 겪으면서 더 많은 것을 배운다. 이 책은 초등학교에서 교과서 지식보다 더 중요한 역할을 하는 학교생활과 학급문화를 만드는 데 담임교사의 역할을 다룬다. 교사와 아이들이 서로 존중하고 신뢰하는 관계를 어떻게 만들어야 하는지 구체적인 경험과 사례로 설명해준다.

진짜 공부

김지수 외 지음 / 값 15,000원

혁신학교가 추구하는 '진짜 공부'와 '진짜 스펙'이 무엇인지 보여주는, 졸업생들의 생동감 넘치는 경험담. 12명의 졸업생들은 학교에서 탐방, 글쓰기, 독서, 발표, 토론, 연구, 동아리, 학생회 활동을 통해 자신들이 생각하지도 못한 진짜 공부를 경험했음을 보여준다. 이 책을 통해 수능시험이 아니라 정말로 청소년 스스로 하고 싶은 즐기면서 성장하는 것이 우리 사회에 필요한 것임을 새삼 느낄 수 있다.

수업 디자인

남경운, 서동석, 이경은 지음 / 값 15,000원

서울형 혁신학교의 대표적인 수업 혁신을 담은 이야기. 아이들이 서로 협력하면서 배우는 수업을 목표로 삼은 저자들은 범교과 수업모임을 통한 공동 수업설계를 대안으로 제시한다. 아이들은 교사의 설명을 통해 배우는 것이 아니라 서로 '옥신각신'하며 함께 문제에 도전할 때 수업에 몰입하고 배우게 된다. 이 책은 이러한 수업을 위해서 교사들이 교과를 넘어 어떻게 협력하고 수업을 연구해야 하는지 잘 보여준다.

아이들이 가진 생각의 힘

데보라 마이어 지음 / 정훈 옮김 / 값 15,000원

미국 공교육 개혁의 전설적 인물 데보라 마이어가 전하는 교육 개혁에 대한 경이롭고도 신선한 제언. 이 책은 학교 혁신의 생생한 기록을 통해 우리가 학교에서 무엇을 왜 가르치고 배워야 하는지에 대한 근원적인 성찰을 담고 있다. 아이들이 지성적으로 생각하는 마음의 습관을 배우는 것이 얼마나 중요하고 그것을 위해 학교가 무엇을 해야 하는지를 일깨워준다.

행복한 나는 혁신학교 학부모입니다

서울형혁신학교학부모네트워크 지음 / 값 16,000원

이 책은 학부모가 자신의 눈높이에서 일러주는 아이들의 혁신학교 적응기일 뿐 아니라, 학부모 역시 학교를 통해 자신의 삶을 고양시켜가는 부모 성장기라는 점에서 대한민국의 모든 학부모에게 건네는 희망 보고서이기도 하다. 혁신학교가 궁금한 학부모들이 이 책을 통해 혁신학교 학부모로서의 체험을 미리 하는 데 부족함이 없을 것이다.

일반고 리모델링 혁신고가 정답이다

김인호, 오안근 지음 / 값 15,000원

교육 환경이 열악한 지역에 있던, 서울의 한 일반계 고등학교가 혁신학교로서 4년간 도전과 변화를 겪으면서 쌓은 진로, 진학의 비결을 우리 사회 모든 학생, 학부모, 교사, 시민 등에게 낱낱이 소개해주는 책. 이 책은 무엇보다 '혁신학교는 대학 입시에 도움이 안 된다.'는 세간의 편견을 말끔히 떨어 없앤다. 이 책에서 저자들은 '결과' 중심 교육과정을 '과정' 중심으로 바꾸고, 교내 대회와 동아리 활동, 봉사 활동을 장려함으로써 대학 진학이란 놀라운 결과가 어떻게 이루어질 수 있었는지 보여주고 있다.

우리가 신뢰하는 학교, 어떻게 만들 것인가?

데보라 마이어 지음 / 서용선 옮김 / 값 15,000원

이 책의 저자인 데보라 마이어는 보수와 진보를 막론하고 미국 공교육 개혁 분야에서 가장 신뢰받는 실천가이자 이론가로 평가받는다. 학교 안에서 '신뢰의 붕괴'를 오늘날 공교육이 직면한 가장 큰 도전으로 인식한다. 이 책의 원제 'In Schools We Trust'에서 나타나듯, 저자는 신뢰할 수 있는 공교육의 조건이 무엇인지 자신의 경험 속에서 제안하고, 탐색하고, 성찰한다.

교사, 어떻게 살아야 하는가

김성천 외 지음 / 값 15,000원

오랫동안 교육 현장에서 교육과 연구를 병행해온 저자 5인이 쓴 '신규 교사를 위한 이 시대의 교사론'. 이 책은 학교 구성원과의 관계 맺기부터 학교 현장에서 맞닥뜨리게 되는 여러 가지 문제들과 극복 방법, 교육 개혁에 어떻게 주체로 설 수 있는지, 어떤 과정을 통해 개인의 성장을 도모해야 하는지 등 신규 교사의 궁금점에 대해 두루 답하고 있다.

리셋, 교육과정 재구성

서울신은초등학교 교육과정 연구회 모임 지음 / 값 16,000원

서울형 혁신학교인 서울신은초등학교 교사들이 1학년부터 6학년까지 모든 학년의 교육과정을 재구성하고 실천한 경험을 모두 담았다. 이 책에 소개된 혁신학교 4년의 경험은 진정한 학습이란 몸과 마음을 통해 경험함으로써, 생각이나 감정을 다른 사람과 주고받음으로써, 과거 경험을 새로운 지식으로 다시 생각함으로써 실현된다는 점을 잘 보여주고 있다.

다섯 빛깔 교육이야기

이상님 지음 / 값 16,000원

충북 혁신학교(행복씨앗학교)인 청주 동화초등학교의 동화 작가 출신 선생님이 아이들과 함께 보낸 한해살이 이야기다. 이오덕 선생의 "아이들의 삶을 가꾸는 교육"을 고민하던 저자가 동화초 아이들을 만나면서 초등학생의 특성에 맞도록 활동 중심의 교육과정을 재구성하는 한편, 표현 위주의 교육을 위한 생활 글쓰기 교육을 실천하면서, 학교 교육을 아이들의 놀이와 생활, 삶과 연결시키고자 노력한 교단 일지를 바탕으로 구성되었다.

만들자, 학교협동조합

박주희, 주수원 지음 / 값 14,500원

이 책은 학교협동조합이 무엇인지, 어떤 유형의 학교협동조합이
가능한지, 전국적으로 현재 학교협동조합의 추진 상황은 어떠한지
국내외 사례를 통해 소개하고 안내하는 한편, 학교협동조합을
운영하는 원리와 구체적인 교육방법을 상세하게 풀어놓고 있다.
저자들의 실천적 지침들을 따라가다 보면 학교협동조합은 더 이상
상상이 아니라 학교 구성원의 필요와 의지, 실천으로 극복할 수
있는 실현 가능한 미래라는 점을 알게 된다.

땜샘 최진수의 초등 수업 백과

최진수 지음 / 값 21,000원

초등학교에서 20여 년간 아이들을 가르쳐온 저자가 초등학교
수업에 대해서 기록하고 연구하고 실천하며 쌓아온 경험을
바탕으로 초등학생들과 수업을 함께하는 방법을 담고 있다.
아이들의 학습 동기, 아이들이 수업에 참여하는 방법, 칠판과
공책을 사용하는 방법, 모둠 활동, 교과별 수업, 조사와 발표
등 초등학교 교사가 아이들을 가르칠 때 알아야 할 가장
기본적이면서도 가장 중요한 모든 것을 다루고 있다.

혁신 교육 내비게이터 곽노현입니다

곽노현 편저 · 해제 / 값 17,000원

서울시 18대 교육감이자 첫 번째 진보 교육감으로서 혁신 교육을
펼쳤던 곽노현은, 우리 사회 전반을 아우르는 주요 교육 현안들을
이 책에서 포괄적으로 다루고 있다. 2014년 3월부터 1년간
방송된 교육 전문 팟캐스트 '나비 프로젝트' 인터뷰에 출연한
전문가들과 나눈 대화와 그에 대한 성찰적 후기를 담고 있다. 이
책은 그야말로 우리가 '지금 알아야 할 최소한의 교육 이야기'를
포괄하고 있다.

무엇이 학교 혁신을 지속가능하게 하는가

권성호, 김현철, 유병규, 정진헌, 정훈 지음 / 값 14,500원

독일 '괴팅겐 통합학교', 미국 '센트럴파크이스트 중등학교', 한국
혁신학교의 사례들을 통해 성공적인 학교 혁신의 공통점을
찾아내고 그것을 지속가능하도록 만들기 위해서 필요한 것은
무엇인지를 보여준다. 독자들은 이 책에서 괴팅겐 통합학교의
볼프강 교장이 말한 것처럼 "좋은 학교"를 만들기 위한 학교
혁신에 세계적으로 보편적이라고 할 만한 공통점을 찾을 수 있다.

교과를 꽃 피게하는 독서 수업

시흥 혁신교육지구 중등 독서교육 연구회 지음 / 값 16,500원

이 책은 지난 5년 동안 진행된 혁신교육지구 사업의 일환으로 학교에서 고군분투하며 독서교육을 이끌어왔던 독서지도사들이 실천 경험을 엮어낸 것으로 청소년기 학생들에게 장래 진로, 사랑, 우정, 삶의 지혜를 찾는 데 도움을 주는 독서교육을 잘 보여주고 있다. 특히 이 책에 소개된 국어, 수학, 과학, 사회, 도덕, 미술, 역사 등 다양한 교과와 연계한 협력수업은 독서교육의 새로운 전망을 보여주는 결실이다.

혁신학교의 거의 모든 것

김성천, 서용선, 홍섭근 지음 / 값 15,000원

저자들은 이 책에서 혁신학교에 대한 100가지 질문에 답하면서 혁신학교의 역사, 배경, 현황, 평가와 전망을 구체적인 증거를 통해 설명하고 있다. 이 책에 서술된 혁신학교에 관한 100문 100답을 통하여 우리 사회에 필요한 교육은 무엇인지, 교사와 학생들이 더 즐겁게 가르치고 배우면서 성장할 수 있는 교육을 위해 필요한 것이 무엇인지, 그것을 위해서 우리 사회 시민 각자가 자신의 위치에서 무엇을 하면 좋은가를 더 깊이 생각해볼 기회를 얻을 것이다.

교실 속 비주얼씽킹

김해동 / 값 14,500원

이 책은 비주얼씽킹 기본기부터 시작하여 교과별 수업, 생활교육, 학급운영 등에 비주얼씽킹을 응용하는 방법을 설명하고 있다. 특히 교사들이 초등학교 1학년부터 고등학교 3학년까지 국어, 수학, 영어, 과학, 사회 등 모든 교과 수업에 비주얼씽킹을 활용할 수 있도록 수업 지도안을 상세하면서도 간결하게 제시하고 있다. 또한 독자들이 책 내용에 대해 더욱 풍부한 이미지와 자료를 접할 수 있도록 저자의 블로그로 연결되는 QR코드를 담고 있다.

교육과정-수업-평가 어떻게 혁신할 것인가

이형빈 지음 / 값 15,500원

이 책은 교육과정 사회학자 번스타인(Basil Bernstein)이 제시한 '재맥락화(recontextualized)'의 관점에 따라 저자가 장기간에 걸쳐 일반 학교 한 곳과 혁신학교 두 곳의 수업을 현장에서 면밀하게 관찰하고 심층 인터뷰와 설문조사를 통한 연구를 바탕으로 무기력과 불평등을 재생산하는 교실을 민주적이고 평등한 구조로 바꾸기 위해 교육과정-수업-평가를 어떻게 혁신해야 하는지 제안하는 내용을 담고 있다.

혁신학교 효과

한희정 지음 / 값 15,000원

이 책에서 혁신학교 효과를 살펴보기 위해서 저자는 혁신학교가 OECD DeSeCo 프로젝트에 제시된 '핵심 역량'을 가르치고 있는지, 학생·학부모·교사가 서로 배우는 교육 공동체를 이루고 있는지, 학생의 발달을 위한 다양한 교육과정을 운영하고 있는지, 교사의 자율성과 전문성을 강화하고 있는지, 자치적이고 민주적인 학교문화를 가지고 있는지, 지역사회와 협력하고 있는지를 다른 일반 학교와 비교하여 설명한다.

교실 속 생태 환경 이야기

김광철 지음 / 값 15,000원

아이들이 자연과 친해지고 즐길 수 있도록 교육하는 것은 쉬운 일이 아니다. 특히 도시 지역에서는 더욱 어렵다. 그래서 이 책은 도시 지역 학교에서도 쉽게 실천에 옮길 수 있는 다양한 생태·환경교육을 폭넓게 다루고 있다. 이 책에서 저자는 계절에 따라 할 수 있는 20가지 환경교육 프로그램을 제시하고, 그 방법, 순서, 재료 등을 상세히 설명해준다

이제는 깊이 읽기

양효준 지음 / 값 15,000원

교과서에는 수많은 예화와 발췌문이 들어가 있다. 이런 자료들은 교육부가 교육과정에서 요구하는 기준에 맞춰 어떤 이야기, 소설, 수필, 논픽션 등에서 일부만 가져온 토막글이다. 아이들은 교과서에 수록된 작품이나 이야기 전체를 읽지 못한 상태에서 단편적인 지문만 읽고 이해를 해야 하기 때문에 책을 읽으면서 생각하고 공감할 수 있는 기회와 흥미를 찾을 수 없게 된다. 이 책은 이러한 문제를 개선하기 위해서 한 권이라도 책 전체를 꾸준히 읽어가는 방법인 '깊이 읽기'를 대안으로 소개하고 있다.

인성의 기초가 되는 초등 인문학 수업

정철희 지음 / 값 15,500원

이 책은 아이들의 올바른 인성 교육을 위한 새로운 방법으로서 인문학 수업을 제시하고 있다. 이 책에서 설명되고 있는 인문학 수업은 교사가 신화, 문학, 영화, 그림, 역사적 인물의 일대기 등에서 이야기를 찾아 아이들에게 제시하고, 아이들이 그 이야기에 나오는 여러 문제와 인물 등에 대해 자신의 감정을 스스로 공책에 기록하고 일상의 경험과 비교하고 토의와 토론을 통해 자신의 생각을 발전시키는 수업이다.

수업, 놀이로 날개를 달다

박현숙, 이응희 지음 / 값 13,500원

이 책은 교육계에서 최근 가장 중요한 과제로 삼고 있는, OECD의 여덟 가지 핵심 역량(DeSeCo)에 따라 여러 놀이들을 분류해서 설명하고 있다. "놀이에 내재된 긴장의 요소는 사람의 심성, 용기, 지구력, 총명함, 공정함 등을 시험하는 수단이 되므로" 그것은 학생들의 역량을 키우는 수단이 된다. 이 책의 저자들은 수업이 놀이를 만났을 때 어떻게 핵심 역량이 강화되는지 이야기하고 있다.

땀샘 최진수의 초등 글쓰기

최진수 지음 / 값 17,000원

글쓰기가 아이들에게 필요한 중요한 것이 되려면 먼저 솔직하게 써야 한다. 모르는 것은 '모른다', 잘못은 '잘못이다', 싫은 것은 '싫다', 좋은 것은 '좋다'고 솔직하게 드러낼 때 글쓰기는 아이가 성장하는 디딤돌이 될 수 있다. 그리고 이것은 가르치는 교사에게도 적용된다. 지도하는 사람과 지도받는 사람이 따로 있는 것이 아니라 함께 쓰고 함께 나누면서 서로 성장을 돕는 것이다.

성장과 발달을 돕는 초등 평가 혁신

김해경, 손유미, 신은희, 오정희,
이선애, 최혜영, 한희정, 홍순희 지음 / 값 15,500원

이 책은 교육적 대안을 마련하기 위해 혁신학교에서 지난 5~6년 동안 초등학생의 성장과 발달을 돕는 평가를 실천해온, 현장 교사 8명이 자신들의 지혜와 경험을 모아 놓은 최초의 결실을 담고 있다. 독자들은 이 책을 통해 평가는 시험이 아니며 교육과정과 수업의 연장으로서 아이들의 잠재력을 측정하고 적절한 조언을 제공한다는 원래의 목표를 되살리는 첫걸음을 찾을 수 있을 것이다.

수업 코칭

이규철 지음 / 값 15,500원

가르치는 일을 함으로써 학생들의 배움을 돕는 교사들에게 수업은 시간적으로도, 공간적으로도 학교에서 자신이 하는 일의 중심을 이룬다. 그래서 수업에 관한 고민은 교과를 가리지 않고 교사들에게 일반적으로 드러난다. 교사들은 공통의 문제로 씨름하게 된다. 최근에 그 공통의 문제를 교사들이 함께 풀어 나가자는 흐름이 곳곳에서 일어나고 있다. 이 책은 그중에서도 '수업 코칭'이라는 하나의 흐름을 다룬다.

교사들이 함께 성장하는 수업

서동석 · 남경운 · 박미경 · 서은지,
이경은 · 전경아 · 조윤성 지음 / 값 15,000원

이 책은 아이들의 배움에 중점을 둔 수업을 위해 구성한 교사 학습공동체로서, 서로 다른 여러 교과 교사들이 수업을 디자인하고 연구하는 '수업 모임'에 관해 다룬다. 수업 모임 교사들은 공동으로 교과 수업을 디자인하고, 참관하고, 발견한 내용을 공유하고 평가하는 피드백을 통해 수업을 개선해간다. 그리고 이러한 실천이 쌓여가면서 공개수업을 준비하는 방법과 절차는 더욱 명료해지고, 수업설계는 더욱 정교해진다.

땀샘 최진수의 초등 학급 운영

최진수 지음 / 값 19,000원

이 책의 저자는 학급운영의 출발은 아이들을 '가르치는 대상'에서 '존중받는 존재'로 바라보는 것에서 시작해야 한다고 이야기한다. 또한 아이들과 함께하면서 교사는 성장한다. 이러한 성장은 시간이 흐르고 경력이 쌓인다고 이뤄지는 것이 아니라 여러 가지 어려운 문제를 헤쳐 나가며 교사 스스로 자신을 되돌아보고 성찰할 때 비로소 아이들과 함께하는 올바른 학급운영이 이루어진다고 말한다.

당신의 교육과정-수업-평가를 응원합니다

천정은 지음 / 값 14,500원

이 책은 빛고을혁신학교인 신가중학교에서 펼쳐진, 학교교육 혁신 과정과 여전히 완성되지 않은 그 결과를 다루고 있다. 드라마 〈대장금〉에 나오는 '신비'의 메모가 보여준 것과 같이 교육 문제를 여전히 아리송한 것처럼 적고, 묻고, 적기를 반복하며 다가가는 것이다. 저자인 천정은 선생님은 이 책을 통해 자신의 수업이 앞으로도 교육의 본질에 더 가깝게 계속 혁신되기를 바라고 있다.

에코 산책 생태 교육

안만홍 지음 / 값 16,500원

오늘날 인류에게는 에너지와 자원을 대량으로 소비하는 생활양식이 보편화되어 있다. 이러한 생활양식은 자연을 파괴하고 수많은 환경 문제를 야기하고 있다. 이 책은 그러한 생태 교육을 위해 필요한 내용을 다루고 있다. 아이들이 지구 환경을 다시 복원하기 위해서 갖춰야 할 것은 관찰하고 기록하고 어떤 과학적 추론을 이끌어내는 능력이 아니라, 오감을 통해 스스로 자연을 느끼고, 자연의 소중함을 배우는 것이다.

I Love 학교협동조합
박선하 외 지음 / 값 13,000원

학교에 협동조합을 만드는 일에 참여했던 학생들의 협동조합 활동과 더불어 자신과 친구들이 어떻게 성장했는지를 이야기한다. 글쓴이 중에는 중학교 1학년 때부터 사회복지사라는 장래 희망을 가지고 학교협동조합에 참여한 학생도 있고, 고등학교 3학년 때 참여하기 시작한 학생도 있다. '뭔가 재밌을 것 같다'는 호기심을 가지고 시작한 학생이 있는가 하면, 어떤 학생은 자의 반 타의 반으로 학교협동조합에 참여했다.

얘들아, 하브루타로 수업하자!
이성일 지음 / 값 13,500원

최근에는 공부 방식이 외우는 것에서 생각하는 것으로, 수업 방식은 교사 위주의 강의 수업에서 학생 위주의 참여 수업으로 많은 변화가 이루어지고 있다. 이는 4차 산업혁명 시대를 살아가야 할 학생들을 위해서는 당연한 것이다. 학교 교실에서 실제로 질문하고, 토론하는 하브루타 참여 수업의 성과를 담은 이 책은 하브루타 수업을 통하여 점점 성장해가는 아이들의 모습을 보여준다.

내면 아이
이준원 · 김은정 지음 / 값 15,500원

이 책은 그동안의 상담 사례를 모아 부모 · 교사의 마음속에 숨어 있는 완벽주의, 억압, 방치, 거절, 징벌, 충동성, 과잉보호 등의 '내면 아이'가 자녀/학생과의 관계에서 어떠한 영향력을 행사하는지, 어떻게 갈등을 일으키는지 볼 수 있게 한다. 그 뿌리를 찾아 근원부터 치유하는 방법들은 필자의 경험을 바탕으로 종합한 것이다. 또한 임상 경험을 아주 쉽게 소개하여 스스로 자신의 '내면 아이'를 만나고 치유할 수 있도록 하는 데 중점을 두었다.

핵심 역량을 키우는 수업 놀이
나승빈 지음 / 값 21,000원

이 책은 [월간 나승빈]으로 유명한 나승빈 선생님의 스타일이 융합된 놀이책이다. 놀이 백과사전이라고 불러도 될 만한 이 책은 교실에 갇혀 넘치는 에너지를 발산하지 못하는 아이들과, 단순한 재미를 뛰어넘어 배움이 있는 수업을 고민하는 선생님을 위한 것이다. 본문에서는 수업 속에서 실천이 가능한 다양한 놀이를 제시하고 있다. 각각의 놀이들을 수업과 어떻게 연계할 수 있으며, 수업 놀이를 통해 어떤 역량을 키울 수 있는지 이야기한다.

교실 속 비주얼 씽킹 (실전편)

김해동 · 김화정 · 김영진 · 최시강,
노해은 · 임진묵 · 공세환 지음 / 값 17,500원

전 편이 교과별 수업, 생활교육, 학급운영 등에 비주얼씽킹을
응용하는 방법을 이론적으로 설명했다면,《교실 속 비주얼씽킹
실전편》은 실제 초 · 중 · 고 학생을 대상으로 수업을 진행한
교사들의 활동지를 담았다.

수업 고민, 비우고 담다

김명숙 · 송주희 · 이소영 지음 / 값 15,500원

이 책은 수업 하기의 일정을 잃지 않고 수업 보기를 드라마 보는 것만큼
재미있어 하는 3명의 교사가 수업 연구에 대한 이론적 체계가 아닌,
현장에서의 진솔한 실천 과정을 순도 높게 녹여낸 책이다. 이 속에는
수업에서 실패를 두려워하지 않는, 발랄한 아이들과 함께한 자신의
교실을 용기 있게 들여다보며 묵묵히 실천적 연구자로 살아가는
선생님들의 고민과 성장이 담겨 있다.

뮤지컬 씨, 학교는 처음이시죠?

박찬수 · 김준성 지음 / 값 12,000원

각고의 노력으로 학교 뮤지컬을 개척한 경험과 노하우를 소개한
책. 뮤지컬은 학생들의 삶을 보다 풍요롭게 만듦으로써 학교교육
위기의 대안으로 크게 주목받고 있다. 현장에서 바로 적용하고 고
민할 수 있는 현재진행형의 살아 있는 지식이 담겨 있다.

어서 와, 학부모회는 처음이지?

조용미 지음 / 값 15,000원

두 아이의 엄마인 저자가 다년간 학부모회 활동을 하면서 알게
된 노하우와 그간의 이야기들을 담은 책. 학부모회 활동을 처음
시작하는 이들이나, 이미 학부모회에서 활동 중이지만 학교라는
높은 벽에 부딪혀 방향성을 고민 중인 이들에게 권한다.

독자 여러분의 소중한 원고를 기다립니다

맘에드림 출판사는 독자 여러분의 소중한 원고를 기다리고 있습니다. 원고가 있으신 분은 nurio1@naver.com으로 원고의 간단한 소개와 연락처를 보내주시면 빠른 시간에 검토하여 연락을 드리겠습니다.